DES FONTAINES 1980

COLLECTION DE TEXTES
POUR SERVIR A L'ÉTUDE ET A L'ENSEIGNEMENT DE L'HISTOIRE

LIBER MIRACULORUM
SANCTE FIDIS

PUBLIÉ

d'après le manuscrit de la Bibliothèque de Schlestadt

AVEC UNE INTRODUCTION ET DES NOTES

PAR

M. L'ABBÉ A. BOUILLET

PARIS
ALPHONSE PICARD ET FILS, ÉDITEURS
Libraires des Archives nationales et de la Société de l'École des Chartes
82, RUE BONAPARTE, 82

1897

LIBER MIRACULORUM
SANCTE FIDIS

MACON, PROTAT FRÈRES, IMPRIMEURS

COLLECTION DE TEXTES

POUR SERVIR A L'ÉTUDE ET A L'ENSEIGNEMENT DE L'HISTOIRE

LIBER MIRACULORUM

SANCTE FIDIS

PUBLIÉ

d'après le manuscrit de la Bibliothèque de Schlestadt

AVEC UNE INTRODUCTION ET DES NOTES

PAR

M. L'Abbé A. BOUILLET

PARIS
ALPHONSE PICARD ET FILS, ÉDITEURS
Libraires des Archives nationales et de la Société de l'École des Chartes
82, Rue Bonaparte, 82

1897

PRÉFACE

I

Sainte Foy naquit à Agen dans les dernières années du IIIe siècle. Agée à peine de douze ans, elle souffrit le martyre dans sa ville natale en 303, par ordre de Dacien, qui gouvernait, au nom de Maximien-Hercule et de Dioclétien, la partie de la Gaule voisine des Pyrénées. Le proconsul fit mettre à mort en même temps à Agen l'évêque saint Caprais, saint Prime et saint Félicien.

Après le martyre, les corps de Foy et de ses compagnons furent recueillis par les chrétiens et ensevelis secrètement, et au commencement du Ve siècle, saint Dulcidius, évêque d'Agen, les transféra en grande solennité dans une basilique construite sur ses ordres et à cet effet.

Bientôt le tombeau de sainte Foy devint célèbre par les miracles qui s'y opéraient. Les contrées les plus lointaines retentissaient de la gloire de la sainte, et on accourait de toutes parts pour invoquer son intercession.

Dès lors, le monastère de Conques, en Rouergue, commençait à être célèbre. Les moines, désireux d'y attirer les fidèles, cherchèrent à se procurer quelque corps saint. L'un d'eux ayant échoué dans une tentative faite pour s'approprier les reliques de saint Vincent de Saragosse, qui appelaient maintenant à Castres un immense concours de pèlerins, ils résolurent de se dédommager en s'emparant de celles d'un autre saint Vincent, conservées alors à Pompéjac, dans le diocèse d'Agen.

En allant les chercher, leurs envoyés apprirent qu'une église du faubourg d'Agen possédait le tombeau de sainte Foy. Le récit des merveilles qui s'opéraient par l'intercession de la sainte les remplit d'admiration, et leur inspira le désir de posséder son corps. « Encouragés, dit un des récits de leur entreprise, et excités dans leur dessein par de fréquentes visions, les moines de Conques en confièrent l'exécution à un de leurs confrères, nommé Aronisde ou Arinisde. » Celui-ci se rendit à Agen, se présenta comme un prêtre séculier aux clercs qui possédaient le trésor convoité, demanda à être admis parmi eux, et gagna si bien leur confiance, qu'on finit par le charger de la garde des reliques. Il lui avait fallu dix ans pour obtenir ce résultat. Enfin, un jour, fête de l'Épiphanie, il parvint à se trouver seul, brisa le tombeau, enleva les restes de sainte Foy et les emporta à Conques, où ils furent reçus avec allégresse.

Les Bollandistes ont publié deux récits de cette translation, l'un en vers, l'autre en prose. De l'examen des événements auxquels il y est fait allusion, ils concluent que le récit en vers est antérieur à 937. Nous dirons tout à l'heure notre sentiment au sujet de la version en prose. En attendant, nous souscrivons avec empressement au jugement que porte le savant éditeur du *Cartulaire de Conques*, M. G. Desjardins[1], à propos du récit rimé, et sur le fond même et sur l'époque probable de la translation :

« La forme du poème donne à penser qu'il a été composé au x°, ou plutôt au commencement du xi° siècle. L'époque que son auteur assigne à l'arrivée de sainte Foy à Conques n'est pas exacte. Elle aurait eu lieu, d'après lui, *sub Carolo minore*, que les Bollandistes traduisent par Charles le Gros. Mais le Cartulaire tranche la question sans objection possible. Dans le préambule d'une charte datée ainsi : *Actum die martis, III kalendas augusti, anno IIII regnante Karlomanno rege*, on lit : *Locum sanctum sanctæ Dei ecclesiae, Conchas monasterii, qui est constructus in pago Rutenico super fluvium Dordonis, fundatus in honore sancti Salvatoris, ejusdemque sanctæ hac perpetuæ virginis Mariae, et sancti Petri, regni coelestis clavigeri, hubi sanctus Vincentius et sancta Fides tumulati quiescunt*[2]... La translation était donc un fait accompli le 30 juillet 883. Comme elle est postérieure au transport du corps de saint Vincent de Saragosse à Castres, qui fut effectué en 863, on peut dire qu'en 883 la présence des reliques de sainte Foy à Conques

---

1. *Cartulaire de l'abbaye de Conques, en Rouergue*, publié par Gustave Desjardins. Paris, in-8°, 1879.
2. *Cartul.*, n° 4.

était toute récente. Elle n'est pas mentionnée dans une donation faite à l'abbaye par Bernard II Plantevelue, comte d'Auvergne, donation dont la date est incertaine, mais qui paraît peu antérieure à 878[1]. »

Quant à la narration en prose, nous affirmons — et M. Desjardins ne nous contredira pas — qu'elle fut rédigée peu d'années après l'événement, du moins dans son texte primitif, que les Bollandistes estiment pour leur part antérieur à 1060[2]. Le manuscrit d'après lequel ils publient ce texte, et qui a appartenu à la reine Christine de Suède, est d'ailleurs moins ancien que le précieux volume de la Bibliothèque de Schlestadt[3], objet de la présente publication. Toutefois, les deux copies ne diffèrent guère que par quelques variantes de mots, et on retrouve dans l'une et dans l'autre les mêmes hellénismes, sans en excepter un seul. Ne savons-nous pas, d'ailleurs, que cette érudition est loin d'être inconnue à l'époque où nous plaçons ce texte?

Il nous semble donc probable que le récit en prose de la translation a été rédigé, comme le poème, au xe ou au xie siècle, et la copie la plus ancienne qui en subsiste, à notre connaissance, date du commencement du xiie.

C'est sous le gouvernement de Bégon, premier du nom, que l'abbaye de Conques entra en possession

---

1. *Cartul.*, Introd., p. x, n° 153.
2. Ils affirment que l'auteur n'a pu écrire avant 937, et ils ajoutent : *non absimile fit eum opus suum non nisi seculo XI elucubrasse, eo tamen non ultra annum sexagesimum progresso.* (*Act. sanct.*, III octob., p. 274.)
3. Cette partie du manuscrit a été, à n'en pouvoir douter, écrite dans les premières années du xiie siècle. M. L. Delisle, le savant et toujours obligeant administrateur de la Bibliothèque nationale, a bien voulu examiner nos photographies du manuscrit, et a confirmé notre appréciation.

des reliques de sainte Foy. C'est alors aussi que l'église, qui était auparavant sous le vocable du Saint-Sauveur, et qui avait pour patrons secondaires Notre-Dame et saint Pierre, en reçut deux autres, saint Vincent[1] et sainte Foy. On l'appela pendant longtemps : « l'église du Saint Sauveur et de sainte Foy; » mais à la fin du moyen âge on ne disait plus que : « l'église de sainte Foy. »

Bientôt les merveilles opérées par l'intercession de la jeune sainte donnèrent naissance à un pèlerinage. De toutes parts, non seulement du Rouergue et de l'Aquitaine, mais de la France et de l'Europe entières, accouraient des pèlerins, qui s'arrêtaient sur leur route pour prier dans les sanctuaires alors célèbres. Des guides à leur usage leur indiquaient la route à suivre, et nous avons montré ailleurs[2] qu'il y avait, en particulier entre Saint-Jacques de Compostelle et le sanctuaire de sainte Foy, des relations de pèlerinage qui influèrent non seulement sur la diffusion du culte des deux saints, mais aussi sur le développement des arts durant le haut moyen âge.

Arrivés à Conques, les pieux voyageurs assistaient pendant la nuit à l'office solennel célébré par les moines, et se préparaient aux fêtes du lendemain par une veille consacrée à prier devant la statue d'or de sainte Foy et devant les reliques. Nous voyons, dans

---

1. Sur la tranche d'un autel portatif conservé au trésor de Conques et daté de l'an 1100, saint Vincent est figuré auprès de sainte Foy.
2. *Sainte-Foy de Conques, Saint-Sernin de Toulouse, Saint-Jacques de Compostelle.* Extr. des Mém. de la Soc. des Antiquaires de France, 1892.

le *Livre des Miracles*, qu'on brûlait alors un nombre considérable de cierges. Souvent, le lendemain, on portait en procession, au son de l'oliphant et au chant des cantiques, la statue vénérée — la « Majesté de sainte Foy » — et la foule se pressait sur son passage. Pendant la veille et au passage des reliques de la sainte, s'accomplissaient des prodiges de toutes sortes, nombreux et spontanés, qu'on appelait parfois les *Jeux de sainte Foy*. Enfin, en actions de grâces pour tant de faveurs, on laissait en partant de beaux présents, de riches offrandes, qui subvenaient aux frais du culte ou contribuaient à enrichir le trésor. De là ce merveilleux ensemble de statues, de reliquaires, d'objets de toute sorte qui, en attestant la générosité et la reconnaissance des pèlerins de Conques, forment aujourd'hui comme une histoire figurée des arts du métal et de l'émaillerie durant le moyen âge.

II

De toutes les écoles que le moyen âge vit éclore, celle de Chartres fut l'une des plus célèbres. Les élèves qui la fréquentaient n'étaient pas tous originaires de cette ville, et beaucoup y accouraient des pays les plus éloignés et les plus divers. M. l'abbé Clerval, dans sa remarquable étude sur les écoles de Chartres au moyen âge, nous fait connaître un bon nombre de ces derniers[1]. Déjà, au xe siècle, l'historien Richer

---

1. A. Clerval, *Les écoles de Chartres au moyen âge, du Ve au XVIe siècle*. Chartres, 1895, p. 58 et suiv.

nous raconte le périlleux voyage qu'il accomplit, en 991, de Reims à Chartres pour aller étudier dans cette dernière ville les *Aphorismes* d'Hippocrate, sous la direction d'Héribrand [1]. Un certain nombre de clercs, à l'exemple de Richer, vinrent de Reims à Chartres pour perfectionner leurs connaissances scientifiques et littéraires. Parmi eux se trouva vraisemblablement Fulbert, qui devint bientôt le chef le plus illustre des écoles de Chartres. La réputation de son savoir et de sa sainteté attira entre autres auprès de lui un jeune homme désireux de profiter des leçons du maître renommé.

Ce jeune homme s'appelait Bernard, et selon toute probabilité, était originaire d'Angers. Il avait un frère, Robert, surnommé l'Angevin, plus jeune que lui, et qui devint, vers 1054, abbé de Cormery en Touraine. Toutefois, on ne sait rien de leur famille, et on ignore la date de leur naissance.

Durant son séjour à Chartres, Bernard eut occasion d'entendre de la bouche de Fulbert le récit des miracles qui s'opéraient autour des reliques de sainte Foy, à Conques. Il conçut bientôt une grande dévotion pour l'illustre sainte, et il aimait à aller prier dans la chapelle qui lui avait été dédiée aux portes de la ville. Toutefois, les merveilles qu'on lui attribuait, et dont la renommée faisait grand bruit, étaient tellement extraordinaires, que notre écolier hésitait à y ajouter foi, et ne pouvait se défendre de douter de leur vérité. Le désir le prit de s'en assurer, et, pour cela, de se rendre à

---

1. *Hist.* IV, 50, *ap. Patrol. lat.* de Migne, t. CXXXVIII, col. 147.

Conques. Il s'engagea même par vœu à accomplir ce pèlerinage dès que les circonstances le lui permettraient.

Sur ces entrefaites, vers 1010, il fut appelé par Hubert de Vendôme, évêque d'Angers, pour diriger l'école épiscopale. « Bernard en prit soin pendant trois ans, et y eut beaucoup à souffrir de se voir, d'une part, empêché par un enchaînement d'affaires d'accomplir son vœu, et de l'autre engagé avec des étudiants si peu avancés, qu'il ne pouvait profiter des leçons qu'il fallait leur donner[1]. » Au lieu de leur enseigner la philosophie, comme il s'y attendait, il se vit obligé de leur apprendre les principes de la grammaire. Enfin notre écolâtre, dégoûté du métier, quitte presque furtivement sa chaire pour accomplir son vœu et entreprendre le voyage depuis longtemps rêvé. Il séjourne vingt-cinq jours à Conques, y recueille les plus éclatants miracles de la sainte, et en consigne le récit dans un livre qu'il dédie à son ancien maître Fulbert, devenu depuis 1007 évêque de Chartres. Il l'envoie aussi à Adalgerius, alors abbé de Conques, contemporain du roi Robert. Bernard d'Angers nous apprend que, dans son premier voyage, il était accompagné d'un écolâtre du nom de Bernier[2], qu'il se rendit à Conques une seconde, puis une troisième fois en 1020, cette fois avec Sigebald[3], son secrétaire. Il put alors augmenter sa

---

1. *Hist. littér. de la France*, t. VII, p. 308.
2. Lib. I, c. XIII.
3. « Meus Sigebaldus, secretorum meorum minister, scholasticus et concordos, qui mecum ad S. Fidem praesenti anno peregrinatus fuit. » Lib. II, c. XIV.

première relation, et rédiger un second et un troisième livres, d'étendue d'ailleurs fort inégale.

On conjecture qu'il reprit entre temps la direction de l'école épiscopale d'Angers, et qu'il fit même un séjour à la cour de Guillaume, comte de Poitiers.

« Bernard a laissé un autre écrit de sa façon. C'est la relation d'un pèlerinage qu'il fit, vers 1020, en la compagnie de quelques autres Angevins, à N.-D. du Puy en Velay. Ménard, dans ses *Écrivains d'Anjou*, en rapporte un fragment qu'il a tiré du P. de Gissey [1] ». Ce voyage fut peut-être l'occasion ou la suite de sa troisième visite à Conques.

Le *Liber Miraculorum S. Fidis*, dans son intégrité, se divise en quatre livres. Les deux premiers devraient régulièrement en former trois, puisqu'ils contiennent les récits que Bernard d'Angers écrivit lors de ses trois voyages au sanctuaire de sainte Foy [2]. Les deux autres furent composés par un moine de Conques qui entreprit, au xie siècle même, de continuer l'œuvre de l'écolâtre et de publier le récit des nouveaux miracles opérés par la sainte. « Nous n'avons pas voulu, dit-il lui-même dans une sorte de prologue, ajouter les chapitres suivants sans prévenir le lecteur qu'ils n'étaient plus du même auteur, dans la crainte que cette confusion pût nuire à l'authenticité et à l'autorité de l'ouvrage... Nous n'y apposons pas notre nom, par respect pour la sainte [3]. »

---

1. *Histoire littér. de la France*, VII, p. 810.
2. Le troisième livre commencerait avec le chapitre VII de notre livre II.
3. Lib. III, *Prolog.*

L'œuvre de Bernard d'Angers se trouve mentionnée de bonne heure. Déjà, au commencement du xiiie siècle, Albéric de Trois-Fontaines, mort après 1241, dit dans sa chronique [1] : « Ad sanctum Fulbertum episcopum Carnotensem Bernardus, scolasticus Andegavensis, edidit libellum miraculorum sancte Fidis de Conchis, quæ passa est in civitate Aginno sub impio Daciano cum beato Caprasio [2]. »

Les différents propres du Bréviaire d'Agen, édités au xviie et au xviiie siècle d'après le récit de la Passion de sainte Foy publié par le P. Labbe [3], font une mention spéciale de l'œuvre des deux historiens, et affirment que la partie rédigée par l'écolâtre d'Angers était réellement partagée en trois livres, correspondants aux trois voyages qu'il fit à Conques.

Les copies manuscrites du *Liber Miraculorum* se répandirent dans l'Europe entière. Malheureusement certains scribes jugèrent à propos de faire un choix parmi les miracles; ils les tronquèrent, modifièrent l'ordre primitif, confondirent même ceux du moine anonyme avec ceux de Bernard, et donnèrent leur compilation comme l'œuvre de ce dernier. Plusieurs de ces manuscrits, où ne se trouvait pas l'épître dédicatoire à Fulbert, ne présentaient plus de nom d'auteur.

---

1. Ad annum 994.
2. Cf. *Analecta bolland.*, 1889, p. 64. — *Monum. Germaniæ Scr.*, XXIII, p. 176. — *Hist. littér. de la France*, XVIII, p. 279.
3. Cf. le propre de 1670 : 6 octob. In II Nocturno, Lect. VI. — *Proprium SS. ecclesiae et dioecesis Aginnensis Jussu Ill. ac Revmi Francisci Hebert ep̄i et comitis Aginn*, 1728. Die 13 octob. Octava S. Fidis. In II Nocturno. Ex antiquo Proprio Aginn. — Labbe, *Bibl. nova mss.*, II, p. 528.

C'est l'un de ces derniers, provenant de la riche bibliothèque des Chifflet de Besançon, que le P. Labbe publia dans sa *Bibliotheca nova manuscriptorum*[1]. La Patrologie latine de Migne reproduisit[2], en 1853, le texte publié par le P. Labbe, en y ajoutant cependant l'épitre dédicatoire d'après Mabillon[3], qui l'avait empruntée à un manuscrit conservé à Chartres.

Les Bollandistes[4], en 1770, publient une autre version provenant de la célèbre bibliothèque de la reine Christine de Suède, actuellement au Vatican; ils y joignent, sous forme d'appendice, un certain nombre de miracles empruntés, les uns à un manuscrit conservé autrefois à la Chartreuse de Strasbourg, les autres à la *Bibliotheca* du P. Labbe. Ils avaient collationné leur texte avec celui de ce dernier pour les miracles, et avec celui de Mabillon pour le prologue.

III

Quatre manuscrits avaient été utilisés pour ces diverses publications. Nous les désignerons sous les noms de *Codices*: 1° *Reginae Sueciae*; 2° *Argentinensis*; 3° *Chiffletianus*; 4° *Carnotensis*.

1° *Codex Reginae Sueciae*. — Rome. Bibliothèque du Vatican. Ms. 467 (probablement ancien 744) de la collection de la reine Christine de Suède[5]. Parchemin. 56 feuillets de 200 sur 140 millimètres.

---

1. T. II, p. 531.
2. T. CLXI.
3. *Annales Ord. S. Benedicti*, t. IV, p. 703.
4. Octobr. III, p. 302.
5. Cf. *Archiv der Gesellschaft für aeltere deutsche Geschichtskunde*, t. XII (1874), p. 282.

Ce manuscrit, écrit au XIIe siècle, contient : 1° la Passion de sainte Foy ; 2° le récit de la translation de ses reliques à Conques ; 3° « *Bernardi Andegavini miracula S. Fidis ad Fulbertum Carnotinum ep.* », tels que les Bollandistes les ont publiés au 6 octobre.

Le manuscrit de la reine de Suède est une de ces compilations fantaisistes dont nous avons parlé. On n'y trouve le récit que de vingt-quatre miracles, distribués d'une manière tout à fait arbitraire.

Dans la transcription qu'ils en ont donnée, les Bollandistes, ignorant l'œuvre du moine anonyme, que cependant ils soupçonnaient, et remarquant dans trois des récits des particularités et des détails qui leur semblaient étranges et inexplicables [1], les ont supprimés complètement. Quant aux autres, ils les ont groupés en dix chapitres répartis en trois livres.

Puis, dans un appendice, ils ont recueilli sept autres récits, dont cinq empruntés à la *Bibliotheca* du P. Labbe, et les deux autres à un manuscrit de la Chartreuse de Strasbourg dont nous allons parler.

Le style des trois miracles omis par les Bollandistes et dont on trouvera le texte en appendice (p. 123), présente avec celui des autres chapitres du moine anonyme des dissemblances qui pourraient faire soupçonner la collaboration d'un autre moine, qui les aurait introduits à la suite du texte et avant l'épilogue. C'est ainsi que bon nombre de phrases n'offrent pas de sens

---

1. *Act. SS.* Octob. II, p. 287, n° 92. — Je dois à l'obligeance de M. Coulon, membre de l'École française de Rome, la copie soigneusement collationnée de ces trois chapitres. Je l'en remercie vivement.

compréhensible; que la trame des récits est lâche et mal ourdie; qu'on y rencontre, particulièrement dans le troisième chapitre, des digressions singulières; qu'on y trouve des expressions inusitées jusque là (*seronatus, tristitudine*...), des redondances, des oppositions de mots étranges (*stultissimo stultiore, fida Fides fiat fidei*...)

Nous désignerons le manuscrit de la reine de Suède par la lettre V.

2° *Codex Argentinensis.* — Nous appelons de ce nom un manuscrit qui a fourni aux Bollandistes deux fragments, et qui faisait partie de la bibliothèque de la Chartreuse de Strasbourg. Le catalogue de cette bibliothèque, qui comptait 365 volumes, en partie manuscrits, tous détruits aujourd'hui, fut dressé vers 1525, et forme un volume in-4°, conservé aux Archives de Saint-Thomas de Strasbourg. Il a été publié par M. C. Schmidt[1]. Le *Liber Miraculorum*, qui n'y est pas mentionné expressément, faisait sans doute partie de l'un des recueils de miracles qui y sont catalogués.

Nous désignerons ce manuscrit par la lettre X, et nous le citerons d'après la version des Bollandistes.

3° *Codex Chiffletianus.* — Nous n'avons aucun renseignement matériel au sujet de ce manuscrit. Nous savons seulement qu'il faisait partie de la bibliothèque des Chifflet de Besançon, et qu'il fut communiqué au P. Labbe par le P. Pierre-François Chifflet,

---

1. C. Schmidt, *Zur Geschichte der aeltesten Bibliotheken und der ersten Buchdrucker zu Strassburg.* Strassburg, 1882, in-8°, p. 48. — Cf. *Revue d'Alsace*, 1877, p. 60 : *Livres et bibliothèques à Strasbourg au moyen-âge*, par Ch. Schmidt.

comme lui de la Compagnie de Jésus. Mais nous ignorons et à quelle époque remontait ce manuscrit, et en quelles mains il passa, lors de la dispersion de la riche bibliothèque à laquelle il appartenait.

Nous désignerons par la lettre B la transcription que nous en ont laissée le P. Labbe, et, d'après lui, la *Patrologie* de Migne.

4° *Codex Carnotensis.* — Chartres. Bibliothèque de la ville. Ms. latin 1036 (H. 1. 51). Parchemin. 322 feuillets à 2 col. de 270 sur 178 millimètres. Reliure en veau avec bouillons. Provient de l'abbaye de Saint-Père de Chartres. La souscription qui se lit au bas d'une des dernières pages (f° 319 v°) indique le nom sous lequel il était désigné, et la date à laquelle il fut terminé (1373) : *Explicit liber qui dicitur Apothecarius moralis monasterii S. Petri Carnoten., divina gratia permittente noviter compilatus anno Domini m° ccc° lxxiij°.* Le *Liber miraculorum sancte ac beatissime Fidis, virginis et martiris, editus a Bernardo scolastico, Andecavine scole magistro,* y occupe les feuillets 178 v°-197 r°. Les miracles de sainte Foy y sont au nombre de 24, précédés de l'épître dédicatoire : *Incipit epistola ad domnum Fulbertum, episcopum Carnotensem...* publiée pour la première fois par Mabillon en 1707. Les nouveaux Bollandistes ont reproduit ceux des miracles, au nombre de onze, qui étaient jusqu'alors inédits. Quatre d'entre eux ne se trouvent que dans ce manuscrit[1].

---

1. Je dois à l'obligeance de M. l'abbé Clerval, supérieur de la Maîtrise de Chartres et membre de la commission de la Bibliothèque de la ville, d'avoir

Nous le désignerons, dans notre transcription, par la lettre A.

A ces quatre manuscrits, dont nous avons fait connaître les éditeurs successifs, nous pouvons en ajouter aujourd'hui cinq autres, qui n'ont jusqu'à ce jour été l'objet d'aucune publication. Nous les désignerons, en les rangeant d'après leur âge, sous les noms suivants :

Codex Conchensis;
Codex Selestadiensis;
Codex Londinensis;
Codex Namurcensis;
Codex Mellicencis.

5° *Codex Conchensis.* — Conques. Parchemin. 27 feuillets de 300 sur 200 millimètres. Demi-reliure moderne : plats en papier, dos en parchemin. Écriture de la fin du xi° siècle; 22 lignes à la page.

Ce manuscrit a été trouvé, en 1890, à Conques, parmi les papiers de la famille Bénazech, dont un des membres contribua, pendant la période révolutionnaire, à sauver le précieux trésor de reliques et d'orfèvrerie de l'abbaye, dont il était chanoine. La majeure partie du volume a péri; il ne subsiste que quinze chapitres complets, et quatre plus ou moins tronqués : tous appartenaient au dernier livre rédigé par le moine ano-

---

ou la facilité de collationner ce manuscrit. — Cf. *Catal. gén. des manuscrits des Biblioth. publ. de France*, t. XI, 1890, p. 329. — *Catalogus codic. hagiogr. latin. biblioth. publicae civit. Carnotensis*, excerpt. ex *Analectis bolland.*, 1889, p. 64.

nyme. Quatre de ces chapitres ne se trouvent que dans cette version.

Nous désignerons ce manuscrit par la lettre C.

6° *Codex Selestadiensis*. — Schlestadt. Bibliothèque de la ville. Ms. latin 95 [1]. Parchemin, 123 feuillets de 337 sur 224 millimètres; 38 lignes à la page. Reliure en peau sur ais de bois. Le *Liber miraculorum* y occupe les feuillets 15 r°-105 v°. Il est précédé, entre autres pièces, de la *Passio sancte Fidis virginis et martiris*, et du récit en prose de la translation des reliques de la sainte, récit dont nous avons parlé plus haut. C'est à M. le chanoine Mury, curé de Sainte-Foy de Schlestadt, que revient l'honneur d'avoir remarqué et signalé le premier cet important manuscrit. C'est à lui que nous devons la bonne fortune d'en posséder la première copie, faite sous sa direction. Elle a été collationnée sur l'original par M. l'abbé Gény, bibliothécaire de la ville de Schlestadt. Nous aurions mauvaise grâce à marchander notre gratitude à ces deux obligeants collaborateurs de notre œuvre : elle leur est due et acquise sans réserve [2].

A son tour, M. l'abbé Servières a transcrit la copie de M. Mury, et l'auteur de ces lignes a revu avec tout le soin possible cette nouvelle transcription sur le manuscrit de Schlestadt [3].

---

1. *Catal. gén. des ms. des Biblioth. publ. des Départements*, in-4°, III, 1861, p. 588.
2. Ces lignes étaient écrites lorsque le chanoine Mury est mort, au commencement de 1890.
3. C'est à M. l'abbé Servières, curé de Villecomtal (Aveyron) que revient l'honneur d'avoir provoqué la présente publication. Non seulement il a recopié tout le texte du manuscrit de Schlestadt et bon nombre des chapitres

L'écriture du manuscrit de Schlestadt est de deux mains différentes, l'une ferme et sûre, l'autre moins régulière, et, selon toute apparence, d'une personne plus âgée. Dans les 90 feuillets qu'occupe le *Livre des Miracles*, onze pages seulement sont de la seconde [1] ; la première a écrit tout le reste.

De magnifiques initiales, de grandes dimensions, ornées de feuillages et d'entrelacs, quelques-unes même historiées de personnages et d'animaux, sont dessinées au commencement des chapitres. Dans toute la partie du *Liber* qui est l'œuvre de la première main, ces lettres sont rehaussées de bleu, de rouge et de vert; dans le reste du manuscrit, les rehauts de couleurs n'ont pas été exécutés. Les titres des chapitres sont écrits en rouge.

Un correcteur a revu avec soin le travail du copiste.

Nous avons remarqué, en faisant notre travail de collation, que ce dernier, lassé sans doute par la lon-

---

qui sont donnés en appendice; mais c'est à lui que je dois la plupart des éléments qui ont servi à la rédaction des notes historiques et géographiques. J'accomplis un strict devoir en lui adressant l'expression la plus cordiale de mes remerciements.

Je dois mentionner et remercier aussi les personnes qui, à des titres divers, ont apporté à cette œuvre le concours toujours empressé de leurs recherches et de leur complaisance: M. Boudet, président du tribunal de Saint-Flour; M. Beaugrand, ancien magistrat; le R. P. Van den Gheyn, bollandiste; le Rév. H. Milman, curé de la paroisse Saint-Augustin-et-Sainte-Foy, à Londres; M. Warner, conservateur des manuscrits du British Museum; le Dr Schachinger, bibliothécaire de l'abbaye de Melk (Autriche); M. Coudere, de la Bibliothèque Nationale; mon confrère, M. l'abbé Trillon, et bien d'autres.

Toutefois je ne saurais oublier que je dois une mention toute spéciale à M. G. Desjardins; il a revu avec un soin scrupuleux les notes qui accompagnent le texte, et m'a prodigué, pour leur rédaction définitive, d'utiles conseils. Je désirerais que ma gratitude ne restât pas trop au-dessous de son infatigable obligeance.

1. Ce sont : le v° entier du f° lxij, et les ff^{os} ci-cv.

gueur de sa tâche, devient de moins en moins attentif, et laisse échapper des fautes plus nombreuses. Le correcteur, de son côté, semble mettre d'autant plus de soin à les relever, et finit par sacrifier impitoyablement des formes irrégulières qu'il épargnait d'abord.

Le manuscrit de Schlestadt est de beaucoup le plus complet de ceux que nous connaissons. Il renferme, après l'épître dédicatoire de Fulbert, 47 miracles dont le récit est mis sous le nom de Bernard d'Angers, et qui forment deux livres. Le prologue qui suit, deux autres livres de miracles, au nombre de 48, et l'épilogue ont été composés par le moine anonyme. Ce dernier donna à tout l'ouvrage le nom de PANARETOS, qu'il expliquait ainsi : *totumque libellum Panaretos quod est omnium virtutum liber nuncupare decrevimus.*

Nous désignerons le *Codex Selestadiensis* par la lettre S.

7° *Codex Londinensis*. — Londres. Musée Britannique : fonds Arundel. Ms. latin 91 [1]. Parchemin. 229 feuillets à deux col. de 37 lignes. 334 × 235 millimètres. Belle écriture, évidemment française. Deuxième moitié du XII° siècle. Reliure relativement récente : plats en papier; dos et coins en veau.

Au verso du premier feuillet se trouve la table des matières, dont l'écriture est de la même main que tout le manuscrit. Ce dernier n'a pas de titre. Les noms des saints dont il est question sont écrits en tête des pages où il en est fait mention. Enfin, cinquante-deux

---

1. *Catalogus librorum mss. Bibliothecae Arundellianae*, 1834.

grandes lettres enluminées forment les initiales des chapitres.

Les miracles de sainte Foy, qui s'y trouvent à la suite de la Passion de la sainte (ff⁰ˢ 57 r⁰-78 v⁰), sont au nombre de vingt et un. Six d'entre eux ne se trouvent que dans ce manuscrit.

Nous lui assignerons la lettre L.

8⁰ *Codex Namurcensis.* — Namur. Bibliothèque communale. Ms. latin 15. Parchemin. 272 feuillets à deux colonnes, de 335 sur 240 millimètres. Écriture du xiii⁰ siècle, au moins pour la partie du manuscrit qui nous intéresse. On y trouve des vies de saints, auxquelles s'ajoutent les lettres de Sulpice Sévère, des hymnes et des proses notées[1].

Ce qui se rapporte aux miracles de sainte Foy y forme cinq chapitres, dont le premier seul est précédé d'un titre. Et encore ces chapitres sont-ils composés avec la plus étrange fantaisie, au moyen de fragments empruntés à un recueil plus complet et réunis sans méthode. A la fin du cinquième chapitre a été ajoutée la conclusion du moine anonyme, mais très écourtée.

Ce manuscrit a appartenu jadis à l'abbaye de Saint-Hubert, d'après la souscription qui se lit à la fin du volume : *Liber monasterii sancti Huberti in Arduenna*[2]. Il appartenait, au moment de la Révolution, à la riche bibliothèque de l'abbaye de Broigne, située à Saint-Gérard, près de Namur. Une partie des manu-

---

1. *Catalogus Codicum hagiographicorum Bibliothecae publicae civitatis Namurcensis*, dans les *Analecta bolland.* 1882. Tome I.
2. Une main du xvi⁰ siècle a écrit, à la suite de l'Index, cette note : *Conventus S. Huberti in Ard. Cat. insertus.* — Cf. *Anal. bolland.*, 1882.

scrits de cette bibliothèque fut alors déposée à l'hôtel de ville de Namur, et, plus tard, versée dans la bibliothèque publique de cette ville [1].

Nous assignerons au manuscrit de Namur la lettre N.

9º *Codex Mellicensis.* — Melk (Autriche). Bibliothèque de l'abbaye bénédictine. Ms. latin 897 (Q 34) [2]. Parchemin. 91 feuillets de 84 sur 60 millimètres. 14 lignes à la page. Écrit au xive ou au xve siècle, ce manuscrit ne contient que les miracles de sainte Foy, au nombre de 37.

Il semble avoir été compilé d'après celui de Schlestadt. Nous voyons, en effet, qu'il y est question, dans le premier chapitre, du miracle relatif à la fondation du prieuré de cette ville. De plus, les récits, à l'exception d'un seul, se retrouvent dans le même ordre que dans le manuscrit alsacien. Le manuscrit de Melk, tout en ne fournissant aucun chapitre nouveau et inédit, semblerait être, au moins à notre connaissance, celui qui offre le plus grand nombre de récits après celui de Schlestadt.

Toutefois, il résulte d'un examen moins superficiel qu'il s'agit ici d'un recueil bien différent des autres par la nature de sa composition. Les miracles y sont racontés aussi brièvement que possible, et accompagnés parfois de réflexions empruntées aux Livres saints. Il semble qu'on ait eu le dessein de faire, à l'occasion des merveilles accomplies par sainte Foy, un

---

1. Nous devons ces renseignements à M. Oger, bibliothécaire de la ville de Namur.
2. M. Kropff, *Bibliotheca Mellicensis*, Vindobonae, 1747, p. 32 et 35. — Cf. *Archiv*, 1851, p. 607.

livre de piété ou de méditations, d'un format commode et portatif. « L'auteur a soigné son style, il laisse de côté les aspérités de l'original, mais là où ce style lui plaît, il le prend mot pour mot [1]. »

Nous n'indiquerons, pour ce manuscrit, que la concordance générale des chapitres avec ceux des autres recueils, sans pouvoir entrer dans aucun détail en ce qui concerne le texte [2].

Nous le désignerons par la lettre M.

IV

De cet examen de nos divers manuscrits, il ressort que celui de Schlestadt est le plus important de tous, et parce qu'il renferme le plus grand nombre de miracles, et parce que, jusqu'à ce jour, il est resté non utilisé. A ce double titre, il a fourni la base de notre publication. Il ne sera donc pas sans intérêt d'en faire connaître plus longuement les caractères généraux.

Le recueil de Schlestadt provient du prieuré de Sainte-Foy, établi dans cette ville par les moines de Conques en 1094. Cette provenance est attestée par les lignes suivantes, qui se lisent au verso de la couverture : *Iste liber est monasterii sancte Fidis in Seleztat, Argentinensis dyocesis. Qui ipsum furetur, nunquam per eam sibi requies detur.*

---

1. Lettre de M. l'abbé Gény, bibliothécaire de la ville de Schlestadt.
2. L'abbaye de Klosterneubourg (Autriche) possède un manuscrit du *Livre des Miracles* écrit au xiv° siècle (Parchemin; 40 feuillets, petit in-4°. — *Explicit* : ... liberationis tenorem cunctis astantibus retexuit. Cf. inf. lib. III, c. V). Ce manuscrit est identique à celui de l'abbaye de Melk, et semble, comme ce dernier, dériver de celui de Schlestadt.

D'autre part, on trouve dans le même volume une liste, datée de 1296, des livres faisant partie de la bibliothèque de l'église Sainte-Foy à *Sletztat*. Parmi ces livres est mentionné le recueil des Miracles de sainte Foy [1].

Il est plus difficile de déterminer son lieu d'origine.

Nous ne croyons devoir conclure de la formule *nostra Gallia* [2], dans le cas où la copie aurait été faite à Schlestadt, qu'une preuve du soin apporté par le scribe à copier exactement le texte qu'il avait sous les yeux. Mais nous ne saurions oublier ici les relations qui unissaient le prieuré de Schlestadt au monastère de Conques. L'abbaye rouergate devait faire participer sa fille d'Alsace à ses faveurs temporelles et spirituelles, et lui donner tout ce qui pouvait entretenir chez elle le culte de leur commune patronne. De là à inférer qu'elle a pu lui envoyer, pour l'édification des religieux, un recueil contenant le récit des prodiges de la sainte, il n'y a qu'un pas, qu'il ne serait peut-être pas téméraire de franchir. Nous pourrions d'ailleurs nous croire autorisé à cette conclusion par ce fait que certains mots grecs, qui se retrouvent dans les deux manuscrits de Schlestadt et de Conques, y sont accompagnés de la même glose, destinée à les expliquer à des lecteurs incapables de les comprendre [3].

---

1. *Anno Domini millesimo cc*mo *nonagesimo sexto, fratre Mirone in prepositum ecclesie sancte Fidis in Sletstadt ordinato, libri subscripti in communi armario fuerunt reconditi, videlicet :* .....[18] *Miracula sancte Fidis* .... — Cf. J. Gény, *Geschichte der Stadtbibliothek zu Schlettstadt*, — Schlettstadt, 1889, in-8°.
2. P. 98.
3. Cf. lib. IV, *passim*.

Ainsi, à défaut de preuves certaines, toutes les présomptions semblent se réunir en faveur de l'origine conquoise du manuscrit que nous publions.

Malgré les remaniements introduits par le moine anonyme, il subsiste encore, entre les récits recueillis par Bernard et ceux qu'il a ajoutés à ces derniers, des différences notables et caractéristiques. Le style des deux premiers livres est plus vif et plus alerte, et ce n'est que dans les deux derniers que se rencontrent quelques expressions grecques.

Les deux écrivains ont-ils vu de la même façon? Il est permis d'en douter. L'écolâtre, tombé au milieu d'un monde nouveau pour lui, est émerveillé de ce qu'on lui raconte et de ce qu'il voit. Ce qui le frappe, c'est la magnificence du culte rendu à la sainte, c'est la vénération dont sa st... est l'objet, c'est l'empressement des pèlerins, la profusion des cierges qui se consument, l'éclat et le nombre des présents, la richesse et la beauté des joyaux que possède le trésor, le soin jaloux avec lequel sainte Foy affirme ses exigences et punit ceux qui lui résistent ou lui font outrage. Il décrit avec complaisance l'église et ses diverses parties, la merveilleuse statue d'or [1], les gué-

---

[1]. Cette statue existe encore; elle est conservée dans le trésor de Conques, aujourd'hui encore un des plus riches de France en pièces de premier ordre. La sainte est représentée assise dans un fauteuil orné: elle a la tête légèrement renversée en arrière, et couverte d'une magnifique couronne décorée d'émaux et de pierreries. De larges yeux en émail donnent à la physionomie un caractère étrange et au regard une singulière fixité. Les mains, refaites à une époque très postérieure, tiennent chacune une sorte de petit tube dans lequel devait se placer une fleur ou une palme. Des plaques d'or recouvrent entièrement l'âme en bois, ornées elles-mêmes d'une profusion d'émaux, de cabochons, d'intailles, de bijoux de toute sorte et de toute époque, qui donnent à l'ensemble une valeur artistique et une richesse

risons qu'on lui a racontées. Il est venu jusqu'à trois fois pour contrôler la vérité de ce qu'il a entendu avec surprise, et il ne veut rien écrire qu'il n'ait soumis à une enquête minutieuse et sévère.

Le moine inconnu, lui, est de la maison, et rien de la maison ne l'étonne plus. Il lui suffit d'ouvrir les yeux pour voir arriver ceux qui viennent rendre grâces, et les oreilles pour entendre et recueillir leurs récits. Les merveilles qui s'accomplissent chaque jour sont si nombreuses, qu'il ne peut les raconter toutes [1]. Force lui est de choisir dans le nombre, et, lorsqu'il mettra la dernière main au livre qu'il nous a laissé, il ne le fermera pas sans avoir la velléité de l'augmenter encore [2].

Ce qu'il raconte, ce ne sont plus seulement ces miracles faciles et parfois entourés de circonstances plaisantes que le vulgaire appelait les *Jeux de sainte Foy*, mais des délivrances ardues de prisonniers, des guérisons éclatantes, voire même trois résurrections de morts. Et toutes ces merveilles, sauf quelques exceptions, ce n'est pas par ouï-dire qu'il les a apprises. Ou bien il en a été le témoin [3], ou bien il a vu ceux qui en ont été favorisés, lorsqu'ils ont apporté le témoignage de leur gratitude.

Nous aurions voulu trouver dans son œuvre des

---

incomparables. (Cf. A. Darcel, *Trésor de l'église de Conques*, 1861, in-4°, p. 45. — E. Molinier, *L'émaillerie*, 1891, in-12, p. 79. — E. Rupin, *L'œuvre de Limoges*, 1890, in-4°, p. 63. — A. Bouillet, *L'église et le trésor de Conques*, 1892, in-12, p. 50.)

1. L. III. *Prolog.* — L. IV, c. VII, IX.
2. L. IV. *Epilog.*
3. L. III, c. VIII, XV.

renseignements qui eussent constitué, par leur réunion, une sorte de biographie de l'écrivain, mais il a été si bien absorbé par ce qu'il voyait ou entendait, qu'il n'a jamais parlé de lui-même. Depuis longtemps était mort Gerbert — *beatae memoriae* [1] — qui semble avoir partagé avec Bégon II, de 996 à 1004, le gouvernement de l'abbaye; depuis longtemps étaient tombés dans l'oubli des faits contemporains de la construction de l'église [2]; voilà tout ce que nous transmet le moine en dehors des miracles qu'il a pu apprendre ou constater. Nous sommes donc absolument dépourvus de renseignements sur son propre compte.

Aucun chroniqueur ne nous fait connaître l'histoire des provinces du Midi de la France et leur état social durant le haut moyen-âge. Les nombreuses chartes qui nous ont été conservées de cette région, si importantes qu'elles soient, sont impuissantes cependant à combler cette lacune. Aussi, à ce point de vue spécial, les renseignements fournis par l'écolâtre d'Angers et par son continuateur sont-ils d'une haute valeur, et leur intérêt ne saurait être révoqué en doute. Les personnages mis en scène ont, pour le plus grand nombre, vécu dans le Rouergue, le Quercy, l'Auvergne ou le Languedoc; c'est dans ces provinces ou dans leur voisinage que se passent la plupart des faits racontés. Les mœurs souvent brutales des seigneurs, l'oppression des faibles et des petits par les grands et les puissants, mille détails de mœurs et de coutumes,

---

1. L. III, c. XIV.
2. L. IV, c. XXIV.

mille renseignements sur les institutions et les usages de la vie privée et de la vie sociale, tout cela passe sous nos yeux à mesure que nous lisons le *Livre des Miracles* de sainte Foy. Nous y voyons aussi quelle diffusion prodigieuse avait pris le culte de cette martyre, et quelle confiance en son pouvoir surnaturel poussait vers son tombeau la foule des pèlerins avides de ses faveurs.

V

Exposons en terminant les règles que nous avons suivies pour l'établissement du texte du *Liber Miraculorum*.

Notre but étant de publier le *Codex Selestadiensis*, nous nous sommes attaché à donner de ce recueil une édition aussi exacte que possible, de telle sorte que si le manuscrit original venait à périr, on fût assuré d'en avoir la copie fidèle.

En conséquence, nous en avons reproduit scrupuleusement le texte, en adoptant néanmoins les corrections introduites par le *corrector*; ces corrections, hâtons-nous de le dire, s'appliquent uniquement aux fautes matérielles du copiste, et, par suite, ne changent jamais rien au sens de la phrase, et ne modifient ni la pensée, ni le style de l'auteur. Dans les cas douteux, ou lorsque nous nous trouvions en face d'un mot écrit de plusieurs manières dans le courant du manuscrit, nous avons adopté l'orthographe la plus simple et la plus communément employée.

La ponctuation est ordinairement satisfaisante. Nous ne l'avons modifiée, augmentée ou diminuée que lorsque la clarté l'exigeait impérieusement.

Nous avons aussi, mais rarement, introduit la division des chapitres en alinéas. Toutefois nous ne l'avons fait que discrètement, quand le sens l'exigeait, et surtout lorsqu'il y avait passage d'un sujet à un sujet différent.

Le scribe a numéroté les deux premiers chapitres seulement du Ier livre. Nous avons cru, pour faciliter les recherches, devoir combler cette lacune. Mais nous avons eu soin de mettre entre crochets les numéros d'ordre que nous avons introduits, comme aussi, au cours du *Liber*, les rares mots que le copiste avait omis par distraction, et qui semblaient absolument nécessaires pour l'intelligence du sens.

Quant aux variantes fournies par les divers manuscrits, nous n'avons mentionné que les plus considérables, omettant celles qui ne touchaient que l'orthographe ou la forme des mots, et donnant toujours celles qui consistaient en un membre de phrase, ou qui pouvaient modifier ou compléter le texte de notre manuscrit. Et encore n'avons-nous relevé et indiqué que celles des manuscrits collationnés par nous-même à l'exclusion des autres.

Nous avons toujours indiqué, par la lettre correspondant à chacun des manuscrits, les chapitres ou parties de chapitres qui s'y trouvent. La table de concordance qui suit cette préface permettra de se rendre compte aisément de leur importance relative.

Nous avons rejeté après le texte de Schlestadt, sous

forme d'appendice, quelques fragments et quelques récits qui ne se trouvent pas dans ce dernier manuscrit. Ceux du moins qui appartiennent au *Codex Conchensis*, plus ancien que le manuscrit de Schlestadt, prouvent que nous n'avons pas dans ce dernier une transcription intégrale du recueil primitif.

Enfin nous avons cru intéressant de joindre à l'appendice la légende de la fondation du prieuré de Schlestadt[1], qui se trouve dans le même manuscrit. Écrite d'une autre main et un peu après le *Liber miraculorum*, auquel elle a été juxtaposée, elle fournit la preuve évidente que ce dernier était alors conservé au prieuré, où il jouissait d'une grande autorité.

Sainte-Odile, en Alsace, 4 octobre 1895.

---

1. Elle a été publiée déjà dans les *Monumenta Germaniae* (XV, p. 997), d'après un manuscrit du xiiᵉ siècle, conservé à la bibliothèque d'Aarau (Suisse), et collationné avec celui de Schlestadt. Nous ne donnons que le texte de ce dernier. L'éditeur des *Monumenta* conclut des événements auxquels il est fait allusion dans ce récit, qu'il a été rédigé après 1108 et avant 1138.

DÉSIGNATION DES MANUSCRITS

S. *Codex Selestadiensis.* — XI°-XII° s. — Collationné sur l'original (V. plus haut, p. xx).

C. *Codex Conchensis.* — XI° s. — Collationné sur l'original (V. plus haut, p. xix).

V. *Codex Reginae Sueciae.* — XII° s. — D'après la version des *Acta SS.* (V. plus haut, p. xv).

B. *Codex Chiffletianus.* — D'après la version du R. P. Labbe (V. plus haut, p. xvii).

A. *Codex Carnotensis.* — XIV° s. — Collationné sur l'original et sur l'édition partielle des *Analecta bollandiana* (V. plus haut, p. xviii).

X. *Codex Argentinensis.* — D'après la version des *Acta SS.* (V. plus haut, p. xvii).

L. *Codex Londinensis.* — XII° s. — (V. plus haut, p. xxii).

N. *Codex Namurcensis.* — XIII° s. — (V. plus haut, p. xxiii).

M. *Codex Mellicensis.* — XIV° s. — (V. plus haut, p. xxiv).

TABLE DE CONCORDANCE DES MANUSCRITS

LIBER PRIMUS

S	V	B	A	M	N	L
Epistola			Epistola			
1	1	1	1	2	1	1
2	2			3		2
3		2	2	4		3
4	18	3	3	5		
5	3			6		
6				7		
7						
8				8		
9	5				2	4
10				9		
11				10		
12				11		
13				12		
14				13		
15	4			14		5
16						
17						
18		4	4	15		
19		5	5	16		
20						
21				17		
22	6	6		18		6
23	19			19		
24	7	7	6			
25						
26						
27						
28	8	8	7	20		
29	9	9		21		8
30	10	10		22		9
31			8	23		
32	11	11	9	24	3	10
33	12	12				11
34						

TABLE DE CONCORDANCE DES MANUSCRITS

LIBER SECUNDUS

S	V	B	A	X	M	N	L
1	13				25		
2		13			26		
3							
4			10				
5							
6	14	14			27		20
7	15-16				28	4-5	12-13
8							
9							
10					29		
11			18				
12					30		
13				2	31		
14				1	32		
15							

LIBER TERTIUS

S	B	A	M
Prologus			
1			34
2			33
3			35
4			36
5			37
6			
7			
8	15	13	
9	16	14	
10		15	
11	17	16	
12		17	
13			
14			
15			
16	22	11	
17		12	
18			
19			
20			
21			
22			
23		20	
24			

LIBER QUARTUS

S	C	V	B	A	N	L
1		17				14
2						
3						
4						
5						
6	fragm.					
7	9					
8	10		19			
9						
10						
11						
12	17	20				
13	18	21				
14	19					
15	20					
16	21					
17	22					
18	23		20			
19	24					
20	25					
21	27					
22	28					
23	32		21	19		
24		24			5	

APPENDICES

S	C	V	A	M	L
	10				
	26				
	29				
	30				
	31				
			21		
			22		
			23		
			24		
		22			
		23			
		24			
					15
					16
					17
					18
					19
					21
fundat.				fundat.	

LIBER MIRACULORUM SANCTE FIDIS

INCIPIT LIBER MIRACULORUM SANCTE AC BEATISSIME FIDIS VIRGINIS ET MARTYRIS, EDITUS A BERNARDO SCOLASTICO, ANDECAVINE SCOLE MAGISTRO [a].

Incipit epistola ad domnum Fulbertum, episcopum Carnotensem [b].

Sanctissimo [c] atque hominum doctissimo Fulberto, Carnotano episcopo, Bernardus, scolasticorum minimus, summe beatitudinis donum.

Cum dudum Carnoti vestra sincera conversatione fruerer, accidebat crebrius ut vel scribendi causa vel orandi sancte Fidis martyris, que extra muros ejusdem urbis sita est, ecclesiolam adirem [1]. Qua de re memini nos aliquando inter

---

a. Ce titre ne se trouve que dans V, A.
b. V, A.
c. L'épître dédicatoire se trouve dans S, V, A.

---

1. Cet oratoire, construit, selon toute apparence, au temps même de Fulbert, se trouvait d'abord hors de la ville. Une bulle d'Innocent III nous apprend qu'en 1181 il était déjà enclos dans les murailles. Il fut uni, en 1099, à un collège de chanoines, puis, vers 1150, érigé en église paroissiale du nouveau bourg du Châtelet, qui s'était formé de ce côté de la ville. Ce fut alors le siège d'un prieuré-cure. Reconstruite sur un plan plus vaste, l'église paroissiale subsista comme telle jusqu'à la Révolution, et fut démolie partiellement en 1793. Ce qui en restait — le chœur et le transept — converti en théâtre en 1794, conserva cette destination jusqu'en 1855. C'est à cette époque que les religieux Maristes l'achetèrent pour la rendre au culte en 1859. (Cf. A.-F. Ducoudray, *Notice histor. sur l'égl. Sainte-Foy*, 1857.)

Abbé BOUILLET. — *Liber miraculorum sancte Fidis.*

confabulationis colloquia incidisse in mentionem sancte
Fidis miraculorumque ejus, que in loco Conchacensis cenobii, ubi sacrosanctum corpus illius veneranter excolitur,
omnipotentis Christi munere fiunt assidue. Que, quia partim
vulgarium fama celebrari videbantur, partimque inaudita
habebantur, haut aliter quam inanis fabule commenta a fide
rejiciebantur. Et tamen cum quod verum erat per voluntatem
Dei silere non poterat, verique opinio pene per universam
Europam jam discurreret, paulatim subiit michi in corde
tacita et oblivionis impatiens cogitatio uti ipsum sancte martyris habitaculum eodem studio discendi adirem. Postremo
adeo res rediit huc, ut voti inde facti tempus diemque, ne
daretur oblivioni, in manuali codicello notaverim. Interea
causa extitit qua ad urbem Andecavensem, ab ipsius urbis
episcopo exoratus, transmigrarem. Ubi fere per triennium
per inanes nugas, ut verum confitear, tempus studii con-
terens, excessi terminum voti. Quippe bonam oportunita-
tem[d] expectabam, que succedentibus multiplicis cure occu-
pationibus, adeo me falsa expectatione reddidit delusum, ut
velut piscis intra linea claustra captus, quo magis expediri
conabar, eo gravioribus malis implicarer. Tandem vero ne
sub specie adversitatis desidie mee viderer consulere, cum
etiam occultos et pene inextricabiles diabolica fraude michi
persentiscerem parari laqueos, prorsusque arte inimica a
ceptis cogitantem de bonis absterreri, postpositis repente
rebus, ad desideratum gloriose martiris mausoleum Domino
ducente perveni. Hic ergo de virtutibus sancte Fidis postquam sollicite cepi inquirere, tanta a diversis relatoribus
miraculorum affluentia habundavit, ut nisi audiendi ardens
esset animus, nimio tedio afficerent cerebrum. Verum
quia ipsum hominem, cujus oculi violenta avulsione radicitus abstracti fuerant et postmodum salva nature integritate reformati, ipse videre merui, et nunc in hac etiam hora
dictandi video[e], eodemque prodente, universa attestante
provincia, novi, primum id tanquam miraculorum funda-

d. Importunitatem *A*.
e. *et nunc etiam ibi hic homine dictante video... B*.

mentum ceterorum lectioni inserendum puto, non solum sensum e sensu, sed etiam verbum e verbo, ut ab ejus ore audio, brevitatis alienus, longam satis lineam narrationis texere legentibus. Post hęc vero pro redeundi festinatione perpauca statui adjicere miracula. Reliquorum vero pulchriora summa brevitate cursimque notata, ea quidem quę etate nostra non sunt antiquiora, quorumque testes in promptu, non fabulosam, sed evidentissimam veritatem elicuerint, mecum in patriam Deo duce ferendum delibero, quo videlicet diligentiori datus ocio, abundantiorem lecturis faciam lectionem.

Hęc ergo, mortalium doctissime, cum acceperis, artis tantum positionem corrige : nam quicquid narratum fuerit, quamvis indoctus et recte dictandi imperitus, non tamen simplex ad audiendum, nec facilis ero ad credendum; aut potius, si fedum tibi videtur stilum imparem materię materiam polluisse, tu te tibi, salva benivolentia mea, quem constat unice in altiorem sapientię gradum evasisse, tam nobile tamque gloriosum thema nobili gloriosoque stilo decoraturus sume, ne veritas malo stilo corrosa legentibus horreat, ac per hoc res optima vilescat : nam tantam talemque historiam tanquam abjectis sapientibus occupasse presumptoris potius est improbitas, nisi quia causa in medio prolata me ab hac audatie noxa fuit immunem. Quam ut manifestius edicam, melius est cęlestia miracula, nunc dum sunt nova et indubia, a scolastico quamlibet indocto salva veritate utcumque tradi litteris, quam ab ignotis mundi partibus oscitantem spe dubia oratorem expectari. Ergo non adeo culpandus michi videor, si divinę gratię munera pro viribus expromplerare contendo, cum ipsa scriptorum inopia ut id agam vehementer expostulat. De cętero qui hoc lecturi estis, moneo ne in hujus scripturę concordia scandalizemini, consequentiam temporum querentes, non enim permittit me instans redeundi necessitas ad purum investigare, nisi ea quę sine detrimento fructus minime sunt pretermittenda. Unde non hic in hac scriptura libri, quem de virtutibus sanctę Fidis Deo cooperante exordior componere, annorum ordo, sed miraculorum concordabit similitudo, quorum inviolabili veritate diligentissime a me exquisita, quia nichil verius, precor ut fidem relatu pleno corde accommodetis, ne vobis sanctę martyri postmodum minus derogasse sit satius : aut potius, si rei prodigiosę inusitata novitas vos perturbat, id super omnia a vestra *f* fraternitate procumbens terratenus peto, uti nostro tempore non tam orationis quam causa experientię, et vos quoque me regresso huc veniatis, ne intempestive falsum judicetis inexperti, cujus veritatem ultro propalabitis experti.

Explicit epistola.

f. coram *V.*

[*Incipiunt capitula libri primi.*]

[I]. De *s* Vuitberto cujus oculos radicitus evulsos sancta Fides redintegravit.
[II]. De Gerberto simile miraculum.
[III]. De mulo a morte resuscitato.
[IV]. Item simile miraculum.
[V]. De eo qui irruens in monachum sanctę Fidis occubuit precipitio.
[VI]. De celesti vindicta in eos qui vinum monachorum rapere volebant.
[VII]. Reciprocus sermo, affirmatio superiorum.
[VIII]. De morte Vuigonis.
[IX]. De filia viduę cęca.
[X]. De cęlesti vindicta in cum qui peregrinos sanctę Fidis assallivit.
[XI]. De eo qui sanctę Fidi detrahens repentina tecti ruina periit.
[XII]. De eo qui fulmine percussus periit.
[XIII]. Quod sanctorum statuę propter invincibilem ingenitamque idiotarum consuetudinem fieri permittantur, presertim cum nichil ob id de religione depereat, et de celesti vindicta.
[XIV]. De eo qui optavit casum imaginis.
[XV]. De ea quę sacre imagini assurgere contempsit.
[XVI]. De miraculo aurearum columbarum.
[XVII]. Quod instituendę tabulę causa sancta Fides aurum queritabat.
[XVIII]. De anulo negato et postea sanctę Fidi reddito.
[XIX]. De manicis aureis.
[XX]. De peregrina quę sanctę Fidi dedit anulum ut a doloribus liberaretur.
[XXI]. De peregrino qui votivum anulum permutare voluit.

[XXII]. De muliere quę usurpavit anulum quę altera moriens sanctę Fidi reliquerat.
[XXIII]. De reperto¹ acceptore.
[XXIV]. De improbo mercatore.
[XXV]. De Gueriberto custode, quomodo aurum sanctę Fidis invitus reddidit.
[XXVI]. De Gimone monacho, quam viriliter contra malefactores sanctę Fidis agebat.
[XXVII]. Quod sancta Fides castos amet, incestos repellat.
[XXVIII]. Quod sancta Fides in conciliis insignia facit miracula, et de puero in quo quadrupartitum gestum est miraculum.
[XXIX]. Item de ceco et claudo.
[XXX]. De eo qui a suspendio furcarum sanctę Fidis auxilio liberatus est.
[XXXI]. Quod carceratos ad se clamantes sancta Fides absolvat.
[XXXII]. De eo cui ad conterendum ferreos compedes sancta Fides marcellum² attulit.
[XXXIII]. De eo qui premonitus a sancta Fide per fenestram turris saltu evasit, et de mirabili asino.
[XXXIV]. Epistola abbati et monachis destinata, quę primi libri habetur clausula.

Expliciunt capitula. Sequitur textus.

[I]

De Vuitberto[h]*, cujus oculos radicitus evulsos sancta Fides redintegravit. Cap. I.*

Igitur adhuc in pago Rotenico, ubi et beatissima virgo requiescit Fides, in vicinia vici Concacensis, presbiter qui-

[I]. *S. V. B. A. M. N. L.*
h. Guiberto *A.*

---

1. *Le man. porte* roperto.
2. *pour* martellum.

dam, Geraldus nomine[1], superstes habitat, qui habuit consanguineum ac in pontificali confirmatione filium, nomine Vuitbertum, suę domus vernaculum, rerumque suarum procuratorem strenuum. Hic aliquando Vuitbertus festivitatis gratia ad Conchas perrexerat. Completaque de more sollempni lucubratione vigilię, in crastino, id est in ipso festivitatis die, recidivo redibat tramite, cum offendit sinistra fortuna prefatum dominum suum occulto zeli odio adversus se commotum. Hunc presbiter, cum in peregrino habitu cominus cerneret, verbis pacificis in primo aggressu ita affatus est : *Ecce, Vuitberte, romeus*[2], *ut video, effectus es*; sic enim in eadem patria sanctorum peregrini appellantur. Et respondit : *Etiam, domine, a festivitate sanctę Fidis revertens.* Tum vero de ceteris quasi amicabiliter exquisito, dat licentiam abeundi. At cum paululum sese preteriret, respiciens post tergum Judaicę proditionis sacerdos, si tamen sacerdotem, qui sacrilegio sacerdotium contaminat, vocari fas est, jubet homini ut paulisper opperiatur se. Quem consecutus, mox a suis utrobique vallatum teneri precipit.

Quod cum ille vidisset, nimio metu intremiscens, summam cujus criminis arguatur, percunctari coepit. Cui vir perfidus hujuscemodi minaciter[1] dedit responsum : *Malum michi fecisti et pejus factum ire paras; et ideo non aliter quam ipsis tuis oculis satisfaciens michi, supplicium dabis*; nec tamen apertius, quasi pre pudore, designavit modum culpę. Namque est sacerdotibus inhonestum de zelotipio suo agere judicium. Siquidem hujus mali causa de suspicione constuprandę mulieris fuerat exorta. Ille vero, ut erat rei ignarus, omnigenę culpę purgationem satis confidenter pro-

i. manque V.

---

1. Le Cartulaire de Conques mentionne (n° 215) un Gérald, prêtre de Castaillac (Geraldus, sacerdos de Castaliago), qui donna à l'abbaye, dans la première moitié du XI° siècle, un manse situé à la Bessière, près de Golinhac. (Cf. *Cartul. Introd.*, p. LXX.) — Castaillac, chef-lieu de paroisse, commune de Golinhac, canton d'Entraygues, arrond' d'Espalion (Aveyron).
2. *Romeus*. On appelait ainsi ceux qui avaient fait le pèlerinage de Rome ; par extension, on donna le même nom aux pèlerins en général. (Cf. Du Cange, *Gloss.*, V, p. 795.)

fert : *Ecce*, inquiens, *domine, omne nefas, quo tibi suspectus habeor, si est ut palam detegas, legaliter refellere paratus, non estimo inveniri posse quo pacto iram tuam tuorumque fidelium incurrere debeam.* Ad quem ille : *Cessent, inquit, cessent superflue excusationis ambages; jam enim dudum conclamatum est, data sententia, ut oculis careas.* At ille gladiatorio sibi animo illum insistere, irreparabilemque sue destructionis horam imminere, nec ullum preci locum fore ulterius cernens, adhuc tamen, quamvis de presenti diffidens salute, hujusmodi clamorem addit : *Domine, indulge, queso, veniam, et si non propter innocentiam meam, saltem pro amore Dei et sancte Fidis, cujus amore in presentiarum gesto sacrum peregrini habitum.*

Ad hec torva belua nec Deum nec sanctam ejus magni pendens, effero furoris rugitu frendens, diu conceptum blasphemie venenum ita verbis evomit sacrilegis : *Nec Deus nec sancta Fides hodie*, inquit, *te liberabit, neque eos invocando proficies, ut a manibus meis impunitus abeas, neque eo confugies, ut ob peregrini habitus reverentiam, cum sis michi iniquissime injuriosus, te incontemptibilem inviolabilemque habeam personam.* His dictis, jubet hominem dari precipitem oculosque innocentis violenter eripi. Sed cum nullum suorum, qui tres tantum erant quorumque nomina propter barbarismi pretermittimus horrorem, ad tantum facinus impellere potuisset, illum ab eisdem saltem gravari impetrans, repente idem elapsus ab equo, digitis quibus sacrosanctum Christi corpus contrectare consueverat, sui filioli oculos violenter abstraxit, humique negligenter projecit. Non sine superne virtutis presentia, que non sinit homines divine cure exortes, et semper adest prope invocantibus se in veritate facitque judicium injuriam pacientibus. Nam qui tunc ibidem affuere, cernere continuo niveam meruere columbam, aut certe, ut ipse adhuc patrator sceleris solet asserere, pica extitit. Que pica, vel columba, ocellos miseri recenti cruore illitos in ipsa hora suscepit ab humo, supraque montuose telluris altitudinem elevata ad Conchas deferre visa est.

Nec mirum si Deus aliti picę in deserto [oculos] servandos credidit, qui per corvos olim victum Helię in deserto prebuit; vel forte, ut divinitas voluit, ales dubia venit, quę nec bene pica, nec bene columba animadverti potuit, verum inter utriusque avis qualitatem non ambigua fuit discretio, cum hi quidem candidatam columbam, ille vero non aliud se vidisse perhibet, quam picam nigro distinctam et albo. Sed quia Deus impiis terribilis, mitis vero apparebit justis, fieri potuit ut insontibus quidem ac pro viso scęlere tacita conscientia ingemescentibus, candida species visa fuerit, scelerato vero confusa *j*. Quod tamen idem cum vidisset sacrilegus, penitudine ductus lacrimari cępit profusius. Cui ab uno sociorum ejus idem facere incassum tardeque dictum est. Indeque abiens, sacram missę cęlebrationem postea aut propter perpetratum scelus non presumpsit, aut, quod verius videtur, propter rem secularem omnino neglexit.

At vero mater hujus Geraldi, lesę innocentię vehementi affectu compassa, predictum Vuitbertum domi receptavit, cunctaque sibi necessaria, donec sanus factus est, benignissime suppeditavit. Cum qua etiam eadem tempestate obversatus fuerat, non tam ex precepto sui senioris, quam declinando atrocitatem ipsius, quam in illum idem sermo, sevior solito, exercuisset, ex quo falsi zeli vulnus in corde percepisset. Is denique, sanus effectus, eodem anno arte joculari publicum quęritavit victum, indeque questum accepit, adeo ut, sicut modo assolet referre, oculos ultra habere non curaret; tanta eum et lucri cupiditas et commodi jocunditas delectabat.

Evoluto itaque anno, impendente sollempnitatis die, dum pridie ante vigiliam membra sopori dedisset, astitisse sibi inenarrabilis elegantię visa est puellula, aspectu angelico atque serenissimo, facie candida, roseoque rubore guttatim respersa, quę inestimabili vultus vigore omnem humanum superexcellebat decorem. Quantitas vero non alia erat quam ea quę passionis tempore fuisse legitur, id est statura puellaris, necdum provectę ętatis. Vestes erant amplissimę auro-

---

j. Nec mirum si Deus... scelerato vero confusa, *manque dans* B.

que per totum intextę mundissimo, ac subtili picturę varietate circumdatę. Manicarum vero quantitas ad vestigia usque dependens, in minutissimas rugas pre sui magnitudine subtiliter erat contracta. Sed et ligatura capitis in orbem complicata bis binis perspicui candoris emicabat margaritis. Verum pusilli corporis habitudo nichil aliud michi significare videtur quam quod passionis tempore, sicut diximus, juvenis legitur fuisse.

Oris autem qualitas, quantum fas fuit huic cui hęc visio apparuit, discernere, sive mirabilis habitus, non, ut reor, sine causa extiterunt, nam preclarum in se hęc eadem gerunt portentum, siquidem vestes mensuram personę excedentes, armaturam sive protectionem exuberantis fidei possumus accipere, quarum aureus fulgor spiritalis gratię illuminationem aperte figurat. Quid subtilitas picturę manicarumve rugositas, nisi divinę sapientię indaginem prefert? Et merito in principali corporis parte, id est capite, sunt visę quatuor gemmę, per quas liquido principalium virtutum, prudentię, justicię, fortitudinis ac temperantię possumus advertere quadruvium. Quarum sancta Fides quia noticiam perfectionemque habuit, ac penitus Sancto afflata Spiritu, cęteras quoque, ab his derivatas, intra viscera amoris perfectissime coluit, omnimodis Altissimo placuit, ac proinde non ignara summi boni, sacro martirio immolandam semet ultroneam puramque Christo obtulit holocaustum. Restat faciei qualitas, quam licet primam, ut a relatore didicimus, premisissemus, ultimam tamen in expositione nostra ponemus, quia in eadem, quę est totius vitę summa finisque, karitatem significari sentimus, per candorem videlicet faciei; bene etenim per candorem, qui nitore sui alios colores vincit, karitas intelligitur, virtutum perfectissima, quem nos ante ruborem, qui martirium insinuat, non absurde, ut a nostro relatore accepimus, premisimus, quia ad martyrii gratiam absque karitatis eminentia nequaquam pervenitur. Hanc itaque virtutem Deo gratissima karissimaque Fides inviolabiliter servavit, quando pro illius amore intempestivam mortis acerbitatem inhianter expetiit.

Mox vero, ut ad incepta redeam, eadem beatissima, fulchro cubilis innixa, supra dextram dormientis malam leniter suaviterque manu admota, sic infit : *Dormisne, Vuitberte?* Cui ille ait : *Quis es qui me vocas?* At illa respondit : *Ego sum sancta Fides.* Ad quam ille : *Quid causę accidit, hera, ut ad me venires?* At illa respondit : *Nichil aliud nisi ut te visam.* Vuitberto vero gratias agente, ipsum rursus sancta Fides interrogat : *Cognoscisne me?* At ille eam, ac si jam dudum visam, recognoscens, sic visus est respondere : *Etiam bene te video, hera, et optime agnosco. — Dic etiam michi quomodo te habeas,* inquit, *quamque prospera tua res agatur.* Ille respondit : *Optime, hera, rebus meis succedit fortuna, cunctaque Dei gratia sunt erga me prospera.* Cui illa : *Et quomodo,* ait, *prospera, quia lumen cęli non vides?* Ille enim, ut fit in sompnis, aliter de se quam res erat, videre putaverat. Qui mox ad hunc finem interrogationum oculorum reminiscitur amissorum : *Et quomodo,* inquiens, *videre possim, qui anno preterito a tua festivitate remeans, injusti domini violentia oculos miser perdiderim?* Et illa : *Nimium,* inquit, *Deum offendit graviterque summi artificis iram irritavit, qui te immeritum corporis detrimento dampnavit. Verum si crastina luce, quę erit martyrii mei vigilia, Conchas perrexeris, emptasque duas candelas, unam quidem ante aram sancti Salvatoris, alteram vero ante aram ubi gleba corporis mei condita est, apposueris, oculorum de integro reformatorum decore mereberis gaudere; siquidem pro illata tibi injuria cęlestis judicis pietatem ingenti clamore ad misericordiam permovi, Deumque pro salute tua sedule precis instancia tandiu fatigavi, quandiu ipse impetratę optionis effectus facilem exorabilemque redderet.* Hęc ubi dicta dedit, cępit iterum atque iterum abituro instare, et ut celerrime pergeret, obnixius monere, inmo de precio emendę ocrę hesitanti ita consulere : *Mille homines, quos numquam vidisti,* inquit, *tibi sunt daturi. Preter hęc tamen, ut presens negotium facilius peragas, perge festinus presenti diluculo ad ęcclesiam hujus barrochię*[h],

[h]. parochiae *V, B, A.*

sane hęc erat apud quam ipse oculos amiserat, quę ab antiquo Spariacus[1] vocabatur, *ibique missam audiens, VI denariorum reperies datorem*. At ipso pro consolationis beneficio condignas grates rependente, virtus cęlestis rediit. Continuo ergo experrectus prefatam petiit ęcclesiam, ubi cum universis omnem hanc visionem exposuisset ordine, omnes pro delyramento reputaverunt. Nec tamen cęptis desistens, cum singulos singillatim supplicando, circumfusam rogitaret multitudinem, querens duodecim oppignerare denarios, e cęteris tandem quidam Hugo se proferens, huic aperta crumena gratis sex nummos cum obulo porrexit, qui tantum, quem in visione acceperat, excessit numerum. Tunc ille non immemor visionis divinę fit certior de futura promissione. Quid verbis opus est? Adit locum, visionem prodit senioribus, ęmit cęreos, apponit altaribus, excubat coram aurea sacratissimę martyris imagine.

Circa autem medium noctis videtur videre in oculorum sibi excisorum locellos, geminas fulgoris quasi bacas, haut plus quam lauri arboris magnas, desursum emitti, penitusque infigi. Qua statim reverberatione confusus cerebrum, versusque in stuporem obdormiit. Cum autem matutinę laudes agerentur, propter concentum et vociferationem psallentium experrectus, videtur sibi fulgentium luminarium hominumque sese motantium quasi umbram conspicari. Verum pro interno cerebelli dolore, sui pęne oblitus quod veritas erat minime credulus, somniare potius arbitrabatur. Tandem cum paulatim quem intra tempora conceperat stupor desineret, cępit jam apertius rerum formas discernere, atque in se vix reversus recolit visionem, manibusque appositis contrectat redivivę lucis fenestras carneis integerrime pupillis in fronte reformatas. Ac continuo adhibitis testibus, immensam Christi magnificentiam immensis predicavit lau-

---

1. *Spariacus* (Espeyrac, canton d'Entraygues, arrond' d'Espalion, Aveyron) est mentionné plusieurs fois dans le Cartulaire, dès le xi° siècle, sous les noms de *Espariago* et *Espalrac*. (*Cartul.*, n°° 131, 555, 559, 564.) — Le prieuré de Saint-Pierre d'Espeyrac fut réuni à la mense de l'abbé de Conques en 1311. (Bibl. nat., coll. Doat, 144, f° 73.)

dibus. Fuit igitur ineffabile gaudium, inaudita leticia, incredibilis stupor, dubium pene discrimen, utrum somnii imaginatione an rei veritate tam inauditum miraculum cernerent, precipuę his qui prius eum noverant.

Inter hęc res ridicula plausuque dignissima accidit; nam ut erat homo purissime simplicitatis, irrepsit ei in corde superflua timoris trepidatio : forte illum Geraldum qui sibi dudum oculos evulserat, ad publicam, ut fit, sollempnitatem adventasse, sibique denuo, si casu obvium haberet, fretum majore manu, renovatum oculorum decus excisum ire. Idcirco ergo inter confusum promiscuę turbę strepitum quo potuit occultus elabitur. Nondum tamen ad unum¹ de recuperati luminis dono erat certus, tantus eum rei stupor invaserat, cum forte inter angustias turbarum ad ęcclesiam concurrentium, jam claro die asinum offendit oppositum. Quem cum fuisset intuitus, virili severitate increpitans, sic infit : *Heus tu, homo, quisquis es, inepte, abige asinum tuum, ne fiat viatoribus offendiculum.* Hic primum de veritate facti factus certissimus, secessit propete fuga ad quendam sibi notum militem, cujus municipium in eminenti rupe situm ita natura rerum undique muniverat, ut omnimodis machinis inaccessibile videretur, non a Conchis longius quam sedecim millibus. Ad id ergo propter inexpugnabilis vallis tuicionem confugiens, vix aliquando a monachis multa prece exoratus multaque securitate donatus, rediit. Quod cum plerique omnes, tam ex longinquis quam proximis regionibus confluentes, pro inaudito miraculo eum certatim videre festinant, nonnulla ei beneficia indulsisse abeuntes gratulantur. Et hoc est quod sibi in visu sancta Fides, ut diximus, dixerat : *Mille homines, quos nunquam vidisti, tibi sunt daturi,* finitum numerum, ut mos est in Scripturis, pro infinito ponens.

Porro denique ut fiat noticior locoque stabilior, dudum bonę memorię Arlaldus¹ abba defunctus, concorsque fra-

l. ad plenum *B.*

1. Il s'agit d'Arlaldus II, qui, sous le règne d'Hugues Capet, partagea le

trum sententia distrahendę cęrę, quę ibidem copiosiore Dei manu superhabundat, eundem proficiunt. Unde cum multiplicem questum coegisset, cępit, ut est humanum ingenium, insolescere, nactusque sui animi incestam mulierem, continuo facti in se miraculi dignitatem obliviscitur. Sed et, ne id inultum auferret, repente sanctę virginis ultrix affuit damnatio, quę uno oculorum hominem cęcato, non tamen penitus eradicato, ad penitentię reduxit remedium, lumini dehinc eum integro restituens. Mox vero idem, ubi iterum atque iterum in consuetum relabebatur volutabrum, divino ultimine consecuto, unius oculi lumen amittebat, penitensque recuperabat. Quod quoties jam evenerit, totidem miraculorum capitula, nisi fuisset nobis studium vitandę nimietatis, prenot · · potuissemus. Ad postremum vero, cum in idipsum sine intermissione incidisset, utriusque oculi officio caruit. Quocirca, ut perfectius delicta peniteret, attonsa barba, coronato capite, clericatus se man..pavit ordini. Quam licet rem idiota et illitteratus fecisset, tamen id ita divinę pietati sedit, ut oculorum visum resumere meruisset. Idem tamen, post tot castigationum flagella impatiens libidinis, in idem cęnum corruisse dicitur, nulla tamen corporali succedente vindicta. Is igitur jam senex, ob turpis actionis facta ad summam vilitatem inopiamque redactus, nunc fratrum publica alitur alimonia, contentusque modicum plerumque vespertino salario, gaudet famis tantum refocilatione, totius levitatis molestia securus.

Testor itaque divinę providentię veritatem, absque ullo mendacii fuco, ut in hac continetur scriptura, ab ipsius Vuitberti ore accepisse, neque me decoris causa plus ęquo addidisse, neque reor insuper me inultum posse abire, si ipsam Dei dilectam et perpetuam amicam sanctam Fidem mendacis favore stili gaudere puto, quam constat pro veritate, quę Christus est, funestam martirii subisse sententiam.

---

gouvernement de l'abbaye de Conques avec Bégon II, évêque de Clermont. (*Cartul. Introd.*, p. xli.) — Cf. n°° 170, 838.) Bernard d'Angers, qui écrivait son récit vers 1012, dit, au commencement du chapitre suivant, que la guérison de Witbert avait eu lieu trente ans auparavant.

Denique cum constat nonnullos quorum auctoritas satis recipitur idonea, res prodigiosas, quamvis sua etate multo antiquiores, unius tantum relatoris, qui rei geste tamen non interfuerit, ore contentos sollertissima descripsisse cura, cur ego rem, mea etate actam, quam et ipse oculis video, cuique Arvernia, Rotenica, Tholosana patria ceterique id locorum populi testimonium prebent invincibile, quantum ad nostre professionis officium a perpetua memoria vacare patiar, presertim cum ipsa, ut dudum premisimus, scriptorum neglegentia, ut tantillus homunculus tam periculosam tamque arduam presumat materiam, pene violenter cogat?

Nam sicubi in hac patria vel rarus divulgatur grammaticus, nescio pigricięne ignavia an dictandi ignorantia, siquidem artis professione permulti gloriantur, qui se tales ipso effectu minime produnt, tale quid describere vel sponte neglegit, vel ignorat omnino sui ingenii ingratus. Idcirco ego decrevi potius insimulari audacia, quam negligentie incurrere noxam, dum id modo recenti veritate studeo annotare literis, quod nullatenus potuisset, si scribendum posteritati servaretur, absque calumnia dubietatis vel damno veritatis haberi. Quę res ut ex omni parte dubietate careret, non statim ubi sepe dictus Vuitbertus oculis privatus extitit, illum divina miseratio sanavit, verum, ut supra dictum est, toto anno a salute suspendit, arteque etiam scurilitatis compluribus suis provincialibus oculis captum notavit, notatumque cunctis ad ultimum sanavit. In quo nichil eo inferius gestum est miraculum, quod in Evangelio de ceco nato legitur, et etiam multo mirabilius, cum siquidem ipsa Veritas sequaces suos majora utique quam se facturos esse promiserit, inquiens : *Qui credit in me, opera que ego facio et ipse faciet, et majora horum faciet, quia ego ad Patrem vado* [1].

---

1. Joan., XIV, 12.

[II]

De Gerberto simile miraculum. Cap. II.

Et quia Dei bonitas recta desideria perficit, votaque fidelium semper accumulat, evenit, divina disponente providentia, ut quod in uno dudum videndi cupidus expetieram, nunc quoque idem incredibile dictu etiam preter spem in duobus videam. Video, inquam, Gerbertum paris miraculi novitate mutilata ora reformatum, cujus mentionem si in precedenti epistola non fecerim, nullum scrupulo pungat; nam cum de Vuitberto, mihi nominatim quęsito, primum dictarem, neque prorsus ullo modo, donec exoccupatus essem ex uno, miraculum aliud audire decrevissem, accidit, uti in clausula jam pene exacti miraculi ignotum inopinatumque michi offerrent et hunc Gerbertum. Scilicet ille prior multo cęlebriore fama divulgatus habetur, utpote transmissis jam circiter sex lustris, ex quo sibi juveni res hujusmodi acciderit. Alter vero, de quo nunc sermonem pre manibus habemus, non plus triennio sibi preterisse asseruit.

Hujus rei veritatem quot argumentis sollicitus indagaverim, tediosum nimis est revolvere ; nam preter testimonium illorum qui michi parati vel super sanctę Martyris pignera jurare, vel judicium ignitum gerere assistunt, videas adhuc antiquas stigmatum cicatrices, sciseque cutis circa oculos deformitatem horrere : scilicet et res obscuro noctis initio gesta fuerat, et ipse caput improborum manibus subducens, hac illacque agitabat. Unde illę plage, quas tunc ante oculorum effossionem suscepit, predictorum testium dictis fidem dant nunc ampliorem. Nulli ergo de veritate ambigendum, nec existimet quis inexquisita narrare me, sive de corde meo quicquam falsi excogitare nec fantasticum spiritum imitari, ubi Deus debet nominari. Alioquin satius michi

[II]. *S. V. L.*

esset omnino silere, quam verbum Dei fallacia adulterare. Quod autem proposui, hujusmodi est.

Erat[m] quidem Vuigo[n] in pago Aniciensium, regens castrum vocabulo Calmilliacum[1], vir inhumanissimus, ingenioque ferocissimus. Hic cum aliquando consuetę crudelitatis tirannide tres viros de terra Sanctę Marię Aniciensis ecclesię indigna captione teneret, neque eos jam, nisi suspendio inde evasuros, obnixe protervo dejeraret juramento, vel potius, ut rei mox docebit exitus, pejeraret, accidit ut quidam Gerbertus, pro ordine suo haut obscura opinione, ante nervum, quo pedibus tenebantur, pertransiret solus. Quem quia virum misericordię noverant, utpote qui jam aliquot hujusmodi ob solius Dei amorem propriis pecuniis redimisset, una voce exclamantes efflagitant, uti pro amore Christi sanctęque ejusdem genitricis Marię unaque sanctę Fidis martiris sibi quantocius, ne perirent, si qua posset, subveniret. Is autem jam tunc anno transacto, dum per pagum Retonicum in expeditione pergeret, per sanctam Fidem, non quidem orationis causa, sed ut Vuitbertum illuminatum videret, diverticulum fecerat, cujus opinione jam a multo tempore audita, non tamen ipsum eatenus vidisset, eumque nummis, ut possibilitas arrisit, donaverat.

Itaque deinceps sanctam Fidem intra viscera amoris super omnes sanctos speciali amore coluit. Unde, his ad se tam anxie clamantibus sanctęque Fidis mentionem facientibus, non potuit pati, etiam pro permutatione vitę, quin eis, quantum posset, succurreret, tantus melliflui nominis

---

m. Ce qui suit se trouve dans S, V, M, L.
n. Unigo V.

---

1. *Castrum Calmilliacum.* Le Monastier, chef-lieu de canton, arrond' du Puy, Haute-Loire. Ce *castrum* comprenait, dans une même enceinte, un château, une église et un monastère; il en existe encore des restes. Le monastère fut fondé vers 680, par saint Calmin ou Calmilius, duc d'Auvergne, d'où son nom de Calmilliacum. A saint Eudes, premier abbé, succéda saint Théofrède, appelé vulgairement saint Chaffre, martyrisé par les Sarrazins en 732; dans la suite, le monastère fut plutôt connu sous le nom de Monasterium Sancti Theofredi, ou monastère de Saint-Chaffre. L'église abbatiale, dont les parties les plus anciennes datent du xi° siècle, sert aujourd'hui d'église paroissiale. (*Hist. du monastère, de la ville et des châteaux du Monastier*, par l'abbé Th. de l'Herm, 1835. — Cf. *Gallia christiana*, II, col. 761.)

affectus intra cordis ejus subiit penetralia, nam statim totus commotus pietatis visceribus lacrimisque ora madidus, quod potuit festinans, pares cultellos quęsivit acutissimos, eisque birro occultatos attulit, datis etiam funibus murali altitudine coherentibus, ea lege beneficia cohercens, ne se, si rursus caperentur, confitentes perderent. At hi continuo, morę impatientes, antequam furti amica nox incumberet, intempestive maturantes, preciso nervo, incautius capitis fugam corripiunt, sed rursus inimica lucę manifestati captique, cum quis eorum esset libertatis auctor districtius inquireretur, Gerbertus fit manifestus. Itaque, ut meo more loquar, in bono scelere deprehensus, etiam futurus castelli deditor ab impio domino arguitur. Quid plura? Nec passus ipse crastinum diem exspectare, in ipso diei noctisque confinio minaciter inexorabiliterque ejus oculos violentissima evulsione excidi jubet. Nec mora, vallatus ab invitis commilitonibus, solotenusque precipitatus, diu renitens, ut erat prestantissimis viribus, caputque viriliter detorquens, cum multa tandem difficultate multatur⁰ oculis. In qua reluctatione tanta sibi nutantibus digitis circa oculos inflicta sunt vulnera, ut hoc solo testimonio quis contentus facilem prebeat fidem.

Porro autem hi qui in captionem redacti fuerant, nullam sui Dei gratia detrimenti experti sunt jacturam, quod ita bene sibi accidisse per merita sanctę Fidis nolite ambigere. In illa hora, ille miser propriam vitam omnino exosus adit rus, lac caprinum bibiturus. Fertur enim quod si quis recenti plaga affectus sumpserit, ilico morte resolvetur. Quod dare cum nullus ei presumeret, et idcirco ut fame deficiens periret, octo continuis diebus noctibusque alio etiam cibo jejunus pernoctaret, novissima noctium velut in extasi sui paulo oblitus, cernit ac si decennem apparere virginem, aspectu jocundo indicibiliterque venusto, in vestitu deaurato atque inestimabilis artificii varietate circumdato. Quę propius illum intuita, extinctę fronti oculos infigere visa est dextra, manu sinistra cervicibus supposita. Ille con-

---

o. mutilatur V.

tinuo somno excitus, prepropero saltu de lecto exiliens, nititur ad sacra vestigia presentialiter procidere. Qua evanescente minimeque inventa, se miserum protestatus, ingenti clamore totum applet diversorium. Experrectis ergo duobus suis servitoribus, et quidnam sibi vellet hujuscemodi querimonia percontantibus, indicat se herilem virginis formam vidisse, eamque sibi oculos reformasse, seque ob hoc Conchas extimplo profectum iri. Ipsi vero in cachinnum subito elati, senioris conceptionem summę stulticię deputant, qui more illuminati Vuitberti se quoque aestimet illuminandum. Ille tamen, crastino exurgens diluculo, ita totius mesticię pulsata nebula, hilaris factus est gaudensque, ut facile hunc divinitus relevatum adverteres, statimque poscens cibum recreatus est.

Post dies autem non multos, hujus apparitionis haut immemor, ad sacrum Conchacensis cęnobii monasterium se duci precepit. At vero, ut dictum est, servitores incepta senioris deliramento deputantes, vel potius dedignati, jussa cęci habentes neglectui, ita demum ab illo discedunt, ut qui, fugiente fortuna, cadit. Verum itaque est quod adversa fortuna falsos amicorum vultus detegit. Ille tamen nequaquam de Dei misericordia diffidens, quorundam amicorum sustentatus adminiculo, optatum iter exequitur. Perveniensque ad monasterium, Omnipotentis ibidem invocat adjutorium, atque reversus in hospicium, cępit jam aliquantum videre. Ille vero sentiens miraculum, cum se indiscrete de Dei munere jactat, tenebris denuo involvitur, nondum prandio peracto. Post hęc aliquot diebus orationi vacans, sanctę Fidis benignissima interventione visumque oculosque integratus, pristinum oris decus perfectissime meruit recipere. Qui deinceps iterum iterumque ad pristinam milicię vitam redire summo enitens conamine, divinitus statim impediebatur.

Postremo cum ab inclita Teotberga, Poncii comitis conjuge[1],

---

1. « Theotberga illa fuit Pontii, comitis Gabalitani et Forensis, uxor, de qua Baluzius (*Hist. domus Arvernicæ,* I, p. 43, 44; II, p. 49), ubi diploma

sibi aliquando persuasum fuisset, ne quando si salvus vellet fieri, sanctam Fidem desereret*P* ejusque servitutis jugum detrectaret, *cum sit manifestum*, inquit, *sanctam Fidem in te non ad hoc tantum peregisse miraculum, ut inter mundanę milicię fluctus item periclitaturus redeas, sed ut ei perpetua familiaritate adherens, ad perpetuę glorię portum salvandus emergas*, nequaquam ultra rebellis extitit, nec divinę voluntati contraire inceptavit, a sapiente matrona vehementer increpatus salubriterque edificatus. Quamobrem Deo sanctęque ejus nunc in eodem loco devotissimo famulatur obsequio, monachorum prebenda contentus, pro modulo ac tempore nostro vir compositis moribus ac sincerę conversationis. Unde hactenus illo seniores loci bene usi sunt, quos per omnia obsequens nimio amoris colit affectu. Cerneres inter antiquas stigmatum cicatrices pupillarum micare gemmas, inque prioris naturę modum restitutos contra naturam oculos non vitreos sed carneos resplendere. Verum tamen ne insolentia vel malesuado propinquorum consilio, ut est humana fragilitas, aliquando forte corruptus, inter seculares reverti velit, oculorum sinister divina voluntate postea cepit defluere, fugato tantum lumine.

In quo, o sancta Fides, tuę bonitatis laudabilis apparet compassio, quę, quos in corpore sanas, eisdem in anima nichilominus mederi sollicita es, ideoque exteriorem corporis oculum lumini subducis, ut interior animę fiat lucidior. Hoc quoque, fideles, miraculum in tabulis cordis vestri exarate, sanctęque Fidis martiris merita laudate, atque bonorum operum exhibitione quantopere imitari satagite, ad sepulcrum ejus concurrite, salutemque animarum vestrarum fideliter postulate. Nam non latet humanę rationis intellec-

---

p. ne quando..... desereret *deest V.*

---

anno Christi 1010 editum, aliaque dein, quæ ad Theodbergam et Pontium attinent, pro suo more ex documentis ceriis exhibet. De his videbis etiam tom. II *Historiæ Occitaniæ*, p. 145 et 146. » (Bolland, *Act. SS.*, octob. III p. 308.) D'après de Barrau (*Docum. hist. et général.*, I, p. 215) et de Gaujal *Etudes histor. sur le Rouergue*, I, p. 233), les vicomtes de Millau fu ent quelque temps vicomtes de Gévaudan. (Cf. *Hist. de Languedoc*, II, p. 184.)

tum, eam, quę salutis beneficium in inferiori hominis parte, id est in corpore, sic indulget copiose, copiosius etiam in excellentiore, id est in anima, si quis recte petit, largituram.

[III]

De mulo a morte resuscitato.

Quod vero de animalis resuscitatione per sanctam Fidem divinitatis omnipotentia patraverit, id non minori celebrationis laude propalandum est. Est enim indecens, ut quod summum creatorem non piguit facere, id rationabilis creatura erubescat dicere. Hec lectori sive auditori fiat absurdum de uno audire, cui ad subaudiendum etiam de alio necesse erit aures arrigere, neque videatur inauditum si miserico[r]s rerum conditor suę multimodę prospicit creaturę, cum scriptum sit : *Homines et jumenta salvabis, Domine*[1]. Quod autem ordior, hujusmodi est.

Veniens quidam miles de pago Tolosano, Bonusfilius nomine, cujus filius adhuc superstes eodem censetur vocabulo, ad sanctum virginis locum, cum jam non longius a vico Conchacensi quam duobus ferme abesset milibus, jumentum cui insidebat, nescio quo modo[q] percussum, repente fit exanime. Conductis ergo duobus rusticis, uti cadaver corio detegerent precipit. Ipse vero, pro cujus amore iter egisset, ad sanctam processit virginem, soloque decumbens, fundit preces, exprompterat vota. Postremo ante[r] auream sacratissime martiris imaginem de amissione muli conquestus est. Nam quia idem mulus prestantissimus peneque incomparabilis fuisset, propterea nimis graviter triste tulerat amissum, presertim cum in bono opere desua-

[III]. *S. B. A. M. L.*
q. morbo *A.*
r. aram *A.*

1. Psalm. xxxv, 7.

danti inimicus prevalens damnum sibi intulisset. Cujus fidei soliditas non parva laude videtur extollenda; nam ubi homo ab oratione desiit, mulus, pedibus quibus jam tenebatur excoriandus, utrumque rusticum calcitrando longius arcens, mirum dictu, redivivo prosilit saltu atque per media montium cacumina, sociorum animalium inhians vestigiis, prorumpit ad vicum. Cerneres animal, ut hi qui presentes fuerunt persepę nobis* testantur, juxta modulum bruti sensus recuperatę vitę gaudio fluitare, coramque ęcolesia cursitando per plateam, quodam modo factoris bonitatem sentire, ac proinde crebro hinnitu grates Deo referre, *qui dat jumentis escam ipsorum et pullis corvorum invocantibus eum* [1]. Quem precipites rustici insecuti, cruentos adhuc gestantes cultros, visum prodigium super mulo adhuc dubitantibus enarrant. Et ut veri certa opinio non modo videntium ore esset contenta, sed etiam quadam expressa scriptura omnem ambiguitatis evacuaret errorem, hic in utroque posteriore crure recentium plagarum sulcos, instar vetustissimarum cicatricum, pilis etiam canentibus, eadem hora solida junctura reformatos, donec superfuit mulus, resurrectionis habuit indicium. Miles vero Deo sanctęque ejus pro gratiarum actione unum aureum offerens, retro, unde venerat, revertitur in patriam : ipsoque animali sanctę Fidi remisso, plurimis post inde annis plurima ei donaria delegavit [2].

[IV]

Item simile miraculum.

Miles quidam Geraldus, haut obscura persona, morabatur in pago Rotenico, in villa videlicet quę Villaris nuncu-

[IV]. *S. V. B. A. M.*
a. *presentes* affuerunt per sancte Fidis merita *nobis*. *A.*

---

1. Psalm. CXLVI, 9.
2. Il est question, dans le Cartulaire (n° 40), d'un *Bonus-filius*, comme auteur d'une donation faite à l'abbaye de Conques à la fin du x° siècle.

patur, distans a Conchis fere sex passuum milibus [1]. Hic cum a Roma aliquando rediret, accidit ut mulus, quem a fratre suo Barnardo clerico acceperat mutuo, nescio quo vicio fractus deficere cępisset. At ipse sanctę Fidis, quam ut vicinam habebat, miraculorum recordatus, vovit eidem pro salute animalis candelam, longitudinem animalis habituram. Nec tamen convalescens mulus, verum multo magis gravatus occidit. Quod videns homo, hospiti suo venundat corium. Cui cum nequissimus hospes quam minimum precium porrigeret, ratus quia, et si nichil daret, itidem tamen haberet, ille Geraldus valde indignatus, per varias cęsuras in longo et in transverso sulcat cadaveris latus, ne videlicet, se inde abeunte, infidelis hospes integro tergore gauderet. Denique, arrepto suę peregrinationis bacillo, extincti jumenti oculum cuspide perfodiens, caudamque percutiens, ita furibundus infit : *Quid nunc detrimenti sancta Fides pateretur, si inter alia sanitatum dona, huic etiam mulo sanitatem reddens, tam longam candelam sibi sortiretur? Modo miser duplici discrimine ferior, inter vias pedester remanendo et in patria decies denos solidos fratri persolvendo.* Tanti enim ambo invicem germani de mulo illo convenerant, si forte mortis periculum incurrisset. Et vix ille hęc paucissima verba compleverat, cum revivens mulus saltu scitissimo constitit quadrupes. Et ne quis nisi a vera morte illum estimaret exilire, in ipso puncto temporis quo id actum est, vernabant in modum picture universa detruncatę cutis stigmata, non jam perfusione cruoris recentia, sed, ut de alio dixi, quodam nitore lanuginis ceu veternosa. Quo facto memoratus Geraldus maxime gavisus redit domum, Deoque ac sanctę ejus gratias egit ingentes, factique miraculi novitatem passim

---

1. *Villaris*, distant de Conques non de six mille pas, mais en réalité de 20 kilomètres, n'est pas Villecomtal, comme le pensent les Bollandistes, mais Vialarels. C'était un petit village construit sur le penchant de la colline au bas de laquelle se trouve aujourd'hui Decazeville. *Villaris* est souvent nommé dans le Cartulaire (n°⁵ 155, 156, 184, 335, 428, 462); il y apparaît le plus souvent sous le nom de *Vilaro*. L'abbaye de Conques y avait un manse qui fut successivement augmenté par diverses donations. L'église de Vialarels fut unie, en 1087, au monastère de Monsalvy (Cantal). (Cf. Charte de Pons Étienne, évêq. de Rodez. Bosc, *Mémoires*, p. 416.)

disseminavit. Nota nobilitas viri pariter et fides omnibus erat, qui ne temere vel garrule quicquam videretur referre, mulum vulneribus notatum habuit in presentiarum. Hoc ipsi monachi, sed et alii complures, qui ipsum Geraldum postea plus milies viderunt, michi narraverunt. Verum tamen horum relatu licet satis certus, non ita contentus, si adviveret, essem, quin per eundem digressionem in revertendo facerem, cum ipse hujus vicinię incola parum me ab itinere detorqueret. Quamvis enim et sensu debilis et peccato gravatus, hoc officio sim indignus, sed non ita falsus, ut sponte predicem falsa, nec tam prodigiosę rei relatione multorum obtrectationem incurrere tulissem, nisi indubitatam veritatem inesse nossem. Etenim humano terrore Christi veritatem nefas occulere, quod qui faciunt valde metuo ne eosdem Christus apud Patrem in cęlis tradat oblivioni. Ipse enim dicit : *Qui autem negaverit me coram hominibus, negabo et ego eum coram Patre meo qui est in cęlis*[1]. Idem alibi verum : *Qui me erubuerit et meos sermones, hunc Filius hominis erubescet cum venerit in majestate sua et Patris et sanctorum angelorum*[2]. Absit ut erubescam veritatem tuam, Christe, confiteri hominibus et in libro meo scribere, ne et tu ipse coram Patre tuo, qui est in cęlis, me confiteri erubescas et de libro tuo, quem scripsisti, deleas. Sed ut ad finem verborum properemus, quis insanus ultra hominum resurrectionem fore dubitet in futuro, quando jam in presenti resurgunt etiam animalia?

[V]

De eo qui irruens in monachum sanctę Fidis occubuit precipitio.

Est etiam fidelibus valde recolendum et inimicis Dei for-

[V]. s. v. m.

---

1. Matth. x, 33.
2. Luc. ix, 26.

midandum, quod sum scripturus miraculum. Monachus ejusdem congregationis quidam, nomine Bergandus, Deo sancteque Fidi, priusquam sacrosanctum habitum assumeret, patrimonium suum jure hereditario concesserat. Quam ob rem cum nuper, ut cuidam nequam pervasori ex prefata cessione legaliter contradiceret, in hoc scilicet anno, instanti tempore messis, eo pergeret, accidit ut quidam Rageno de castro Albino [1], quod est situm in pago Rotenico, nescio quo necessitudinis impulsu, cum triginta prosiliret equitibus, atque ab eodem bis ternis jam miliariis motus, monachum, forte cum suis equitantem comitibus, eandem viam, cui insistebat, in transverso preterire eminus cerneret. Cumque a circumstantibus sciscitatus quinam essent illi pertranscuntes, resciret, mox ficta causa, equos auferre, ore frendens, colore exsanguis, quam proterve minitatus est. Sane is a predicta monachorum congregatione ob malorum immanitatem, que illis irrogaverat, jam diu excommunicatus fuerat, cujus maledictionis nexu ligatus adhuc permanebat. Quid de protervitatis ejus verbis, quid minarum procellis narrando detineam, cum jam dudum etatem, eventum rei, quis fuerit, audire expectas?

Continuo infelix, misera cupiditate excecatus, elatus fastu superbiç furorisque çstu irracionabiliter debacchatus, nec Deum nec sanctam ejus reveritus, effrenis velocitatis beluam vehementissime calcaribus urget, cursuque precipiti violentissimus in insontes, quam mox irruere festinat, cum divina preveniente vindicta, equus clunes elatus ad sidera, colla depressus ad ima, casu funesto corruit. Sessor vero, non minimo spacio antevolans ex torto collo, atque in frusta

---

1. Aubin, chef-lieu de canton, arrondissement de Villefranche, sur l'Ennes, entre les hauts escarpements d'une colline. « Le château dont on y voit encore les ruines, sur un côteau très escarpé, avoit appartenu longtemps aux comtes de Rouergue. Le comte Raimond, par son testament, en 961, le donna avec ceux de Cransac, de Compolibat et de Brandonet, à deux enfans naturels qu'il avoit eus de la fille d'un seigneur nommé Odouin. Ce château passa ensuite à la maison d'Estaing. » (Bosc, *Mém.*, p. 378. — Cf. p. 404, le testament de Raimond II.) Avant la fin du XIII° siècle, le château d'Aubin avoit passé des seigneurs d'Estaing aux comtes de Rodez. (De Barrau, *Docum. hist. et généal.*, I, p. 334. — Cf. *inf.*, lib. IV, c. 4.)

capite diminuto, periit, et, qui bonę obedientię fratrem nocere vel penitus exitio anticipare festinabat, ipse prior, divino judicio mortis sententiam excipiens, remittitur orco, comes inferorum factus vel preda daemonum. Quem alter consodalis ejus perniciter consecutus, volens tamen, ut aiunt, futurum congressum dirimire, in eodem quoque loco, quamvis in planicię, satis periculose labitur, fractoque tantum mucrone, ipse cum equo cęlesti discretione illesus evasit. Gauderes, scolastice, Superbiam non jam imaginaliter, ut in libro Prudentii de Psychomachia legisti, sed presentialiter corporaliterque proprię velocitatis turbine tunc ibidem jacere obrutam, ac de sublimi glorię suę fastigio precipitatam in infinitam voraginis foveam, quam fraus peccati occulte paraverat, irreparabiliter esse demersam.

Porro monachus ille conspicatus quidem de longe casum, sed causam finemque rei ignarus, quo abiturus erat securus abiit, ac strenue peracto negotio, retro, unde venerat, domum revertitur. Hunc denique prefati Ragenonis frater, nomine Hector, tanquam homicidii reum ulcisci quęrebat, membratimque discerpere inexorabilis minitabatur; sed cęlesti preventus vindicta repente bello occubuit. Intelligite¹ hęc, qui superbi estis corde, atque a malignitate vestra aliquando resipiscentes discite recta facere, ne vos judicii hora intempestive preoccupet, neve incorrectos repentinus obruat interitus. Non enim semper injustitia prevalet, nec est vilis res divinum judicium.

[VI]

De cęlesti vindicta in eos qui vinum monachorum rapere volebant.

Nec est minori miraculo dignum, quod alias apud castrum

[VI]. *S. M.*
1. *Ce qui suit se trouve dans S, V.*

videlicet Casannas[1], quod in eodem pago octo miliariis disparatur a Conchis, deitatis bonitas pro sancta Fide operata est.

Miles Hugo, qui eidem presidet municipio, imperavit duobus suis servitoribus, abhinc triennium, quadam vacua ocasione, ut vinum monachorum, quod in villa quę Molaris[2] dicitur habebatur, tollerent. Erat enim villa eadem eidem castro vicina, non plus duobus milibus separata.

Qui dum divisi alter ab altero, per rusticorum lares alterno discurrentes tramite, quibus id adveherent vehicula quęrerent, horum prior, Benedictus nomine, cuidam simplici rusticano, ne inceptum malum perageret sedulo monenti, in tali fertur plasphemia respondisse : *Numquid sancta Fides vinum bibit? eo inepte! an ignoras quia qui non bibit non indiget vini?* Miser a proprii vocitaminis significatione alienus ignarusque quod qui sanctorum ministros offendit, ipsis sanctis improbare comprobatur, et non solum sanctis, sed etiam Christo Domino injuriam facit, qui penas in alieno corpore sentit, cujusque sancti nichil aliud sunt, quam membra consubstantialiter adherentia. Rursus cum penoris claviger abesse nunciatur, jactat se summo pede clavim gestare, neque uspiam tantę soliditatis esse valvas, quas solo pedis pulsu non frangat. Hęc dicens, non minimo feriendi conatu, tecti quod intraverat quatit parietem, ostentans videlicet quo virium robore cellarii portas pulsaturus erat. Adhuc tamen in itinere longe semotus ab ipso penore, rursus quoque cum ut secundo percuteret,

---

1. *Casannas*, appelé dans le Cartulaire de Conques *Cassanias*, n'est autre que Cassagnes-Comtaux, commune du canton de Rignac, dans l'arrondissement de Rodez. Hugues de Cassagnes, le héros de notre récit, est mentionné dans des pièces du xi° siècle (n°˙ 14, 295). Hugues et Rigaud, son frère, sont qualifiés de *Seniores de castello Cassanias* (n° 15). Ils jouèrent un rôle important lors de la restauration du monastère de Clairvaux, situé entre les châteaux de Panat et de Cassagnes, et de son union à l'abbaye de Conques.

2. *Molaris*, les Molières, dans la commune et la paroisse d'Escandolières (canton de Rignac, arrondissement de Rodez), était à deux milles du château de Cassagnes. Le Cartulaire nous apprend (n° 257) que la terre ou capmas de *Molarias* avait été donnée au monastère de Conques en 1001 par Odilon et son frère Juéry, tous deux prêtres. L'année suivante, l'abbé Girbert augmenta cette propriété par l'achat d'un alleu, fait à un autre Odilon et à sa femme Adalendis (n° 125).

pedem superbus attollens, poplitem sibi reflecteret, in ipsa sui complicatione paralisi nervi, amisso movendi vigore, penitus diriguere, artubusque contractus, miser humi procubuit, sed et horis obscenus hiatus ad auriculam usque dilatatur, cujus angustia quam acerba anxiaque fuerit, ab intimo ventre sordes in medio turpiter effusę indicare manifeste. Ita cruciatu tormentatus miserabili miser, miseram miserabiliter haud plus biduo protulit vitam.

Verum prioris descripto interitu, ad alterum nomine Hildebertum vertamus articulum. Hic violentus cuidam rusticano armum abstulerat porcinum. Quom cum nec pro lacrymosa peticione pauperis, nec pro reverentia sanctorum redderet, ita superbe elatus infit : *Hujus carnis offas super ferventes prunas sparsim positas assari diligentissime faciam, quarum satur subinde vino monachorum tale guttur faciam, quale facit accipiter, ubi post longum jejunium crassam gallinam reperit, quam violentus ab area pagensis raptam, uncis pedibus eviscerat, indeque exsaturatus guttura, quacumque sensus agit auras volucribus pennis liber penetrat, per vacuum exhilaratus aera.*

 Dixerat, atque caput parasitus plangere cepit,
 Denique paulatim vehemens angina replevit
 Fauces, ac tumidum guttur collumque superbum.
 Nec dolor abscessit, donec, miserabile visu,
 Turgida colla caput superarent. Cernere posses
 Totum gluttonis tunc insatiabile guttur,
 Feda repletum subiti putredine morbi.
 Et non plus triduo vitam protraxit inanem.
 Sic miser oppetiit, cęlestis judicis ira
 Correptus, sic accipitris distendere guttur
 Immodicis novit dapibus, sic docta gulosum est
 Sancta Fides rostrum funesta pascere carne
 Alitis ipsa sui. Nunc pęnas solvere discit,
 Discere qui tempsit misereri pauperis et qui
 Non timuit sanctos tunc irritare benignos,
 Tormentis nunc tartaricis miser exagitatur
 Quo lacto, mox fama volans conscendit in arcem,

Ordine prodigium quę tam mirabile narrat.
Nec tamen hoc veritus, a cęptis desiit heros,
Sed temerum rapere furibundus abire minatur.
Obsistens sceleri Senegundis nomine conjux,
Asserit hoc facinus, hoc detestabile factum
Esse nec hoc inceptet hortatur honesta virago
Vinum sacratum monialis tangere pronum,
Nec se preveniat subite dampnatio mortis
Nec pereat dive percussus virginis ira.
At contra graviter sęvit cecata cupido
Et pugnis aggressus atrox vir sauciat ipsam.
Fusus ab ore cruor habitum notat exiliensque
Sede sua senior solio violentus ab alto
Descendit, properat cęptum ut scelus expleat ipse
Cumque per oblicos graduum descenderet idem
Anfractus, ira turbatus, crura vacillant,
Labunturque pedes, cadit in latus, atque gemellę
Intereunt costę; pessundata membra tabescunt,
Expertus justam sceleratus judicis iram,
Supplicium dat pro meritis malesanus, eumque
Seminecem revehunt famuli, lectoque cubantem
Ternos per menses observant, vix rediturum;
Sed tandem valuit meritis uxoris honestę
Atque virum mulier injustum, ut credo, fidelis
Reddidit ad vitam, quę sacram virginis aedem
Admonet ut reppetat. Mox credulus idem
Prodiit ad sanctam grates acturus opimas,
Et rediens post hęc non extitit ipse rebellis.

[VII]

Reciprocus sermo, affirmatio superiorum.

Hujus miraculi medietas inferior, quod contra morem versibus constat exametris, quidam monachus nomine

[VII]. *s.*

Arseus, orando ac pene violenter a me extorsit. Verum ne a precedentibus subsequentia disonare videantur, versus ipsos ad prosaicas posituras distinguere malui, veritus absurdum fore, si statum lectionis turbaret modulatio scansionis. Hęc itaque supra scripta tantummodo miracula, dum trium ebdomadarum spacio diebusque quatuor apud Conchacensem vicum fuerim demoratus, scripsi et scripta ibidem reliqui, multo interdictu denuncians illis, ne immaturum imperfectumque volumen transcribi permitterent, donec pluribus insertis quę restant virtutibus, uniformis liber sub preceptoris judicio studiosius utique lectus atque correctus locum inter authenticas probabiliter possit habere scripturas. Quę virtutum insignia, sicut testimonio acceperam eorum dumtaxat qui oculis ea vidissent, cursim breviterque, sicut jam dudum supra dixi, in membranulis notata attuli, allataque nunc habundantiore dicendi usus genere, cum majore diligentia in apertiorem tran[s]fero lectionem, non tamen superflua adiciens, sed potius de his quę audivi breviandi causa multa detrahens, habet enim plurimum laudis rerum gestarum egregia facta excerpere. Etenim cum ea quę sum scripturus, benivolis summa admiratione digna habebuntur, non erit dubium quin de humilioribus infinita supersit numerositas, quibus immensa bibliotheca congesta, quid aliud adquirat nisi fastidium? Videtur ergo conducibilius racionabiliusque vel uberem materiam in brevi concludere vel ea tantum quę nullomodo posthabenda sunt e pluribus excerpta lectioni dare. Preterea et nos quędam sub tam angusta temporum serie, qua ibi sumus obversati, Dei gratia videre meruimus, quę teste alio non indiguerunt. Hęc etiam in suo loco consequentius exponemus. Verum antequam verbum longius proferamus, est summa necessitas et pene inevitabilis, ut paululum retentis habenis, de his quę supra habentur reciprocum sermonem reiteremus.

Namque peregre profecti sunt nuper quidam ex nostris Andecavinis orationis causa ad illustrem et populosam illam urbem, quam pene deleto antiquiore nomine, quod Anicium ni fallor fuisse videtur, Podium Sanctę Marię vulgares appellant.

Ibi nostrates quos diximus, quendam profanum hereticumque convenerunt, qui se in vicinia Concharum commorari aiebat. Is cum didicisset hos esse Andecavenses : *Est vobis notus quidam Bernardus,* inquit, *qui presenti anno rediens Conchis, vah! quot mendacia ibi de S. Fide scripta reliquit? Nam quomodo de oculis eradicatis et postea restauratis animalibusque resuscitatis ulla ratione poterit jam credi? Cętera signa, ut alios sanctos, et rara! sanctam Fidem aliquando fecisse audivi. Jumenta vero qua ratione, qua necessitate Deus resuscitarit? nemo potest vel debet investigare, qui quidem mente consistat.* O insensatum et obcęcatum hunc talem hominem! O lapideum cor hominis, qui lumen quod in se habuit tenebras fecit, qui veterem hominem quem traxit ab utero miser non diluit in baptismo, sed eundem multo deteriorem gestat post spiritalem regenerationem. Hic si in tempore dominicę passionis extitisset, profecto Lazarum resuscitatum vel auriculam rejunctam cum Judeis negasset. Vere hic homo filius diaboli, contrarius veritatis, minister Anticristi fuit. Non ex Deo, quia verba Dei non audiit, per quem ut sepius diabolus bonorum invidus erroris semen etiam in hoc tantillo pietatis labore conatus est disseminare. Nec tamen mirum si quidam rusticus, ab omni scientia alienus, prorsusque totius divine virtutis inexpertus, quodque deterius est, sinistrę mentis pravitate falsus, tam grave erroris periculum incurrit, quando etiam ipsi Pharisei legisque periti qui ab ipso sancto prophetarum sanguine, clarissima ortos se prosapia gloriabantur, Christum sibi repromissum in signis et prodigiis non agnoverunt. Cujus virtutes quantalibet assiduitate vidissent, vel omnino negabant vel in contrariam partem vacuo conamine pervertere laborabant. Quorum generi atque ordini tam vacui capitis homuncio, quantum ad perfidiam infidelitatis comparari potuit. Quem diabolus postquam me ipse mille modis impedire conatus, ne Conchas abirem, Domino propugnante disturbare nequivit. Tamen resumptis quodam modo viribus, objecit, ut non modo inexpertis, sed etiam michi ipsi qui hujus veritatis assertor essem insuperabilis, ne longius reliquorum miraculorum sermonem producerem subtili suę dolose artis fraude vel in modico exaugeret animum. Sed et in hoc veritatis auctori grates quod non nisi illiteratum et omnium bonorum inscium ad hoc impietatis offitium destinavit inimicus. Discreta tamen id actum dispensatione summi artificis videtur, quo magis ea re assertores veri ad evacuationem haereticę pravitatis pervigiles faceret. O utinam hunc tam bonę conceptionis virum apud Conchacenses aliquando possem deprehendere. Testor Deum totius veritatis auctorem, ante cujus oculum nulla falsitas reperit latibulum, facerem hunc satis facili conflictu, si tamen probos auditores haberem, ut potius Phariseus quam diceretur christianus. Cujus inepta sententia, omnique pravitatis tortitudine repleta, quamvis michi nichil spurcitius execrabiliusque quocumque provocat me, ut in tam mirabili facto divinę operę causas, prout Spiritus Sanctus in corde peccatoris meo afflare dignatus erit, edisseram, ne fortassis cuipiam simplici cristiano ratione vel necessitate carere, prorsusve incredibilia hęc videantur fore, eo quod videlicet de brutis animalibus minor sit cura Creatori, nec potius homines multo precio anteeuntes resurrexisse descripserim. Sed videtur multo magis necessarium rationabiliusque esse animalia quę ad humanos tantum usus creata sunt, revivere, homines vero qui ad ęternam vitam percipiendam vocati sunt, quibusque presens vita nichil aliud est quam exilium vel transitus ad futuram, in spe resurrectionis post mortem requiescere, nec debere vexari bonos, ut item in hoc erumnosę vitę exilium redivivo spiramine redeant. De qua spe per Spiritum Sanctum David propheta prescius futura indicibiliter gavisus ita exclamat : *Propter hoc lęta tum est cor meum et exultavit lingua mea, insuper et caro mea requiescet in spe*[1]. Cęterum resurrectionis humanę spem majori certitudine retinemus, si jumenta homini inferiora a morte excitari aliquando videmus. Pręter hęc humana cadavera si ob depravatum religionis statum non sunt aliquando resurrectione digna, ut sanctorum patrum

---

1. Psalm. xv, 9.

temporibus fuisse legimus, est tamen consequens ut vel tali prodigio nostra quoque tempestate resurrectionis fides humanis renovetur sensibus, ne divinę lectionis auctoritas infidelitate videatur fabulosa. Quin etiam humana creatura videns pecudes viles solum a morte ipsa relevari, et non" se imaginem Dei, discat quantum ab antiquo probitatis merito exciderit, nec tamen se divinę curę penitus exortem, cui videlicet tam evidenti portento premonstratur carnis resurrectio. Quod tamen miraculum, si Deus non fecisset, nisi propter sacri itineris viatores, eorundem animalium juvamine indigentes, profecto hęc eadem causa pro ratione et necessitate accipi probabiliter potuisset.

Ergo nichil est in hoc quod ratione vel necessitate careat. Quod si prelibatus rusticus hac ratione ac necessitate convictus quidem fuerit, sed auctoritatis fulcimen deesse conquestus, non sic inauditum referimus, quominus in libris catholicis itidem reperiatur. Siquidem beati Silvestri precibus bovem olim revixisse credimus. Qua vero ratione vel necessitate Deus hoc fecerit, si idiota noster extat ignarus, recurrat ad antiquariam paginam. Quod si literarum rudis nec ibi recognoscit, noverit se ad comparationem sapientum esse animal brutum, et omnino indignum, qui de divinis causis disputare debeat. Et ut rem magis inauditam quam de bove resuscitato majoreque stupore plenissimam referam, Beringarium Remensem quendam protervę mentis medicum, quia sanctum Martinum Turonensem blasphemando asino equaverat, Omnipotentis ultio nostro tempore fertur ad tempus redegisse in asinum. Supra cujus tumulum ob monimentum monstri sunt inscripti ridiculo themate versiculi :

Hic homines threnos asini suspiria fundant,
Si geminis formis una medulla fuit.

Ac reliqui sequuntur, quos Azolinus monachus, sapientissimi Gerberti discipulus, composuisse videtur.

Sed de Beringario neque omnino dubitandum, neque

---

u. cognoscens *corr. ult.*

Abbé Bouillet. — *Liber miraculorum sancte Fidis.*

omnino affirmandum suademus. De hoc autem unde narrationis lineam ducimus, nulla nos manet ambiguitas, et est difficile non credere, quod non a fabulosa fama sive apocripha scriptura, sed ab ore mille videntium fide intemerata accipimus, non minus certi ac si ipsis videre meruissemus oculis. Sed forte aliquis hanc auctoritatem minus choerentem arguet. Esto : et ego auctoritate alia non indigeo quam voluntate Dei, que vice auctoritatis stare bene poterit. Nam si nichil credimus, nisi quod argumento consimilium signorum approbare poterimus, summi Artificis omnipotentiam ad humane rationis modum cohibere volemus. Neque Moyses mare dividendum Domino predicente credidisset, si ex collatione paris signi fidem adhibuisset. Non enim Deus eatenus ita mare diviserat. Tamen credidit Moyses priusquam factum esset mare Rubrum dividendum. Et nos nunc credimus divisum quamvis in nullis antiquioribus seculis simile quid fuerit actum. Quid igitur calumpniam patiatur, si usus jure voluntatis sue Deus per merita sanctorum suorum quiddam facit inusitatum, cum scriptum sit : *Omnia quecumque voluit Dominus fecit in celo et in terra, in mari et in omnibus abissis*[1]. Nulla igitur animi dubietate accipiendum, si per sanctam Fidem ad salutem animarum fideique argumentum mortua vitalibus auris animalia restituit ille qui est omnipotens, quandoquidem etiam ad salutem corporum, humaneque necessitatis sustentaculum eadem Noe in arca, ne cataclismo interirent, commisit servanda. De mulis quidem resuscitatis emulorum obtrectationi si non sufficit ista audire, non suffecisset etiam videre. Nam ceco animo visus corporalis brutus est. De illis autem quorum oculos radicitus evulsos in eandem frontem vidimus restauratos, qui michi cristiano non credit eat et videat, ipsisque referentibus, tota attestante provincia, omnia perfidie argumenta in eodem loco deponat. Quos ego vere vidisse, ad prandium vocasse, denarios dedisse dixe-

---

1. Psalm. cxxxiv, 6.

rim, nec unquam fuerit dies qui me ab hac veritate sententiç depellat. De quibus adhuc si vellem, plurima miracula scriptitare possem. Nam ubi ad negotia mundana se subducere inceptant, extimplo divina virtute prepediti, sive oculorum uno caligante, seu quopiam membro debilitato, ibidem remorari coguntur. Preterea Vuitbertus, sicut superius diximus, inpaciens libidinis, quoties cum meretrice pollutus est, toties divinç ultionis severitatem expertus est. Sed pereat profanus ille, qui me tota die ad alia tendentem remoratus a recto narrandi tramite, tanto diverticulo angariavit. Ad nos jam latius deductos eloquii rivulos ad eundem unde excessimus coherceamus alveum, miraculorum ut proposuimus ordinatam texentes hystoriam.

[VIII]

De morte Vuigonis.

Procedat igitur in medio de morte sçelerati Vuigonis relatio, quam nos, ut a sepe dicti Gerberti ore audivimus, jam narrare incipimus.

Hic tamen, etsi creberrime per sanctam Fidem omnipotentis Christi manifestata audiret magnalia, non tamen ideo a protervç mentis pervicacitate desistebat. Nam cuilibet de oculorum istius reparatione referenti, in tanta blasphemia fertur respondisse, ut ipsam ętiam sanctam Fidem quç illum redivivo lumine donavisset, ore impudenti malediceret, ac juxta Phariseorum perfidiam, cum negare non poterat divinum miraculum, in sinistram partem verteret. Unde non parvo post tempore, ita juxta Prophetam *mors peccatorum pessima*[1] extitit, ut in exitu miserrimę animę, cuncti qui aderant nimio fetore contabescerent. Coram quibus ingentis quantitatis colubra a stratu morientis prosiliens, mediam

[VIII]. *S. M.*

---

1. Psalm. xxxiii, 22.

multitudinem penetravit atque in lubricos globos hac illacque complicata pernicibus sinuosisque tractibus reptando fugiens desiit videri. Sic miser qui in sanctam blasphemus extiterat, et anima et corpore evidenter interiit; habens quippe diabolum ad inferos ductorem, quem in pravo opere imitatus est doctorem.

[IX]

De filia viduę cecę.

Et quoniam aliquid, ut dictum est, in memorato monasterio divinitus patrari, Domino annuente, videre merui, libet id ipsum perducere ad medium. Mulier quędam vidua inter cęteros peregrinos, qui de diversis partibus eo confluxerant, pro salute filię cęcę ibidem pernoctabat. Cui filię, una cum matre vigilanti, lumen quod amiserat, in prima vigilia noctis, sanctę Fidis virtute reparatur integerrime. Quod cum custodes et monachorum aliqui, qui illic pro consuetudine vicis suę excubabant, factum cernerent, continuo ad hospicium meum incipiunt pariter pernici accurrere cursu. Et quia me noverant novi miraculi cupidum videndi, idem certatim alius alium enocans, referre gestiunt. *En tibi, felix Barnarde, miraculum, quod tibi a sancta Fide,* inquiunt, *summis votis monstratum iri optabas ante discessum, indignum quippe judicans, ut, qui miracula scripturus de longinquo adveneras, miracula ipse non videres.* Nam ipsime[t] monachi exponentem peregrinationis causam decenti hospitio exceperant, cuncta ad votum necessaria suppeditantes, servitores etiam strenuos deputantes, qui meis, donec adessem, monitis obtemperarent.

Mox ego de lecto, in quo tunc accubare ceperam, velociter resiliens, fateor vix pre gaudio apud me, non lento incessu intro monasterium, et video virginem videre, candelarumque lumina discernere, sed et manum meam, denarium sibi pauperrime erogantem, quem conspicata cum gratiarum actione sustulit. Quanta et qualia super diversis infirmitatibus illic assidue divina fiunt miseratione, non est nostrę opis exprimere, cum paulo ante adventum meum, undecim morbidi, diversis malis graviter afflicti, unius noctis solummodo tempore, saluti sunt restituti integerrimę. Neque nos id damus operam, ut de his, quę de infirmis ibi geruntur cottidie, immensam conficiamus bibliothecam, sed quę vel ad vindictam malorum gesta, vel quoquomodo habentur inaudita, eorundem etiam grandi parte resecta, parvum ac preciosum edamus volumen. Verum tamen eorum, quę brevitatis studio sponte desero, sive adhuc auditurus sum, si post consuluerint, adiciam ad secundum libellum.

[X]

De cęlesti vindicta in eum qui peregrinos sanctę Fidis assallivit.

Fuit et aliud tunc in diebus illis, quibus illic conversatus sum, valde terribile miraculum. Quod quamvis videre potuissem, non tamen ipse vidi. Porro autem michi in publico, qui se vere scire quam sancte dejerabat, retulit. Neque enim sciens volensque, dum michi Deus sensum et rationem servaverit, aliquid jam falsi sacrę paginę inseram, quia Deus non gaudet vaniloquio, neque cassa adulatione capitur. Pręterea mercedem aliquam in tali negotio neque in re neque in spe possideo, pręter quod sanctam Fidem michi in temptationibus subventuram confido.

Miles Lemovicensis pagi indigena nomine Gerardus, ad sanctam Fidem devotissime venerat. Cujus reversione explorata quidam Geraldus, ejus inimicus, ei jaⁿ redeunti, quindecim Saliencium* auxilio fretus, occurrit. Hic nec Deum nec sanctum ejus, cujus peregrino insidiatus fuerat, reveri-

[X]. *S. M.*
v. sic.

tus, illum in cujusdam rustici tugurio hospitatum assalivit. Qui peregrinus, cum se hostiliter obsessum animadverteret, cępit anxiatis visceribus supernę defensionis invocare auxilium, quippe nullum in comitatu secum habens, preter unum servitorem. Tum hi qui illam ędiculam circumcirca expugnare cęperant, nescio quo divino strepitu exterriti, incerte ac precipitis fugę sese [uno] tantum sociorum in obsidione relicto, Gerhardus vero, qui interius inclusus, nil aliud quam mortem expectabat, arrepta rusticana framea, foras exilivit acriter, illo armatus spiritu, quo et Moyses in Egyptum vel Samson in Filisteos, ferroque transverberante, unum quidem peremit, alterum vero idem seniorem vinctum, unde venerat, secum abduxit domum. De quo quid postea egerit, postea a nullo audire potui. Villa autem, ubi id actum fuisse dicitur, Sulpiacus nominatur, distans a Conchis triginta miliariis. Ita insidiatori et Dei inimico *venit laqueus quem ignorabat, et captio quem abscondit, apprehendit eum*[1]; et in ipsum laqueum peccator cecidit quem tetenderat innocenti.

[XI]

De eo, qui sanctę Fidi detrahens, repentina tecti ruina periit.

Fuit et aliud quoque divini ultiminis miraculum, sed alio tempore ante adventum meum quod ęcclesiasticis viris et in domo Dei devote deservientibus fiat divini cultus incitamentum, illos vero qui sanctę Dei ęcclesię bona violenter diripiunt, vel sanctorum hereditates quasi jus suum reposcentes injuste ablatas possident perterrefaciat. Namque hoc tempore permulti sunt, quos merito antichristos nominare possumus, qui tam cęca ambitione jura ęcclesiastica inva-

[XI]. *S. M.*

---

1. Psalm. xxxiv, 8.

dere audent, ut sacri ministerii officiales non modo non reverentur, sed etiam modo contumeliis et verberibus appetant, modo morte afficiant. Vidimus canonicos, sive monachos abbatesque et ab honore depositos, et bonis privatos, et morte peremptos. Vidimus episcopos, alios proscriptione damnatos, alios sine causa episcopio pulsos, alios vero ferro trucidatos, et etiam atrocibus flammis pro ecclesiastici juris defensione a christianis combustos, si tamen christianos dici fas est, qui christianę religionis ordinem impugnantes, Christo per omnia contrarii extant veritatisque inimici. Hi quia in presentiarum nullo plectuntur supplicio, cęlestem vindictam nihil formidant, immo nullam aliquando sperant, existuntque futuro increduli judicio, pro eo quod eis in malefaciendo bene semper succedit, proprioque potiti voto, sine lesione impuniti abeunt. In illis nullum ultionis vestigium cernitur, ideoque quod de Christo vindicaturo audiunt, fabulosum esse existimant. Unde oportet ut aliquos talium vindex divinitas et in hoc seculo puniat, ne nimia impunitate insolescentibus, Deum irritare videatur facillimum, utque grassans stulticia quę suave Christi jugum detrectat, ac monita sanctę correctionis aspernatur, presentiarum pęnarum supplicio refrenata, vel suę malicię modum imponat, ne severius puniatur, vel omnino peniteat, ut ad salutem correcta redeat; tum hi qui ad simile facinus armaverunt animum, talibus exemplis perterriti, a malo proposito resipiscant, et ad consortium filiorum lucis penitentes festinent. Sed nos hęc prelocuti, ad quem finem nitimur jam nunc perveniamus.

Fuit quędam nobilis matrona nomine Doda in pago Caturcensi, presidens cuidam municipio, quod Castellum Novum[1] nominant, super fluvium Dordonię sito. Hęc vivens quidem possederat injuste quoddam sancte Fidis predium, unam

---

1. *Castellum Novum* désigne le château de Castelnau de Bretenoux, à la lisière septentrionale du Quercy, au bord de la Dordogne (commune de Prudhomat, canton de Bretenoux, arrondissement de Figeac. Lot). Ce château, respecté par la Révolution, fut incendié en 1851, et n'offre plus aujourd'hui que des ruines imposantes. Il avait été construit, dans sa partie la plus ancienne, vers 1080. Les seigneurs de Castelnau avaient la prétention d'être les « seconds barons chrétiens. » (Cf. Poulbrière, *Castelnau de Bretenoux*, 1874. — *Cartul. de l'abbaye de Beaulieu*, 1859. Eclaircissement xxi.)

videlicet curtem, quam nominant Alans[1]. Cum autem in extremo vitę suę termino jam deficiens ea laboraret, idem predium, de remedio animę suę sollicita, abbatię Conchacensi retulit. Huic cum successisset tam in divitiarum oppulentia quam in reliquo dignitatum honore nepos ejus Hildegarius, filię suę filius, a quo castrum valde opinatum in pago Albigensi regitur, vocabulo Pennę[2] nuncupatum, rursum eandem curtem invadere atque a cęnobio Concharum detorquere ausus fuit. Quapropter monachi, ut per divinum adjutorium jus suum de manu violentissimi predonis recuperarent, venerabilem, ut mos est, sancte virginis effigiem eo bajulatam ire cum populari processione statuerunt. De qua imagine, quamvis supersticiosa res esse videatur, quid tamen sentiam post edisseram. Interea accidit, ut prelibati Hildegarii quidam miles, cujus nomen a memoria nostra excessit, quod nunc non est possibilitatis ut ad Conchas requisitum transcurso recurramus, in die natalis Domini festive epulans, inter splendidam militum servorumque seriem ad prandium resideret, atque ut vino plerumque solet optingere, proterve de diversis delatrando inter cętera superflue prolata sanctę Fidis ministris infensas derogaret, eosdemque sterquilinio reputatos turpissimo probro differret, affirmans etiam se floccipensurum, si monachi suam imaginem, immo larvam ridendam et conspuendam, ad id predium, de quo utręque partes ambigebant,

---

1. Le Cartulaire conserve la Charte (n° 480) en vertu de laquelle Déda (vraisemblablement notre Doda) légua, au x° siècle, à l'abbaye de Conques, l'église d'*Alans* avec un manse, afin de pourvoir au salut de son âme et à celui de ses parents. A ce manse étaient joints des bois, des vignes, des prés et la moitié du fief que détenaient les enfants de Saxet d'Aldegaire, peut-être ce petit-fils de Doda que notre texte appelle Hildegaire. D'après une autre charte (n° 302), « l'abbé Bégon II, qui succéda comme évêque de Clermont, à Etienne, dont il était sans doute le coadjuteur (*Introd.*, p. xlj) acquit, de l'abbaye, Alans, près de Coubisou, en lui cédant en échange un manse à Agrès, commune de Saint-Parthem, un second à La Coste, commune de Nauviole et un autre à Toulan, commune de Muret ou de Senergues, ou à la Teule, commune de Saint-Félix de Lunel. » (*Introd.*, p. lxxj.) D'après M. Desjardins, Alans pourrait bien être la localité de ce nom, aujourd'hui Alous, indiquée, non loin de Coubisou, sur la carte de Cassini (p. lxxj). Coubisou, canton d'Estaing, arrondissement d'Espalion, Aveyron.

2. Penne, sur la rivière d'Aveyron et sur la frontière du Tarn-et-Garonne, à 13 kilomètres de Saint-Antonin (canton de Vaour, arrondissement de Gaillac, Tarn).

transportarent. Neque se eo pacto absterrendum, quominus senioris sui jus violentissime strenueque defenderet, quin pocius sibi facillimum videri, si ipsam imaginem, omnimodis dehonestatam, pedibus daret conculcandam. Quanta vero subsannatione, quanto cachinno hęc eadem malesanus terque quaterque repeteret, dictu tediosum est, cum repente divini turbinis strepitus horrendum insonuit, subitoque fragore dissipatur solarium ac dissoluta contignationis compage, ruit universa tecti machina superiorque et inferior. Nec tamen quisquam preter ipsum protervum conjugemque ejus cum quinque familiaribus de multitudine periit. Et ne quis temerario casu, ut fit, casam decidisse estimet, hominesque ea tantum ruina, non divina percussione interisse, repperierunt illos septem grandi spacio a domo per fenestratum parietem arcitos. Horum in Albigensi pago Sancti Antonini [1] cimiterio cinis tegitur. Audite, rapaces et christianorum bonorum vastatores, quam inevitabilia sunt flagella Dei et justa judicia. Cujus ultio nulli cędens potentię, si parcit in presenti, gravius feriet in futuro. Si differt temporaliter punire, manet vos in ęternis incendiis durior ellicatiorque pęna.

[XII]

De eo qui fulmine percussus periit.

Urbis Rotenicę comes Ragemundus [2] filius illius Rage-

[XII]. S. M. — Cf. Bonal, *Comté et Comtes de Rodez*, 1885, p. 40. — Bosc, *Mém.*, p. 139.

───────────

1. Saint-Antonin, chef-lieu de canton de l'arrondissement de Montauban, appartint au Rouergue et au diocèse de Rodez jusqu'à la formation du département de Tarn-et-Garonne en 1808.
2. Raymond III, comte de Rouergue (961-1010) était fils de Raymond II († 961) qui, d'après Bernard d'Angers, fut assassiné sur la route de Saint-Jacques de Compostelle, et de Berthe, dont il sera question au ch. XXVIII de ce premier livre. Raymond II avait fait à l'abbaye de Conques par son testament, d'importantes donations que mentionne l'*Histoire de Languedoc* (II, p. 93, 537). Cf. Bosc, *Mém.*, p. 402. L'épouse de Raymond III

mundi, ni fallor, qui post in via Sancti Jacobi trucidatus fuit, antequam Hierosolimitanum aggrederetur iter, in quo et ubibat, dederat sancte Fidi vasa argentea bene celata signisque aspera, atque, ut ratio artificii expostulat, per loca plurima deaurata, numero viginti unum, sellam quoque, cui equitans insidere solebat, quam quidem victor in prelio a Sarracenis tulerat, non minori precio quam centum librarum estimatam. Cujus membra per discretas partes resoluta, crucem argenteam confecerant grandem, Sarracene celature salva integritate. Que adeo subtilis artificiosaque est, ut in nostratibus aurificibus non modo nullum inveniat imitatorem, sed nec in cognoscendo discretorem [1]. Et quod hec multo superat, curtem quam nominat Palatium [2] cum salinis valde bonis jure hereditario concessit. He enim saline vel curtis in provincia Gothia sunt site, in litore maris, quod ab Oceano Hyspanicio defluens, in Mediterraneas dividitur insulas. Quam cessionem quedam clarissime stirpis matrona Grasendis nuncupata, uxor cujusdam Barnardi cognomine Piliti, post obitum prefati Ragemundi, obstinata improbitate calumniari cepit, asserens prioris conjugis idem Ragemundi, filii Rodegarii Carcassone comitis, jus olim extitisse, sed sibi per violentiam ab hoc Rage-

---

se nommait Richarde; c'était peut-être cette Richarde de Millau dont il sera question au ch. X du II° livre (cf. Bonal, p. 50). Raymond III sera encore mentionné au ch. XXIII du présent livre et au ch. V du II°.

1. Cf. lib. II, c. IV.

2. « La pancarte (des bénéfices de l'abbaye de Conques) met dans le diocèse d'Agde l'église de Saint-Sauveur et Sainte-Foi de Pallas, lieu disparu, autrefois situé sur les confins des communes de Mèze et de Loupian, et dont le nom est resté à un cours d'eau qui se jette dans l'étang de Thau. » (Cartul. Introd., p. cj.) — La donation de Raymond III figure dans le Cartulaire (n° 17) comme un alleu composé de champs, de vignes, de bois, de pêcheries, de salines, de terres cultivées et incultes. La seigneurie de Pallas a été l'objet de plus d'un litige. Disputée, en 1013, entre Richard I°', vicomte de Millau et sa belle-sœur Garsinde, elle fut, par décision arbitrale, attribuée à cette dernière. Or Garsinde était l'épouse de Bernard d'Anduze — Bernard le Velu de notre Livre. — (Cartul. n° 18). Plus tard, Bermond d'Agde, qui s'était emparé des biens que le monastère possédait à Pallas, fut, lui aussi, condamné à les restituer. Devant son refus de s'exécuter, « le comte de Rouergue lui enleva le fief et fit raser ses maisons. Pierre, son fils, le 27 juin 1078, sur le conseil du comte et de la vicomtesse, reconnut les torts de son père et renonça à tous les abus, moyennant 500 sous de Béziers et la cession de la viguerie. » (Cartul. Introd., p. cj. — Cf. n° 20.) Il sera encore question de Pallas au ch. IV du liv. II et aux ch. XX et XXI du liv. III).

mundo, quem prius nominavi, hęc ablata fuisse. Quo mortuo, eadem in jus proprietatemque filii sui Vuillelmi, quem ex jam dicto Raimundo susceperat, debito patrimonio debere redire. De qua re cum judicium apud Conchas habitum fuisset, neque bene inter ambas partes convenisset, rursus ut de eadem re agerent intra illius predii ambitum concordi sentencia constituunt. Denique abbas Hairradus [1] majoresque cęnobii ad prefinitum diem, nobili beneficiatorum militum stipante caterva, illuc honorabiliter profecti sunt. Nec minus Barnardus illo Pilitus et calumpniatrix conjux, cum valida vassorum manu satis pompose adsunt. Paratur disceptandi locus, disponuntur sedilia, atque accumbunt utriusque partis oratores. Tum ut fit ubi arbitria hominum habentur pro legibus, quisque pro sentencia sua litigat, fit confusus strepitus, clamor mixtus, dificile veri falsique judicium. Tandem Barnardus, recti justique tenax, de parte monachorum sentiens, injuriosam rebellionem minaci auctoritate increpitat. Illi vero acrius instare atque insanire. Tandem prevaluit herilis sententia, sedat insaniam atque ad rem redire compellit. Neque causa privigni dimisit, quin quod veritati satis erat, manifeste ediceret. Et jam ad id concordie ventum erat, ut data pecunia sibi aliqua, mulier ab improbitate calumnię desisteret, cum quidam ferocissimus juvenis et valde turgidus, nobilis tamen et prepotens, tartaręe furię aculeis stimulatus in medium exiliens, nomine Pontius, mutuę concordie satis se importune interserit : *Quid*, inquiens, *ignavi, itane horum sicophantarum decepti fallaciis, herilem filium nostrum a paterno jure excedere impune patiemur! Veniat jam horum acrior fortiorque, et concertemus pariter ambo, finemque rei imponamus armis. Jam enim faxo superior, ut neque sancta Fides posthac, neque isti ejus quam deterrimi ministri, in beneficio nostro jus proprietatemque reposcere audeant.* Dixerat hęc, etiam

---

1. Airadus, doyen du temps d'Arlaldus III. — *Arlaldus abbas preesse videtur, decaniae curam gerit Airadus* (*Cartul.* n° 325, a° 1007) — lui succéda comme abbé de Conques. Plusieurs chartes attestent qu'il possédait cette dignité en l'année 1012 (n°ˢ 142, 160, 179, etc.).

vultus p...ore, oculorum vertigine, dentium stridore, pugnorum collisione, prelia temptans, ita irrationabili vociferatione omnia perturbavit. Itaque commilitonum animos incitavit, ut pene ad arma concurrerent. Sicque incomposito placito, vixque tumultu represso, dirimuntur. Jamque Conchacensibus nichil aliud videbatur pulchrius quam propropero recursu vitam tutare propriam, presentisque antichristi devitare proterviam. Sed Dei auxilio et sanctę Fidis presentissima interventione, aliter se habuit res futura, atque corda pavitantia sperarent. Affuerunt cęlestia arma, ubi fragilitas non sufficiebat humana. Quid ergo multis moror, finemque diu desideratum tibi expedire differo? Cumque ab invicem, ut diximus, essent sequestrati, accidit ut ille contumax accepta a seniore licentia eadem via, qua monachi remeaturi erant, cum quinquaginta suorum militum antecederet, atque seorsum equitans, cum duobus tantum familiaribus, de interitu monachorum tractaret: *Quid*, inquiens, *o ignavi, itane istos imparatos abire impunitos permittimus. Heu, miser, discrucior animo, intolerabilique differor dolore, tantam sceleratorum impunitatem videns, nostramque ignaviam perpendens. At si meum consilium hera consuluerit, antequam fines nostros excędant, horum strage injurias suas vindicabit, iramque animi satiabit.* Ita miser, infelici securitate deceptus nec ad Deum nec ad sanctos ejus respiciens, hęc et similia uno quidem modo stulte deliberat. Deus vero alio modo multo huic contrario in exitum sui adversarii, quę ventura forent, sapienter decernebat. Nondum enim sermo in ore loquentis desierat, cum subito turbulenti aeris conflictatione nubes conglobata serenissimum cęlum obduxit, datoque de improviso horrendę minacitatis crepitu, precedente immensę choruscationis igne, medium hominis cerebrum cęlestis penetravit sagitta. Ita miser ultimum diem malicię suę claudens, arsit igni divino, ambustumque cadaver in carbonem unum reliquit, assimilis* ipse ingentis roboris trunco, quem improbus

---

x. Ce qui suit ne se trouve que dans S.

agricola bene exercitatam novalem diu occupasse dolet. Ille summis viribus enisus, certat eum volvere, forasque extrudere. Sed ingenti mole victus, plurimo igni undique succenso,

 Postremo mediis nigrantem deserit arvis.
 Haud secus iste miser horret combustus utrimque,
 Et mulus pariter periit sessoris iniqui,
 Hastaque dividitur in plurima frusta, sodales
 Efficit tanquam exanimes geminus pavor ingens,
 Oculis tantum gerulis animalibus horum.

Reliqui quoque divina interminatione exturbati, et nil in tanto discrimine securi vagantur passim, precipites, vixque socio socius heret. O miles audax, o bellator inperterrite, o virorum prestantissime, qui te usque ad celos extollebas, qui ipsos sanctos Dei pro nichilo ducebas, ubi nunc virtus tua? ubi vires? ubi vigor? ubi minarum procelle? ubi robur insuperabile?

 Brachia, dic ubi sunt, formidandique lacerti?
 Prelia temptando quos attollebat in auras,
 Aera vexantes, animus malesanus et amens
 Ostentansque humeros latos violentaque membra,
 Bella vocas, et bella cupis, belloque peribis.
 Nam tibi de summa decertat belliger arce
 Sedibus a superis, Zabulum qui precipitavit,
 Cujus celesti percussus fulmine juste
 Ecce jaces prostratus humi miserabilis.

Et sic ad nichilum redactus, ut nec cadaver feris volucribusque possis escam sufficere. Quid tibi accidit? Quis stupor invasit? Que mentis oblivio cepit te? Quid ignave? Clipeum non obicis? Contum non vibras? Non attorques jaculum? Non exeris pugionem? Non beluam calcibus exagitas? Non equum spumantem rotatis saltibus circumagis? Forte disceptas cum Altissimo et non cum cuculla. Res tibi est cum Omnipotente et non cum vili persona, que licet sit humilis, sed non ita vilis ut non ipsum Deum defensorem et advocatum habeat, cui verba dari difficile est, quem fallere nulli fas est, cujus voluntati qui contrarie nititur, non prospero gaudebit successu, apud quem humana virtus imbecillitas, et sapientia mundi stulticia. Jam ergo desiste ab incepto. Cessa, cessa jam nunc servos Christi insectari, atque officio tibi imposito obędienter fungere, praevius videlicet ac precursor illius perditissimi novissimique antichristi in ęternę barathrum perditionis. Cujus exitu quandoque futuri forte ignarus, ex pręsagio tuę horrendę mortis discere potuisti, qualiter a superbię suę solio uti condignum erit, benigna fortitudine deponendus erit. At jam sufficiat miserrimum derisisse, quem quia homo fuit deplorari potius oportuit, et ad finem prolixi sermonis properemus. Hoc igitur crudelis femina comperto, divinę ultionis timore perculsa, per legatos accersitum ab itinere revocat abbatem. Cui hęc ista referri haud necesse fuit, cum inimicum suum qui eum, ut dixi, pręcedebat, offendisset prostratum in via. Denique monachi, gemina lęticia potiti, redeunt, scilicet et recuperato beneficio aucti, et de nequissimo hoste vindicati.

[XIII]

Quod sanctorum statuę propter invincibilem ingenitamque idiotarum consuetudinem fieri permittantur, presertim cum nichil ob id de religione depereat, et de celesti vindicta.

Sunt etiam perplura et pro sua numerositate indicibilia, quę divina justitia super maledictores sanctę Fidis exercet terribilia. Quorum unam rem valde mirabilem mox exponemus, ubi de sanctę martiris imagine verbum fecerimus. Est namque vetus mos et antiqua consuetudo, ut in tota Arve[r]nica patria sive Rotenica vel Tolosana, necnon et reliquis nostris his circumquaque contignis, de auro sive argento seu quolibet alio metallo, sancto suo quisque pro

---

[XIII]. S. M.

posse statuam erigat, in qua caput sancti, vel potior pars corporis venerabilius condatur. Quod cum sapientibus videatur haud injuria esse supersticiosum, videtur enim quasi priscę culturę deorum vel potius dęmoniorum servari ritus, michi quoque stulto nichilominus res perversa legique christianę contraria visa nimis fuit, cum primitus sancti Geraldi[1] statuam super altare positam perspexerim, auro purissimo ac lapidibus preciosissimis insignem et ita ad humane figurę vultum expresse effigiatam, ut plerisque rusticis videntes se perspicati intuitu videatur videre, oculisque reverberantibus precantum votis aliquando placidius favere. Moxque Bernerio meo mea culpa subridens latino sermone in hanc sentenciam erumpo : *Quid tibi, frater, de ydolo ? An Juppiter sive Mars tali statua se indignos estimassent?* Ibi tum Bernerius jam sententia ductus, satis ingeniose delusit, satisque sub laude hanc vituperavit. Nec prorsus immerito. Nam ubi solius summi et veri Dei recte agendus est cultus, nefarium absurdumque videtur gypseam vel ligneam ęneamque formari statuam, excepta crucifixi Domini. Cujus imago ut affectuose, ad cęlebrandam Dominicę passionis memoriam, sculptili sive fictili formetur opere, sancta et universalis recipit ęcclesia. Sanctorum autem memoriam humanis visibus vel veridica libri scriptura, vel imagines umbrose coloratis parietibus depicte tantum debent ostendere. Nam sanctorum statuas, nisi ob antiquam abusionem atque invincibilem ingenitamque idiotarum consuetudinem, nulla ratione patimur. Quę abusio in predictis locis adeo prevalet, ut si quid tunc in sancti Geraldi imaginem aperte sonuissem, fortasse magni criminis pęnas dedissem. Denique post tercium diem pervenimus ad sanctam Fidem. Quibus monasterium intrantibus forte fortuna accidit, ut locus ille secretus in quo venerabi-

---

1. Bernard d'Angers ne nomme pas la ville d'Aurillac, où il se trouvait en ce moment. Géraud — *Geraldus* — avait été comte d'Aurillac. Il mourut en 909. Il avait fondé à Aurillac une abbaye bénédictine qui prit son nom. Son corps fut enseveli dans l'église, auprès de l'autel de Saint-Pierre.

lis imago servatur, fuerit patefactus. Ubi ergo coram astitimus, in tanta loci angustia, pre multitudine solo decumbentium, nequivimus et nos procidere. Quod cum michi molestum sit, stans aspicio imaginem, atque precantia verba examussim in hoc modo fundo : *Sancta Fides, cujus pars corporis in presenti simulachro requiescit, sucurre michi in die judicii.* Rursus quoque ad Bernerium scholasticum meum limis oculis subridendo respicio, ineptum quippe et a rationis linea longe remotum estimans, ut tot rationales rem mutam insensatamque supplicarent. Verum istud vaniloquium sive parva conceptio non adeo ex bono corde procedebat, quando sucrur imaginem quę non ut idolum sacrificando consulitur, sed ob memoriam reverendę martyris in honore summi Dei habetur despective tamquam Veneris vel Dianae appellaverim simulachrum. Et hoc ita stulte in sanctam Dei egisse valde me postea penituit. Namque inter cęteram miraculorum relationem, narravit michi domnus Adalgerius [1], tunc decanus et postmodum, ut auditu comperi, abba, vir venerabilis et probus, de quodam Odalrico nomine, clerico. Qui ob id quod aliquantum super alios sciolus putabatur, quadam die cum ad alium locum necessario delata esset venerabilis imago, corda hominum adeo pervertisset, ut offerentium prorsus inhibuisset frequentiam, sanctę martyri multum derogans, et nescio quas ridiculas ineptias de ejusdem imagine delatrans. Nocte vero sequenti, cum timulentis membris indulsisset quietem, astitisse sibi in somnis terrentis auctoritatis visa est hera. *Et tu*, inquiens, *sceleratissime, cur imaginem meam vituperare ausus fuisti?* His dictis, virga quam dextera gestare videbatur percussum reli-

---

1. Une charte de 1012, mentionnée dans une note précédente, atteste que Adalgerius était doyen sous le gouvernement d'Airadus : *Domino magnifico Airado abbate et Adalgerio decano...* (*Cartul.*, n° 244). Nous le voyons abbé en 1019 (n°s 80, 181, 200), et la Chronique de Conques nous apprend qu'à la même époque il gouvernait les deux monastères de Conques et de Figeac. Le chronographe « veut qu'il soit devenu archevêque de Narbonne; mais on ne le trouve pas dans le catalogue des prélats qui ont gouverné cette métropole. » (*Cartul. Introd.*, p. xlij.) C'est à sa demande que Bernard d'Angers écrira une nouvelle édition du premier livre de son œuvre : *Facta est sicut petistis sancte Fidis miraculorum novella editio* (inf. ch. XXXIV).

quit inimicum. Qui tamdiu postea supervixit, quandiu hęc in crastinum refferre potuit. Nullus ergo argumentandi locus relictus est utrum sanctę Fidis effigiata species venerationi debeat haberi, cum liquido pateat qui huic exprobravit sanctę martyri nichilominus detraxisse, neque id esse spurcissimum ydolum, ubi nefarius immolandi consulendive ritus exerceatur, sed sanctę virginis piam memoriam apud quam multo decentius ac copiosiore fidelis cordis compunctione, ejus pro peccatis efficax imploretur intercessio. Vel quod prudentissimum est intelligi, sanctorum pignerum potius hęc capsa est ad votum artificis cujusvis figurę modo fabricata *y*, longe preciosiore thesauro insignis, quam olim archa testamenti. Siquidem in hac tantę martiris caput servatur integerrimum, quam constat procul dubio unam e precipuis Hierusalem cęlestis esse margaritam. Pro cujus etiam meritis divina bonitas talia operatur, qualia propter aliquem sanctum nostro quidem tempore alias fieri: nec audire nec scire potuerimus. Ergo sanctę Fidis imago nichil est quod destrui vel vituperari debeat, cum nec quisquam ob id in antiquum errorem relabi, nec sanctorum virtutes inde minui, nec etiam quippiam de religione propterea videtur deperire.

[XIV]

De eo qui optavit casum imaginis.

Et quia jam de sacra imagine aliqua explicavimus, libet de eadem et aliud addere prodigium. Igitur cum in quodam indicto afflictionis jejunio, venerabilis illa imago, in qua sanctum martyris caput venerabiliter conditum est, foras cum ingenti processione efferretur[1], accidit ut quidam forte

[XIV]. *S. M.*
y. frabicata S.

---

1. L'empressement des populations, parfois lointaines, à solliciter l'ostension du chef de sainte Foy, ne semble pas avoir toujours été exempt d'in-
Abbé BOUILLET. — *Liber miraculorum sancte Fidis.*

veniens obviam juxtim pertransiret. Qui cum eandem effigiem rutilanti auro gemmisque fulgurantibus radiare vidisset, cupiditatis nebula cęcatus, sic infit : « utinam a portitorum humeris elapsa, ista nunc imago decideret. Nullus collisorum lapidum defractique auri portionem colligeret majorem quam ego. Adhuc verbum in ore stulti mussitabat, cum mulus cui insidebat, incurvo capite atque humi inter anteriora crura defixo, pedibusque elevatis posterioribus, ultra sessoris verticem supervolans, ipsum subter se prostratum atque in luto labefactatum, gravatis clunibus calcarat resupinus. Nec tamen defuere aliqui, qui sibi ne suffocaretur, celeriter succurrerent et a funesto oppressu liberarent, cunctis Deo gratias agentibus, qui sic in sanctam suam vindicasset etiam de stultiloquio.

[XV]

De ea quę sacrę imagini assurgere contempsit.

Neque omnino minora debemus omittere vel de potioribus infirmantium miraculis plura adicere. Nam quoniam triplex gestum est miraculum in ea, ideo dicarzus de quadam paupere puella, quę omnium membrorum compage debilitata, in monasterium sanctę Fidis fuerat allata. Ubi ita integriter artuum soliditatem recuperat, ut in ea penitus nullum contractionis vestigium remaneret. Hęc postea, in eadem vico aliquamdiu degens, usu laborandi, utpote pauper, proprium redimebat victum. Nec multo post, opus misericordię subsequitur severitas vindictę. Ulciscitur superna veritas, quod deliquit superba contumacitas. Non ergo superius premissis de vindicta et hoc tale dissonat.

[XV]. *S. V. M. L.*

---

discrétion. Nous voyons en effet que, dans une bulle datée de 1099, le pape Urbain II erut devoir interdire cette pratique, qu'il flétrit lorsqu'on osait l'accomplir contre le consentement des moines de Conques : « Porro illam *indignam* consuetudinem ne ulterius fieri debeat interdicimus, id est ne sanctorum ejusdem monasterii reliquie ad publicos conventus, *extra voluntatem fratrum* inibi Deo servientium, deferantur. » (*Cartul.*, n° 570).

Interea namque, cum in quodam indictę afflictionis jejunio venerabilis imago cum enormi constipatione promiscui sexus processionaliter foras quoque eveheretur, cunctique de more, de propriis ediculis prosilientes, obviam ei prociderent, necnon e vicino plerique in ocursum ejus convolarent, cępit supradictę puellę domina, cujus textrino deserviebat, hanc, ut relicto officio processioni assurgeret, obnixius monere atque instanter increpitare. Illa vero nec timore Domini compuncta, nec divinas laudes canentium sonoritate delectata, vocem dominę monentis velut pro nimio operis studio prorsus neglexit. Statimque in ipsa hora cęlesti feriente indignatione, per omnia membrorum spacia distorqueri femina miserabiliter cępit, adeo ut sicut residens complicata erat et incurva, tota penitus contraheretur nervorum officiis destituta, nec telę utensilia abicere valens, cui ipse stricto pugno radiolus inherebat.

Tum ipsa quę pre magnitudine divini beneficii insolescens superbierat, continuo pre nimia angustia voce, qua poterat, raucitans, sanctę Fidis ream humiliter fatebatur. Nec tamen tormenta vel ad modicum spacium cessare potuerunt, quousque ipsa per universam processionis viam portitorum labore post capsam auream devecta in monasterium rediret. Ubi aliquot noctibus sacris excubiis invigilans, gloriosę martiris suffragantibus meritis, meruit iterato de contracta fieri erecta. In qua re omne illius imaginis scandalum evacuatum est, quam nemo dehonestare potuit absque detrimento sui. Nec mirum si loculus ille ob tantę martiris pignerum reverentiam dignus habeatur honore, quę sacrę martiris dignitate convenustat etiam angelorum ordinem.

[XVI]

De miraculo aurearum columbarum.

Sed et ante hac multo tempore, nostra tamen ętate, de

[XVI]. *S.*

columbis aureis elegantissimum fuit miraculum. Quod statim, si vacat audire et placidi intra archana pectoris rem veram admittitis, edam memoratę imaginis fabrica quę ab incolis loci Majestas sanctę Fidis[1] appellatur. Constat ex auro mundissimo, et per vestium divisiones, ut ratio artificii expostulat, gemmis diligentia opificis subtiliter insertis, decenter insignita. Ligaturam quoque capitis gemmis et auro profert insignem. Armillę aureę, in brachiis aureis, scabellum aureum sub pedibus aureis, cathedra talis ut nichil in ea preter preciosos lapides, nisi aurum optimum pareat, sed et super cacumina fulchrorum quę anteriora prominent, duę columbę gemmis et auro compositę totius cathedrę decorare videntur pulcritudinem. De quibus mirabilem rem peropus est jam referre. Barnardus[2], tunc Belli Loci abbas et postmodum Caturcinę urbis episcopus, cum eas sibi haberet, a sancta Fide in somnis, ut ei daret, monitus est. Quod cum facere distulisset, iterum iterumque eo modo persuasus est. Tandem se moneri divinitus sentiens, assumpto ejusdem ponderis alio auro, ad Conchas proficiscitur. Quo oblato Deo sanctęque ejus rediit, sanctam ratus Fidem pro equalitate ponderis eo modo placari. At vero cum rursus una noctium sopiretur, eadem visio apparuit, nec minus instans dari sibi columbas, nec ullo modo sufficere posse, etiam si totum aurum suum erogaret, nisi daret

---

1. Pour la statue d'or de sainte Foy et les autres objets du trésor de Conques dont il sera question dans la suite du Livre des Miracles, nous renvoyons une fois pour toutes aux ouvrages suivants :

A. Darcel, *Trésor de l'église de Conques*, in-4°, 1861.

F. de Lasteyrie, *Observations critiques sur le trésor de Conques* (Mém. de la Soc. des Antiq. de France, t. XXVIII, in-8°, 1865).

F. de Verneilh, *Les émaux français et les émaux étrangers* (Bullet. monum., t. XXIX), in-..

Ch. de Linas et E. Molinier, *Le reliquaire de Pépin d'Aquitaine*, in-4°, 1887.

J. Labarte, *Hist. des arts industriels*, 1872, 3 vol. in-4°.

E. Molinier, *L'Émaillerie*, in-12, 1891.

E. Rupin, *L'œuvre de Limoges*, in-4°, 1890.

L. Servières, *Guide du pèlerin à Sainte-Foy de Conques*, in-12, 1878.

A. Bouillet, *L'église et le trésor de Conques*, in-12, 1892.

2. Bernard, fils d'un seigneur d'Aquitaine appelé Hugues, fit ses études à Fleury, devint avant 970 abbé de Solignac, et vers 985 abbé de Beaulieu en Limousin. Il fut élu évêque de Cahors sous le nom de Bernard II en 1005, pense-t-on. Son successeur sur le siège de Cahors, Déodat, est mentionné en 1028. (Deloche, *Cartul. de l'abbaye de Beaulieu*, 1859, p. CCLII. — *Gallia Christiana*, I, col. 126.)

et columbas. Postremo invitus idem tanquam depositum aureas reddere compellitur columbas, postibusque illius cathedre decus memorabile superposuit. Qua etiam causa cum multa hujusmodi auri inquisitio a sancta Fide fieret, placet id in sequentibus designare enucleatius.

[XVII]

Quod instituendę tabulę causa sanctę Fidis aurum queritabat.*

Monasterium Conchacense in honore sancti Salvatoris dedicatum est. Sed postquam antiquitus sanctę martiris corpus a duobus furtim monachis ab urbe Agenno huc allatum fuit, propter crebriores virtutes sanctę Fidis nomen prevaluit. Denique nostro tempore, facto miraculo de Vuitberto, quem cognominant illuminatum, postquam tanti miraculi fama per universam pene Europam transvolavit, multi fideles predia sua et nonnulla beneficia sub autoritate testamenti sanctę Fidi delegarunt. Ac per hoc abbatia, quę pridem pauper fuerat, locupletari cępit et in honorem sublimari. Tunc temporis idem ante ętatem Vuitberti, neque tot capsę aurę vel argentę, neque tot cruces, sive absidę grandes, una quidem tota aurea, cum omnigena lapidum varietate, duę vero argentę, neque candelabra sive turibula, nec etiam tabula, nec tot ornamentorum genera locum exornabant. Quod autem erat precipuum ornati, hoc est decus imaginis, quę ab antiquo fabricata nunc reputaretur inter minima, nisi de integro reformata in meliorem renovaretur figuram. Quid ni fieret, cum preter hęc, quę dixi, ingentis quantitatis emineat crucifixus, argento bene examinato totus, excepto diademate et tegumento femurali, cujus aurum omni auro quod vidisse me memini ruboris vigore prestat. Ceterum argentę tabulę complures, per loca auro et lapidibus insignes. Restat precipui altaris

[XVIII]. *s.*
s. sic.

tabula aurea, non minus quam septem pedibus digitisque duobus in longitudine habens, non uuis geometricalibus, sed ut utraque manu protensa rustici solent metiri, summis pollicibus junctis. Tamen sanctus Martinus Turonensis duas habet majores quidem, sed non melius gemmis et celaratura insignes. Reliqua autem cum plurima esse tam in coronis quam in calicibus, necnon in diversi generis vasculis tute videris, non me mentitum estimabis. Pretereo plura. Nam si palliorum capparumve, ceteraque id generis expediero ornamenta, nimis declinabo a materia. Cum ergo, ut diximus, curtes magnas prediorumque possessiones multas multi concessissent, nichilominus etiam tam a pagensibus quam a religiosis peregrinis auri vel argenti necnon preciosorum lapidum innumera dona impensius sunt collata. Et idcirco animos seniorum ad novam precipui altaris tabulam componendum congesta auri copia excitavit. Verum quia cepti operis pergrandis extitit materialis dispositio, consumpto priore auro, majore etiam auri sive lapidum supplemento opus fuit. Et idcirco pauci qui haberent preciosum anulum seu fibulam, vel armillas, sive discriminalia, aliquidve hujusmodi in toto illo pago relicti sunt, a quibus sancta Fides vel facili prece, vel instanti improbitate hec eadem ad opus tabule, ceu mendicans non extorqueret, apparens singulis per sompnium, in pulcherrime necdum adulte puelle specie. Nec minus idem et peregrinis undique confluentibus instans faciebat. Unde tam speciosa tamque spaciosa auro et lapidibus conflata est tabula, ut raro meliorem conspicari alibi potuerim, quippe qui nondum Jovina juga excesserim, ubi forte habentur multa studio meliore facta. Superfuit auri plurimum, quod sacris usibus post hec fuit acommodatum.

[XVIII]

De anulo negato et postea sancte Fidi reddito.

Quedam nobilis matrona, audita fama de virtutibus sancte

Fidis, illuc abire paravit. Quę cum iter inceptaret, recordatur, jam aliquantum a limine progressa, quod peregrinantium anulos sancta Fides in somnis queritaret. Mox ergo retro facit pedem, propriumque anulum, de digito detractum, arcessitę cubicularię custodiendum committit. *Cape hunc*, inquit, *atque servato dum redeo, ne forte sancta Fides quęsitum, si detulero ad Conchas, michi auferat*. Nempe hęc egit astute, tanquam alicujus cautela declinare possit illius providenciam, qui antequam fiant previdet omnia. Quid plura? It mulier, solvit orationum debita, atque redit cum pace. Nocte consecuta, virginea species somnianti apparet. Quę cum, rogata, sanctę Fidis vocabulo suam notitiam innotesceret, protinus ut sibi detur imperiosa auctoritate anulus monet. Mox mulieri se anulum habere dissimulanti suggerit hera ipsum esse quem abiens ad Conchas, ne sibi daret, cubicularię commisisset. Mane facto, experrecta mulier divinam visionem velut fantasticum vel inane somnium reputat. Sed finem rei quare diutius inmorer? Illico mulier tam efficaci febris igni per universum corporis spacium estuare cepit, ut vix una hora consistere posset. Ita tamen triduo passa, rediit in se, reminiscitur culpę, confitetur neglegentiam. Mox ergo ut precepit equum sterni, ut videlicet recidivo tramite ad sanctam Fidem remearet, nimii ardoris remittitur estus. Sicque sana it et gavisa redit, non modicum lucrum reputans permutare anulum pro salute.

[XIX]

De manicis aureis.

Jam vero quanta per sanctam Fidem hujusmodi miracula Dominus operari dignatus est, nemo potuit omnia retinere, neque ea quę retenta sunt nulli vacat scribere. Pauca tamen de his quę audivi prefatis volo subnectere, ita quidem ut

[XIX]. *S. B. A. M.* — Cf. *Hist. de Languedoc*, II, p. 525.

nec nimio silentio taciturnus, nec nimia verbositate odiosus videar. Scio ante nos dictum : Omne rarum preciosum. Et ideo ad comprobationem[a] reliquę universitatis scribo rara, ut sint preciosa. Indulgebit ergo Christus veniam, quod sciens pretereo plurima. Arsendis[1], uxor Vuillelmi Tholosani comitis, fratris illius Pontii qui ab Artaldo post hęc, privigno suo, dolo interfectus fuit, habebat armillas aureas, vel potius quod usque ad cubitum continuabantur manicas, mirifico opere gemmisque preciosis insignitas. Hęc, cum in suo nobili stratu aliquando sola accubuisset, videt per somnium ante se ac si speciosissimę puellę formam pertransire. Quam cum pre nimia miratur elegantia, tali rogatione aggreditur : *Dic*, inquiens, *hera, quenam esse videris?*

Sancta Fides humili respondit voce roganti :

Sancta Fides ego sum, noli dubitare, virago.

At illa contra admodum supplicans, ait : *O sancta hera, ut quid ad peccatricem accedere es dignata?* Tunc in eadem hora negotium adventus sui sancta Fides intimat perconctanti : *Da michi*, inquit, *manicas aureas quas habes, pergensque ad Conchas, arę sancti Salvatoris superponito eas. Hęc enim est causa quamobrem tuam expetierim presentiam.* Ad hęc prudens matrona, non tantum munus absque fenore passa abire, sic ait : *O sancta hera, si per te Deus me mascula prole fecundari dederit, id libenti animo quod jubes exequar.* Ad quam sancta Fides : *Hoc omnipotens Creator*, ait, *pro famula sua facillime faciet, si quod postulo non negaveris.* In crastinum mulier hoc responso sollicitata, perquirit studiosissime quo in pago vicus qui Conchę vocitatur situs

a. comparationem *B, A.*

1. Guillaume *Taillefer*, comte de Toulouse, avait épousé Arsinde en premières noces, vers 975. « Nous avons lieu de croire, disent les historiens du Languedoc, que cette princesse était fille de Geoffroi Grisegonelle et sœur de Foulques Nerra, comtes d'Anjou, et, par conséquent, nièce d'Adélaïde, comtesse de Gévaudan, et de Gui, qui fut élu évêque du Puy vers l'an 975. » (*Hist. de Languedoc*, édit. de 1872, t. III, p. 175.) Toutefois, les nouveaux éditeurs de l'Histoire de Languedoc pensent que ces assertions ne reposent que sur des conjectures, et manquent d'autorité.

sit. Nondum enim Conchacensium virtutum novitas, nisi raro, fines suos excesserat. Quo ab his qui noverant[b] comperto, ipsamet peregrini functa officio, aureos eo braciolos cum summa devotione detulit, Deoque ac sanctę ejus obtulit. Ibique venerabilis matrona aliquot Dominicę resurrectionis dies honorabiliter agens, suaque presentia sollempnitatem honorans, deinde ad propria rediit. Quę juxta divinę visionis promissionem concępit, et peperit masculum. Rursusque gravida facta, enixa est alterum. Quorum nomina, primogeniti Raymundus, secundi Hainricus. Hę postea monicę in opus tabulę fuerunt consumptę.

[XX]

De peregrina quę sanctę Fidi dedit anulum, ut a doloribus liberaretur.

Qua etiam occasione sancta Fides ab alia muliere anulum aureum extorserit, juvat et id propalare. Ea igitur, prohibente viro, ad sanctam Fidem devotissime venerat. Quę a monasterio exiens, regressaque in hospitium, tam repentinos dolores incurrit, erat enim vicina partui, ut pene exhalaret animam. Quid faceret misera, quando nec spem tempestive pariendi haberet, nec ad virum, si abortivum faceret, reverti tunc auderet. Tum mesta nimium et anxia, repetitis clamoribus sanctam Fidem interpellare cępit, ut sibi foret propitia. Ad extremum vero, cum doloribus nulla fieret remissio, a fidelibus bajulis in monasterium reportatur, ibique detractum de digito anulum Deo sanctęque ejus pro salute sua obtulit. Tam valida tamque efficax piissimę martiris interventio dolenti muliercul(ę) ilico succurrit, ut in ipsa hora hilaris et sana, sicut heri et nudius tercius, propriis pedibus deambulans, ad hospicium reverteretur, et

[XX]. *S.*
b. compererant *B.*

antequam partus qui instabat eam preocuparet, ad propria gaudens remearet.

[XXI]

De peregrino, qui votivum anulum permutare voluit.

Quidam juvenis, Arvernensis pagi indigena, nomine Vuillelmus, quadam necessitudine anxius intolerabilique sollicitudine plenus, anulum optimum, in quo preclara claudebatur hiaspis, sanctę Fidi voverat. Cui cum de eadem re plus spe evenisset prospere, cunctaque sibi ex sententia succederent, Conchas petiit, ex debito sollicitus voto. At cum ad sacram majestatem accessisset, protulit tres aureos atque obtulit, ratus votivum munus impari munere posse se redimere. Cum autem in revertendo jam fermo bis ternis elongaretur milibus, repentino gravatus somno humique prostratus obdormivit paululum Mox evigilans, anulum quem in digito illuc usque attulerat, non videt. Tum socios districtius perscrutatus, minime repperit, intuitueque proprium sinum nichil videt. Rursus apposuit et zonam solvere, si forte per interiorem sinum vestis subter laberetur, et nichil est. Quid igitur faceret? Mestus et confusione plenus, retro acto jumento, celerrime ad sanctam regreditur, coramque imagine prostratus, lacrimabili voce de anuli amissione hoc modo conquestus est: *O sancta Fides, quare michi tulisti anulum meum? Redde michi, obsecro, et sit tibi satis, quod ipsum, meo dono concedente, sortiaris, ne videlicet perditum reputem illum, sed potius salvum. Peccavi, fateor, peccavi coram Deo et coram te, sed ne respexeris, hera, ad delictum meum, sed ad solitam tuę benignitatis clementiam. Nec me peccatorem in tristiciam deicias, sed venia donatum cum gaudio remeare facias.* Cum hęc et hujuscemodi frequenti instantia repeteret, inspicit seorsum. Mirabile dictu, sed fidelibus credibile, in pavimento cernit esse anulum. Quem

[XXI]. *s. M.*

protinus arreptum reddidit sancte virgini nimium gavisus, nec sine admiratione circumstantium, qui virtutem sancte Fidis etiam in vilibus rebus viderent.

[XXII]

De muliere que usurpavit anulum quem altera moriens sancte Fidi reliquerat.

Est quoddam oppidulum, vico Conchacensi contiguum, quod sub ditione monachorum quidam Austrinus [1] presidebat dudum, cujus nos successorem vidimus. Nec tamen miraculum quod dicere inchoamus, nostra etate fuit antiquius. Hic Austrinus anulo quem uxor nomine Stephana moriens sancte Fidi promiserat, alteram nomine Avigernam sponsavit, prorsus prioris conjugis dicta tanquam delyrantis reputans. Verum postmodum proterve neglegentie digitum, qui alieni juris auro depictus ostentabatur, intolerabilis tumore doloris celestis damnavit justitia. Usque adeo ut totum pene anulum turgens pustula super accrescente carne contegeret, ita videlicet ut anulus adacto ferro non posset secari sine digiti detrimento. Cumque ad hanc vim mali compescendam accersitorum medicorum remedia desperarent, neque ullo modo passionis efficacitas jam tolerari posset, ad divini juvaminis recurritur auxilium. Fit palam injuriose culpe confessio, deducitur debilis mulier ad sacrum sancte martiris mausoleum. Ibi cum geminas noctes assiduis excubiis continuat, tercia que fuit dominica adici-

[XXII]. S. V. B. M. L.

---

1. Austrin de Conques et Avierno, sa femme, figurent dans plusieurs pièces du Cartulaire, et peuvent être rangés parmi les plus généreux bienfaiteurs de l'abbaye. Ils donnèrent au monastère, durant le xi° siècle, d'innombrables terres situées dans les communes de Firmy, de Saint-Cyprien, de Sonergues, de Saint-Christophe, de Noailhac, d'Espalion, d'Espeyrac, etc. Le Cartulaire mentionne quatre de leurs enfants : Austrin, dont il sera question plus loin (liv. II, ch. X), Bernard, Arnald et Pétronille. (*Cartul.*, n°° 23, 32, 33, 190, 365, 366.) Avierne sera encore mentionnée au ch. XXI du IV° livre.

citur. In qua vis doloris ita sevior dolentem vexavit, ut vociferatę feminę miserrima vox per totum noctis spacium non cessaret. Ad postremum, cum jam matutinarum laudum intonarent preconia, ab altithrona summę majestatis sede benigne compassionis visitatio descendit, non passa diutius in humana carne tam graves penarum desevire cruces, nec lacrimas pęnitentis usque ad desperationem pervenire. Nam cum forte luctuosa matrona nares emunxisset, anulus, quem supra diximus, inviolata digitorum salute, tanquam validissima arcitus balista, crepitum longe in pavimento dedit. Et ideo cum ingenti gaudii tripudio dies illa dominica ab omni illius vici populo cęlebrata fuit, quippe qui patriotam suam ac vicinam sanctę Fidis auxilio ereptam a funesto tormento cernerent. Et certe multa et inmunera hujusmodi etiam per diversa terrarum loca de sancta Fide referuntur, quę jam non solum scribere, sed etiam dicere nemo sufficiet. Est enim impossibile universa sanctę Fidis magnalia vel explicare verbis vel designare literis.

[XXIII]

De reperto*c* acceptore.

Sed et de minimis causis, quas incolę loci, ut est rusticus intellectus, joca sanctę Fidis appellant, tanta ibidem miracula, Christo cooperante, facta sunt, ut et eorum multiplicitas relatore careat, nec facile pro sui novitate, si qua narrentur, credi possunt. Sed res veritatis non potest cito suffocari aut extingui, verum quanto acrius incredulorum dilaceratur perfidia, tanto efficacius vim vigoremque perseverandi retinet. Ac velut ardens lucerna quę inter sevientis procelle impetus pulsa, majore radiorum crine emicat, sic quoque veritas inter obtrectantium strepitus recto incedit vertice, et quo magis detrahitur, eo vehementiorem capit causam,

[XXIII]. *S. V. M.*
c. Le man. porte roperto.

qua munita aut defensa, in apertiorem humanę noticię lucem evadat. Verum si tales extiterint qui hęc credere nolint, quid mea refert? Scit Deus qui operatur et qui me ad hoc officium animavit, qui, et ubi et quando fuerint, quibus ista credere datum sit et credendo proficere, et quamvis a priscę religionis statu hac pessima ętate plerique omnes deviarint, utpote post desideria sua quisque aberrans, nulla tamen secula vel tempora omnium bonorum artifex absque testimonio bonitatis suę sinit preterire, atque adhuc per sanctos suos, etsi propter peccata hominum rarius, magnalia tamen virtutis suę aliquando non desistit exercere. Et sicut ille est investigabilis sapientię atque inexhaustę, sic etiam virtutum suarum qualitas a quolibet comprehendi aut perpendi non poterit, quin si velit nova faciat et inaudita. Neque enim fas est, ut Boetius ait, cunctas divini operis machinas vel ingenio comprehendere, vel explicare sermone. At nos dicturi de minimis, vel, si fas est dicere, de jocis sancte Fidis, diversum calamum reflectamus ad inceptum.

Quidam miles, Geraldus nuncupatus, Concharum vicinus, cujus mentionem cum de mulo loqueremur dudum fecimus [1], cum esset ad omnes artes militares aptissimus, accipitrem optimum apud urbem Rotenicam a seniore suo [2] poposcit mutuo. Cujus petitioni senior statim favere non distulit, facto tamen et affirmato conventu, ut si fortuitu ille Geraldus illum acceptorem perderet, beneficio ejus toto privaretur. Placuit utrique istiusmodi condicio. Illi quidem callidiori, ut alienorum bonorum pervasione per talem occasionem insatiabilem suę avaritię gulam compleret, huic vero ut tanti alitis honore vel ad tempus frueretur. Sed antequam hic Geraldus jam revertens ad domum suam perveniret, causa extitit ut in pagum Albigensem diverteret. Ibi cum ipsum accipitrem semel emisisset, avis illa, cassato jactu, per vasta aeris spacia evagata disparuit. Hanc ille diu insequu-

---

1. Cf. *supra*, c. IV.
2. Cf. *supra*, c. XII.

tus, nulloque pacto revocare valens, nimio jam fessus labore domum secessit, nimium mestus atque triste ferens. Nimirum nota sibi dudum inmisericordis domini crudelitas fuerat, et implacabilis ira. *Heu me miserum*, inquit, *quam infelici sorte astrictus angustior, et quam intrectabilis domini ferociam pati cogor! Quid jam restat, o pudor, o dedecus, quin ad summam ignominiam bonis exutus redeam! Quin etiam miser videre jam illum diem videor, cum inops rerum ab his qui michi mala volunt reputer mendicus.* Cumque domestici ejus undique accedentes, ut ejus lenirent egritudinem, consolationis verba diu profunderent, non eos audivit, nec in aliquo penitus adquievit, sed multo egrius conquestus, usque ad vesperam, spreto edulio, mansit incibatus.

Ad ultimum, bona conjux viriliter accedens : *Quid*, inquit, *anime mi, te excrucias? Quidve maceras? Quid tanto merore afficeris? Cur tuę jocunditatis vultum luctu exterminas? Quare inaniter super re irrecuperabili tantos querimoniarum planctus exaggeras? Tamen si voto te alligaveris crastino mane ad sanctam Fidem nudis pedibus cum oblatione cęrę processurum, spero in hac re Deum adjutorem fore. Age ergo viriliter, et confortetur cor tuum, neque diffidas per sufragia sanctę Fidis Dei misericordiam posse consequi. Experge frontem, exhilara vultum ac solita lęticia inter tuos discumbe ad cęnam. Non enim est Deo difficile ut lętior inde surgas concędere. Nonne videtur recte sapiens femina monuisse? Siquidem in angustia nichil gravius diffidentia.*

Ilis verbis homo valde confortatus relevatusque, ita magnifice voto prius dictato, ad epulas residet acsi nichil mestitię pertulisset, jam se nutu divino exhilaratum quodammodo sentiens, imminensque gaudium presagiens. Inter agendum vero, dictu pulcherrimum, auca domestica foris de inproviso advolans, convivas turbat. Quam statim consecutus accipiter, qui fuerat perditus, intra cęnaculi ambitum, super ipsam rapidissimo irruit impetu. Et hoc fuit insigne nobilis miraculi, quod ab alio pago ales tanquam ex industria ad locum redierit, quem non noverat. Quod gaudium, quę lęticia fuit, quot grates in excelsa porrectę, cum nec opinanti seniori et spes recuperandi beneficii recreatur, et glorificatio miraculi augetur. Unde in crastinum pro bonitate Dei gratias habiturus, Deo ac sanctę Fidi persolvere vota cucurrit.

[XXIV]

De improbo mercatore.

Mercator, Arvernensis pagi incola, ad sanctam Fidem orationis causa venit. Hic cum vidisset facillimum cęrę commertium, nam propter peregrinorum frequentiam offerentium cęreos multo vilior habetur, illico notam suę artis peritiam revocat ad memoriam, sic intra se cogitans : *Quam facili questu, si hec stultus rescivissem, divitem me potuissem facere, ac meam rem constabilire! Sed quod hactenus ignorantia distulit, hoc ammodo pervigil recursus, frequensque repetiti itineris reditus brevi temporis spacio perficiet. Accingar ergo viriliter, reique exordium aggrediar.* Hoc itaque disposito aditęque venditore, plurima cęrę pondera diligentissime taxat, decemque dinumeratis solidis, comparat massam ingentem atque in sacculis recondidit. Et jam gaudens, minimo sese vel quadruplum lucraturum, sic apud se cogitabat : *At, at, bene se habet principium. Quid tum si plures vices redeo?* Sed jam exitus rei non debet nos remorari. Igitur superfuit pulcher cereus, qui non potuit intra reliquum capere acervum. Hunc vir cupiditatis in sinum applicuit, eo videlicet modo ut quantitas quidem habilior subter cingulum choiberetur[d], gracilior vero per fenestram vestis usque ad barbam prominueret. Verum superni speculatoris vindex omnipotencia non tulit ulterius raptoris latere audaciam. Nam cęreus quem dixi, ignis divini repentino succensus fervore, claustra ipsa quibus inclusus tene-

[XXIV]. S. V. B. A. L.
d. *sic.*

batur cępit vehementer adurere, vaporesque flammivomos, una cum fumiganti turbine foras emittere, adeo ut micantium scintillarum globo vibrante, illi ingens barba reluceret, superiusque capillicium crepitanti ambureretur sonitu. Nec linea interula ventris protexit tergora, cum etiam posteriores partes girantibus flammis arderent. Stuperes insanientis horribiles mugitus, calcitrantis strepitum, dentium stridorem, oculorum vertiginem, tociusque immoderatam corporis distortionem, cum miser, intolerabiliter passus, hac illacque preceps ferebatur, ac si de improviso percussus coluber, qui sinuato globo nunc se in spheram colligit, nunc pernici tractu fulminat, ac tortile collum porrigit, captans fugam, sed debilitatus non valens, rursus percussori infestus, intorquet sanguineos oculos, et sibilat ore. Haud secus iste miser, huc illucque cursitans, se impellit et repellit, modo pronus, modo resupinus, nec ullomodo respirare poterat, quem vis major exagitabat. Sed tamen humani sensus residua vena miserum redegit ad pęnitentiam. Qui statim ad sepulchrum piissimę martiris cum ingenti clamore currens, universam inibi cęram non celerius refudit, quam penale incendium evanuit, neque homo queritur de damno pecunię, dummodo a tormento potuit evadere. His ita gestis, nequaquam offendere putaverim, si bonitatem sanctę Fidis laudabilem mirabilemque in hoc quoque predico, quod ne commercii vilitas deficeret peregrinis, improbitatem avaricię castigavit.

[XXV]

De Gueriberto custode, quomodo aurum sanctę Fidis invitus reddidit.

Sed hoc manifestare non pigritabor, quod cuidam juveni Gerberto, antequam templi vernaculus fieret, accidit. Cumque ipse aliquo dierum ante fabrantiam ubi aurea tabula composita fuerat deambularet, intra rejectas a fornacula favillas, casu repperit testam, in qua aurifices aurum conflaverant. Quę testa a fervore resolventis ignis liquęfacta, in intimo fundo turgentem confecerat concavitatem, qua defluentis metalli particula latebat abscondita. Hic ergo cum conspicaretur exiguam defossę peccunię relucere scintillam, quę forinsecus jam aliquantum detecta permicabat, accedit propius, quidnam si temptat, fractaque testa invenit in eadem cavernula globum auri probatissimi denarios novem cum obolo equa lance ponderantis. Super quo nimium, sicut qui numquam aurum habuerat, gavisus, cuidam amico credidit occultandum. Denique aliquod diebus transactis in lecto decubuit. Sed molestia uni oculorum gravior incubuit. Huic per visum sancta Fides, non in puellę quidem sed preter solitum in sacrę imaginis specie, visa fuit apparere, aurumque districtius a dissimulante exigens, ac si commota recedere. Deinde secunda nocte et terribiliter eodem modo apparere et minaciter item recedere, accepta tamen sponsione ab eo auri in crastinum reddendi. At cum in eadem pervicacitatis nichilominus permansisset duricia, tercia etiam nocte non destitit eadem visio multo terribilius instare neganti. *Dic, nequissime latro, quid meum*, inquit, *aurum michi tociens reposcenti non reddis?* Simul cum hac increpatione vocis lignum colurnum quod gestare videbatur manu recto feriendi conatu acsi percussura ad oculum doloris impellit. Ille caput velut ictum fugitans aliorsum celerrimum deflectens, voce qua altiore poterat, misericordiam sepissime repetens exclamabat. Hoc itaque tanto vir cupiditatis metu perculsus, Deo et sanctę Fidi postera die reportat aurum, nullamque deinceps, ut ipse michi retulit, contrarietatem mali perpessus est.

[XXVI]

De Gimone monacho quam viriliter contra malefactores sancte Fidis agebat.

Item de miraculis, quę incolę loci, ut est rusticus intellectus, joca sanctę Fidis appellant, quędam adhuc prefatis subnectere volumus. Mirum dictu quod dicere presumimus, et quamvis super omnia quę jam promissa sunt, videatur incredibilius, nichil tamen in totis sanctorum virtutibus auditum fuit verius. Quod precipue invidiosis lectoribus, sat scio non bene videri constare, apud quos nichil est quod male interpretando non queat depravari. Sed in revelatione veritatis probatę, sicut adulationi incumbere sacrilegum est, sic emulationi cedere nefarium est. Absit ergo a christiano, ut me christianum, vel favore elevatum, vel obtrectatione deterritum, plus equo minusve estimet referre. Poterone umquam salva salute mea verbum Dei adulterare fallacia, aut sub specie veri mentes humanas veritate fraudatas per falsitatem decipere?

Gimonem monachum et cenobii priorem multi cognoverunt, qui michi res mirabiles, et ut puto inauditas de ipso narraverunt. Hic virilis animi ferociam quam in mundo habuerat, in monasterio non quidem deseruit, sed in vindictam malefactorum pene convertit. Ille in dormitorio preter cetera indumenta moniali habitui congrua, toracam, cassidem, contum, gladium, omneque bellicum instrumentum, supra pedalis fulcri cacumina in promptu positum, simulque in stabulo bellatorem equum habebat apparatum. Tum si qua adversitas a nequam pervasoribus incumbebat, ipsemet statim functus officio defensoris, ferratam aciem in expeditione antecedens ducebat, atque audacter trepidantium animos, aut de victorię premio, aut de martyrii gloria viriliter confortabat, asserens etiam multo majore debito

[XXVI]. *S*.

falsos christianos esse debellandos, qui christianam legem impugnantes, sponte Deum reliquerant, quam ipsos paganos, qui numquam Deum noverant. Nec debere aliquem qui se prelatione velit esse dignum, fieri ignavum, quin, si necessitas instat, contra improbos pervasores strenue dimicet, ne videlicet sub pacientię specie, vitium irrepat ignavię. Multi quoque adventum ipsius pertimescentes, sepe antequam ad pugnam ventum foret, cedebant, aliquando vero audaci rebellione resistentes pariterque numero confisi, sanctę Fidis tamen presentissime virtute a paucioribus vincebantur. Quod si fortuitu aut raro tanta hostium violentia ingrueret, ut prorsus pro humanę fragilitatis diffidentia, imbecillior manus de parte bona belligerandi ausum amitteret, ipse statim ut erat solitus summa fiducia sacrum adibat martiris tumulum, atque vulgari more adversus sanctam Fidem causabatur, ea utiquo usus confidentia, qua noverat se nequaquam ab ea facile contempni. Nam etiam sacram imaginem verberare et vel in flumen sive puteum precipitare, nisi se sancta Fides de malefactoribus quam mox vindicaret, minitabatur. Et tamen inter ipsas indignationum minas, crebra repetitione supplices fundere preces non cessabat. Et puto illi ipsum Deum, ut erat hunc morem, ingessisse, nec dura verba in peccatum reputasse, sic per cetera mens erat sinceritatis et virtutis plena. Non enim Deus judicat quemquam ex sermone, sed ex voluntate aut opere. Nam sicut sermo blandus non justificat hypochritam, sic nec sermo severus dampnat verę justicię operatorem. Huic sententię concordare videtur, quod in Evangelio de patre legitur, qui filium obedienter respondentem, non autem dictis facta compensantem non remuneravit, sed illum qui inobedienter duriterque respondens, mox paternam preceptionem festinavit perficere. Et rursus ut ficta blandimenta confunderet, ita ipse Dominus ait : *Non enim qui dicit michi : Domine, Domine, intrabit in regnum cęlorum, sed qui facit voluntatem Patris mei*[1]. Non ergo Gimonem ex sermonis sui

---

1. Matth., VII, 21.

asperitate culpandum censeo, cujus actus per omnia irreprehensibiles audivimus, excepto quod in expeditionibus pergebat armatus, sed si quis recte perspiciet, plus hoc ad virtutem quam ad impugnationem monasticę regulę poterit referre. Neque ille judicabitur, nisi ex intentione qua id agere videbatur. Et utinam monachus desidiosus, deposita ignavia, ad utilitatem sui monasterii sic fortiter ageret, potius quam sui ordinis habitum honestum preferens extrinsecus, iniquitatis latibulum faceret intrinsecus. Nam videlicet de talibus antichristis qui nichil ad aliud vivunt, nisi ut veritati contradicant et quicquid usquam bonum est impugnent, bona sanctorum diripientes, interdictum pontificalem deridentes, monachorum causam sterquilinio deputantes, immo acies Dei viventis philistea protervia exprobrantes, si quosdam vindex omnipotencia per alicujus sui servi manus, cujuscumque etiam ordinis strage dejecerit, nemo id crimini asscribere poterit. Nonne legimus a sancto sed jam martyre Mercurio, Juliani Cęsaris apostasiam lanceę transverberatione fuisse animadversam[1]? Qui ergo illum a morte excitavit in ultionem sui adversarii, hunc quoque in defensionem suę ęcclesię bene potuit armare. Nec ullo modo Deus poterit prohiberi eadem si velit per manus etiam viventis factitare, quę dudum per hominem defunctum dignatus est exercere. Quę res siquando prefato Gimoni acciderit, pęnitentiam eandem, me quidem auctore, censeo injungendam, qua rex David super Philisteo pęnituit. Neque iste ut homicida reputabitur, quem Dominus Sabaoth et rex exercituum et virtutum, tamquam aliquam defensorem ange-

---

[1]. Saint Mercure, vaillant soldat élevé aux plus hauts grades de l'armée, fut décapité pour la foi dans la ville de Césarée en Cappadoce, l'an 250, par ordre de l'empereur Dèce. Il devint le patron de la Cappadoce. Or, l'an 363, un jour que saint Basile était en prière devant l'image de saint Mercure, le grand docteur vit, dans une extase, J.-C. au milieu de l'assemblée des saints : il l'entendit donner à saint Mercure l'ordre de frapper l'empereur Julien, persécuteur des Chrétiens. Le saint prend sa lance et disparaît. Quelques instants après, il revient, et, debout devant le trône de l'Éternel, il dit : « Seigneur, vos ordres sont exécutés : l'empereur Julien est mort ! »
Cette version de la mort de Julien l'Apostat est rapportée par plusieurs auteurs, et en particulier par saint Jean Damascène (*De sacris Imag.*, Orat. I). Baronius la discute longuement (*Annal.*, ad ann. 363).

lum unicum suę familiae destinavit presidium. Sicut enim propheta non potest predicere, nisi quod Deus ponit sibi in ore, sic nec iste potuit aliud facere, preter quod spiritus virtutis ei suggessit in corde. Vere bonus propugnator et defensor bonorum zelum habuit pro Domino, et indignationem super filios Belial. Nec fortitudinem hujus in oculis Dei fuisse complacitam dubitari a quoquam potuit. Quia siquando pars malorum contra illum aciem struens valentior incubuisset, statim, ut diximus, ad orationum recurrens nota presidia, exaudiri cęlitus merebatur. Tamque increpando quam supplicando, divinum sibi auxilium extorquebat, et quod ab armatis hominibus non poterat, id a Deo fieri impetrabat. Siquidem malefactorum illorum tunc temporis quamplures diversis interiisse casibus feruntur. Alii de summis saxis se precipitantes, alii cibo se strangulantes, alii propria manu sibi mortem inferentes, aut cuicumque venisset judicii hora non deerat mortis materia. Idem autem preter regendę rei monasticę curam, ne quid ab obedientia vacaret, erat et custos sanctuarii. In illo tempore erat locus ille pene solitarius et a frequentia peregrinorum remotior[1], nec tanta luminarii copia, una tantum candela sacrosancto altario deserviebat. Qua sepius ut fit extincta, surgebat custos et reparabat eam. Et multociens, cum pro lassitudine operis sive diutinę orationis pregravaretur somno, sentiebat manum maxillam leniter tangentis, pariter et vocem blandientis et ut lucernam componeret monentis, audiebat. Statimque experrectus, viriliter emergebat a somno, sed antequam ad candelabrum accederet, ipsamque candelam tangeret, quam prius viderat extinctam, rursus in eadem hora divinitus cernebat accensam. Vel si forte ut crebro accidebat, ipsam deferret ad ignem, antequam ad carbones venisset, inter manus portitoris divina virtute revivebat

---

1. Il semble, d'après ce passage, que les pèlerins n'affluaient pas encore à Conques, et comme le pèlerinage était déjà en grande vogue au temps du miracle de Witbert (cf. *sup.* ch. I), il s'ensuit que Gimon vivait avant 980, époque de ce miracle. C'est, du reste, ce que notre historien affirme expressément au chapitre II du II⁰ livre : « Hoc ante miraculum de Vuitberto Illuminato ».

luce, na. Rursus quoque cum ipse regressus in stratum jam pausare inciperet, eadem visio ter quaterque rediens, quasi alludens cogebat, atque lecto egre exurgentem ad candelabrum recurrere senem faciebat, donec jam totus commotus, ut erat fervidi ingenii, tanquam se deludentem atque inquietantem sanctam Fidem increpando argueret, et insuper patrio nomine unde genus ducebat illi exprobraret. Tum illo cessante miraculo, in lectum se recipiebat. Aut saepius ea occasione in psalmodię meditatione persistens, totam illam noctem transigebat insomnem. Quam meditationem alias ita forti constantia fertur exercuisse, ut pene diem cum nocte invicto murmure continuaret. Idem nonnullis noctibus, cum rursus in monasterio sacris excubiis inserviret, audiebat crepitanti sonitu aurum imaginis moveri. Ilico intelligens ipse nutum esse divinum, eodem modo ut diximus recurrebat ad lumen. Erat preterea jam sibi familiare ac preter humanam consuetudinem frequentativum, diversis modis divinę admonitionis perfrui colloquiis. Nec mirum si hujusmodi bonis dignus habebatur, in quo nichil spurcitię corporis vel animę inesse poterat, quique omnes labores causa fraterni commodi subire paratus, nulli virtute obedientię secundus extiterat. Cujus irę impatientia perinde erat, ut preceptum est: *Irascimini et nolite peccare*[1]. Jam vero quanta virtutum eminentia excellebat hinc estimari potest, quod non solum ceteros sed etiam ipsum abbatem, quasi sub disciplinę jugo, non quidem literarum eruditione, sed animi fortitudine omnes chohibebat.

[XXVII]

Quod sancta Fides castos amet, incestos repellat.

Multa quidem et alia bona de Gimone referuntur, sed hęc sanctę Fidis sufficiant cultoribus. Quos et illa quoque ut

[XXVII]. *S.*

---

1. Psalm., IV, 5.

per hunc probatum est eterna diligit charitate, eos sane maxime quos in virtute castitatis perseverare perspexerit. Dictum a quodam mihi illius vici incola fuit, quod si quando post concubitum quamvis legitimum primos cancellos non lotus intrasset, numquam diem illam impune pertransisset. Adeo sancta Fides fert egre qui pollutus ejus sanctuarium audet temere frequentare. Magnum meritum et admirabile unius puelle, cui tanta virtutum gratia, tam in parvis quam in magnis, est concessa. Nam de beneficiatis rem optimam multeque miserationis plenam audivi. Qui si propriis bonis ab improbis senioribus inmerito privati adjutorium sancte Fidis expetunt, in dominorum statim graciam divina inspiratione revocantur. Hoc ergo inseruisse juvat, non quia de majoribus etiam que sponte relinquo disserere non possim, sed quia cum audivi valde michi perplacuit. Unde divinae bonitati grates, que etiam in necessitatibus hujusmodi dignatur subvenire oppressis.

[XXVIII]

Quod sancta Fides in conciliis insignia facit miracula, et de puero in quo quadrupartitum gestum est miraculum.

Nec illud pretereundum arbitror, quod inter multa sanctorum corpora, que secundum morem illius provincie feruntur ad concilia, sancta Fides, quasi principatum tenens, miraculorum effulget gloria. Quorum cum sint multa, duo tantum, ne nimis tediosum volumen contexere videamur, adnotare satis esse putamus. Reverentissimus igitur Arnaldus, Rotensium episcopus[1], suis tantum parrochianis conflaverat[e] sinodum, quo de diversis monachorum aut canoni-

[XXVIII]. *S. V. B. A. M. — Cf.* Bonal, *Comtes de Rodez,* VI.
e. congregaverat *A.*

---

1. *Arnaldus,* Arnaud, évêque de Rodez (1025-1031) et successeur de Deusdedit IV, qui n'est signalé que jusqu'en 1004. Bernard d'Angers écrivait vers 1012. Il faut donc reculer quelque peu la première date, indéterminée d'ailleurs, de l'épiscopat d'Arnaud.

corum congregationibus, in capsis vel in imaginibus aureis, sanctorum corpora sunt evecta. Erat autem distributa sanctorum acies in tentoriis et papilionibus, in prato Sancti Felicis, quod disparatur ab urbe quasi uno tantum miliario [1]. Hunc locum precipue sancti Marii, confessoris et episcopi [2], aurea majestas, et sancti Amantii [3], eque confessoris et episcopi, aurea majestas, et sancti Saturnini martiris aurea capsa [4], et sancte Dei genitricis [f] Marie aurea imago [g], et sancte Fidis aurea majestas decorabant [h]. Erant preter hec multa sanctorum pignera, quorum numerus non commendabitur in presenti pagina. Ibi inter cetera, quodam insigni mirabilique facto Omnipotentis dignata est famulam suam glorificare bonitas [5]. Puer a nativitate cecus et claudus, surdus et mutus, a parentibus bajulatus, subterque imaginem que in sublimi honorabiliter habebatur positus, quasi hore unius intervallo ibidem demoratus, divinam meruit medicinam. Atque integerrime sospitalis donatus gratia, exurrexit loquens, audiens, videns, et etiam inoffenso pede feliciter deambulans. Cumque strepitus vulgi super tali resonaret prodigio, seniores concilii, qui considebant paulo remotiores, ceperunt inter se conquirere, dicentes : *Quid sibi*

f. deest Dei genitricis *B, A.*
g. et sancte crucis aurea crux A.
h. Hunc locum.... decorabant *deest V.*

1. Cette prairie est située dans la plaine, au nord et au pied de la colline où s'élève la ville de Rodez. Saint-Félix était autrefois le siège d'un prieuré qui fut, en 1607, donné au collège de Rodez, dirigé alors par les Jésuites. (B. Lunet, *Hist. du coll. de Rodez*, 1881, p. 22. — Cf. Bosc, *Mém.*, p. 174.) Saint Vincent Ferrier prêcha, en 1416, devant une immense multitude assemblée dans cette prairie. (L. Servières, *Hist. de l'égl. du Rouergue*, 1874, p. 309.)
2. Saint Marius ou Mary, disciple de saint Austremoine, évêque de Clermont, était un des patrons de l'église et de l'abbaye de Vabres, en Rouergue. Son culte est répandu en Auvergne.
3. Saint Amans fut évêque de Rodez vers 401, et mourut avant le milieu du v° siècle. Il fut le second apôtre de la cité et de la province, presque entièrement retombées dans l'idolâtrie. Il est le patron du diocèse de Rodez. Un monastère fut fondé vers 600, sous le patronage de saint Amans, autour de sa basilique. (Cf. L. Servières, *Hist. de S. Amans*, 1885.)
4. Saint Saturnin, apôtre et premier évêque de Toulouse.
5. Bonal termine la phrase après le mot *glorificare*, et transforme le mot *bonitas* en *Bonitus*, qui serait le nom de l'enfant guéri : *Bonitus puer*...

vult ista popularis conclamatio? Quibus Bertildis comitissa [1] respondens : *Quid*, inquit, *aliud hoc esset, nisi quia sancta Fides jocatur ut solet*? Tunc omnes, re exquisita, tam stupore quam gaudio repleti, totam concionem ad divinas laudes excitarunt, illud frequenter pre nimia leticia recolentes, quod jocari sanctam Fidem venerabilis matrona dixisset.

[XXIX]

Item de ceco et claudo.

Rursus quidam cecus et claudus, ut sanitatem reciperet, ante imaginem sancti Marii confessoris pernoctabat. Cujus virtutes, mirifice lateque disperse, a multis populis habentur famosissime. Cumque jam diluculesceret, repentinus ei sopor irruit, visusque est sibi vocem audire dicentis : *Vade ad sanctam Fidem. Non enim datum est ut a tua infirmitate nisi per merita illius salvari possis.* Hoc responso excitatus eger, illuc qua poterat virtute repere cepit. Cumque pervenisset ad locum, extemplo sancte martiris dilationis [i] aliena affuere suffragia. Nam ubi homo in ipsum aditum papilionis sese ingessit, ilico virescentibus venis ac vegetatis nervis, meruit de curvo fieri rectus. Nam et velamento pupillarum disrupto, precedentem sanguinis eruptionem subsequitur lux serenissima, nec ei quiddam sanitatis defuit, cujus membra celestis medici dextera pertractavit.

[XXIX]. *S. V. B. M. L.*
i. oblationis *V.*

---

1. *Bertildis*, Berthe, comtesse de Rouergue, était fille de Boson, marquis de Toscane, et nièce d'Hugues, roi d'Italie. Elle était célèbre par sa rare beauté et sa piété. Veuve de Boson I*er*, comte d'Arles, et jeune encore, elle épousa, en 940, Raymond II, marquis de Gothie et comte de Rouergue, qui fut tué, en 961, sur le chemin de Saint-Jacques de Compostelle. Elle survécut à son fils aîné Raymond III, qui mourut en 1010. Elle se qualifiait d'*humble comtesse par la grâce de Dieu*. Par testament elle fit d'innombrables donations aux églises. (Cf. Bosc, *Mém.*, p. 185.)

[XXX]

De eo qui a suspendio furcarum sanctę Fidis auxilio liberatus est.

Inter cętera quę michi de sancta Fide adhuc pergenti a diversis relatoribus sicut summo desiderio indaganti dicebantur, istud quod nunc aggredior, in ore totius populi, festivo atque celeberrimo resonabat preconio. Quod postea certius ab his qui rei geste interfuerant exquisitum, aitę memorię tradidimus. Nobilissimus quidam, nomine Hadimarus de Avallena cognominatus, est enim regio Lemovicensis pagi montuosa ita nuncupata, inter innumerosam familiam clientem habuerat, qui equorum sibi aliquos furatus effugerat. Hunc denique alia tempestate cum casu inopinato offendisset, statim ei prunulis oculorum revulsis, liberum deinceps abire permisit. Alterum vero jure sodalitatis huic adherentem, nec tamen prefati latrocinii cooperatorem, ac si reum paris facinoris nodis miserabilibus innexuit. Cui renitenti atque inficianti conscientiam furti, nichil profuit, immo per sanctam Fidem reclamanti, tale responsum vir crudelis edidit: *Quid ultra aliud scelerati faciant, nisi si cum fuerint deprehensi, statim sanctam Fidem sibi advocent patronam? Sed procul dubio, clamor iste supplicio puniendus erit.* Invinctum*j* ergo cursui caballino agit domum, inque subterraneo ac tenebroso profundi penoris ergastulo custodię mancipat, futurum sane ut crastinum furcis appendendum tradat. Quid igitur faceret miser? Tota nocte in illo horrore tenebrarum, timidus suspectusque, a somno mansit alienus, verbis quibus sapiebat Deum sanctamque ejus interpellare non cessans. Circa medium noctis, aspicit de parte hostii ineffabilis speciei venire sibi puellam. Ratus aliquam esse cubiculariam, nisi quia qua erat luce circumdata, non

---

[XXX]. *S. V. B. M. L.*
j. Junctum *B. V.*

candelam, non aliquod lucernę instrumentum preferebat. Hęc accedens cępit illum, veluti ignara, qua de causa carceratus tenebatur rogitare. Cui omnia exponenti ac postmodum vocitamen percontanti, sanctam Fidem se esse ipsa respondit. *Et noli*, inquit, *ceptis desistere, nec diffidentiam ullam habere, sed semper et nomen et clamorem sanctę Fidis habeto in ore. Verumtamen quod tibi interminati sunt, cras subibis patibulum. Sed vivit Omnipotens, quia te ab ipsis faucibus hiantis mortis revocabit.* Hęc et hujusmodi prosecuta, virtus cęlestis rediit. Ille vero reliquum noctis ob insolitam numinis visionem in grandi tremore transegit. Sed quem bona pars visitaverat, mens illi turbari non potuit. Facto mane, eductus inde sistitur ante tribunal. Sed quanto crebrius homo sanctam Fidem nominabat, tanto festinantius mens maliciosa accelerabat patibulum. Itur ergo ad locum supplicii. Nec satis fuit seniori servis suis imperare scelus, nisi et ipsemet magno comitante equitatu abisset. Neque unquam qui nexus ducebatur, nomen sanctę Fidis, ut erat premonitus, deseruit, donec vocis via, ligneis coartata laqueis, suffocato gutture intercluderetur. Mox deinde pendentem deserunt. Et cum jam paululum in revertendo elongarentur, respiciunt, furcas vacuas cernunt. Tum cum magno strepitu regressi, hominem durius ligatum relevant sursum. Rursus quoque cum revertentes retrospicerent, humi secundo furciferum elapsum hauriunt. Et jam aliqui virtutem sanctę Fidis esse dicebant, cum crudelis belua, eos minaciter cum exprobratione increpans, reticere coegit. Tum multo durius atque immanius hominis guttur[a] renovatis angens retortis, tandiu pendentem observavit, quandiu strangulatum incunctanter putaverit. Et tamen cum per olivum montis jam revertens descendere cepisset, non potuit pati male sollicitus, quin torva lumina retorqueret. Visoque miraculo recurrit, reperiensque hominem solutum et incolumem, hesitavit quid faceret. Ceteri vero jam manifeste sanctę Fidis virtutem unanimes predicantes, scelestissimi facti dominum suum reum esse conclamant, nec se ultra tam

---

[a]. ut fertur, *B, V.*

indignum facinus passuros. Videns ergo senior miraculum quod esset factum, ductus penitudine, cepit illum obsecrare uti sibi ignosceret. Ille nequaquam adquiescens, ad sanctam Fidem potius itum ire, ut injuriam hanc exponat, ait. Tum prefatus Hadimarus, cernens viri obstinationem, et ipse quoque cum quindecim suę domus ephebis, nudis pedibus et inermis ad sanctam virginem festinavit. Cerneres ambos Hadimaros, nam utrique id nomen erat, ante sacram imaginem tanquam ante tribunal concertare, hunc accusantem, illum suum peccatum confitentem et emendationem proferentem. At vero seniores loci intercędentes, dictata pro leto hominis legali emendatione, inter eos concordiam fecerunt. Hoc miraculum plebeio relatu, ut dixi, jam passim auditum, concors monachorum sententia postea michi verius retulit *l*. Utque dictis fidem facerent ampliorem, quendam juvenem *m*, memorati Adimari consobrinum, in testimonium arcessiunt, qui cum illo ad Conchas post ereptionem a suspendio venerat, sed et ipsum Adimarum, si michi fuisset spacium vel per legatos vocatum expectare vel iter ad ipsum extendere, potuissem videre. Nec tempus plus quinquennio dicebant ex quo id evenerat defluxisse, ipsumque superstitem esse.

[XXXI]

Quod carceratos ad se clamantes sancta Fides absolvat.

Illud autem de sancta Fide specialiter super omnia famosissimum notissimunque est, quod carceratos ad se clamantes absolvit, solutosque cum ipso compedum catenarumve pondere, ut sancto Salvatori grates habeant, ad Conchas properare jubet, et nichil refert, juste an injuste quis teneatur in carcere. Nam mox si improbo clamore perstiterit, quantam famulę suę gratiam Dominus presti-

[XXXI]. *S. A. M.*
l. auditum : concordi monachorum sententia postea relatum est *B*.
m. Gerbertum nomine *V. A.*

terit ostendit. Clausurę vinculis et seris constrictę dissolvuntur, repagula ferrata dissiliunt, divina pietas reserat quod impietas humanę crudelitatis artaverat. Procedunt ad libertatem captivi de vinculis, exhibentes inania onera catenarum. Tenent vincula absoluti, quibus antea tenebantur nexi. Parit carcer iterato quos non genuerat, prodeunt in lucem angustia correcti, quos insolentia dudum pertraxerat ad scelus, et precedente triumpho, gremio sanctę martiris ęcclesię miseri redduntur. Quique diu tetro carceris horrore contenebrati fuerant, hi postmodum jocundum cęli lumen hauriunt, atque in medio congaudentis ęcclesię Deo sanctęque ejus gratias et laudes referunt. Cujus miraculi assiduitas adeo multiplex extitit, ut ferreorum compedum quos pagensi lingua bogias" vocant inmensitas occupationem in monasterio faceret. Quocirca tantam ferri massam extundi, atque in multimodas januas redigi studio fabrorum seniores decreverunt. Est deforis tectorum divisione basilica triformis, quę interius propter mutuam transeundi amplitudinem in unum corpus coït ęcclesię. Hęc itaque trinitas in unitatem rediens summę ac deificę Trinitatis tipum, mea quidem sententia, quoquo modo gerere videtur. Dextrum latus Sancti Petri apostoli, levum Sanctę Marię, medietas autem Sancti Salvatoris titulo dedicata est. Verum quia eadem medietas psallendi assiduitate frequentatior habetur, illuc ex proprio loco sancte martiris preciosa translata sunt pignera. Raro ullus aditus in tam angulosę ęcclesię concavitate superest, qui de predictis compedibus sive catenis ferreas non habeat januas. Quod tibi, ut vere loquar, toto basilice edificio mirabilius videatur, excepto ornamentorum decore, quod auri argentique vel palliorum copia unaque pręciosorum lapidum grata prestat varietas. Cumque seniores culparem quod captos, nomina, genus, domum literis notata non retinuissent, rem esse difficillimam aiebant. Pręterea nullum se modo hujusmodi dictatorum expectasse, cui hęc breviter designata ad describendum plenius reservassent, et ut impudentius faterentur, omnia hęc quod usque ad fas-

n. bodias *C. Cf. Du Cange.*

tidium cottidie fierent, incurię prorsus dedisse. Nomen etiam illius, cujus egomet ingentis quantitatis compedes subter cęlato lacunari vidi pendentes, penitus ignorabant. Quod quia noviter gestum fuerat, ferrum in supra dictam fabricam nondum conflaverant. Castrum*o* vero ubi in captione fuerat, Brucciadul*p*1 vocatum, nomenque senioris Emmonem esse didici.

[XXXII]

*De eo cui ad conterendum ferreos compedes sancta Fides marcellum*q *attulit.*

Rursus de alio homine rem michi oppinatissimam unanimes retulere. Qui cum diutina carceris custodia affligeretur atque incessanter ad sanctam Fidem exclamaret, mox ei sancta Fides vigilanti apparuit. Quę cum rogata sancta Fidis vocabulo se nominaret, protinus marculum vetustissimum scabraque rubigine obductum prebens, jubet illo compedes feriri, dein ferri fragminibus onustum, ad Conchas celeriter proficisci. Cujus monita ille perficiens, pervio carceris obstaculo, absque humano impedimento, divino fretus munimine, ad sanctam Fidem recto tetendit tramite, et pro magno beneficio magnas gratias Deo sanctęque ejus non ingratus reddidit. Fuit ibidem marculus circiter tres

[XXXII]. *S. V. B. A. M. N. L.*
o. Claustrum *A.*
p. Bruccialdab *A.*
q. martellum *B, V.*

___

1. Broussadel, autrefois Brossadol, simple ferme de la commune de Saint-Georges, canton de Saint-Flour (Cantal). Ce *castrum* est mentionné dans les *Miracula Sancti Roberti*, fondateur de la Chaise-Dieu, qui y venait souvent (1045-1060 env.). Les seigneurs de Brossadol, dont l'un se nommait Aimon, figurent dans la charte de fondation du second monastère de Saint-Flour par saint Odilon (vers 1025). Chez les seigneurs de Brossadol, le prénom d'Aimon resta héréditaire pendant près de trois cents ans. Le dernier qui le porta vit, le 15 mai 1384, son château surpris, incendié et détruit par les Tuchins. (Cf. Bibl. Nat. lat. 12766, ff°s 280-303. — M. Boudet, *La Jacquerie des Tuchins.* Paris, 1895, p. 134 et suiv.)

annos appensus, ut insigne tanti miraculi peregrinantibus non deesset. Id nimis succensui, quod in memoratum opus marculum etiam destruxerant. Mirum dictu! Unde, putas, sancta Fides corporeum marculum habuerit? Sed non debemus ratione humana divinum opus estimare, sed factum fideliter credere.

[XXXIII]

De eo qui premonitus a sancta Fide, per fenestram turris evasit, et de mirabili asino.

Rem mirabilem cunctisque seculis memorabilem, et etiam fastidiosis lectoribus succinctam narraturus, Deum fontem sapientiç vivum fideliter deprecor, ut divinç sapientiç affluentiam intra pectoris mei archana infundere sanctique Spiritus rore sensus mei ariditatem dignetur irrigare; quatinus ea quç vera sunt, ad utilitatem audientium congruo rectoque sermone valeam expromere, ne sententia mea a recto tramite exorbitando, per inanes res secus quam veritas habet, deviare inceptet. Miles quidam, qui erat in captione in pago Rotenico, Castro Perso[1], sub dominio Amblardi cujusdam nobilissimi viri, datis pro se obsidibus, ad sanctam Fidem, quasi aliud negotium acturus, quod potuit occultus venit. Deinde statuto placito, sese in captionem recepit. Unde qualiter post aliquantum temporis divina visitatione evaserit, dicendum erit. Sed primum terrç illius situs et qualitas paucis verbis repetenda. Est patria

[XXXIII]. *S. V. B. L.*

---

1. *Castrum Persum*, Castelpers, village de la commune de Saint-Just (canton de Naucelle, arrondissement de Rodez, Aveyron), situé sur un rocher escarpé, au confluent du Céor et du Giffou. Le château de Castelpers, dont il ne reste aujourd'hui que des ruines insignifiantes, donna son nom à une des plus anciennes baronnies du Rouergue, dont il avait été le berceau. Nous savons par *l'Histoire de Languedoc* que Pierre, sire de Castelpers, fit en 1077 une donation à l'église cathédrale d'Albi (t. II, *Preuves*, col. 296. — Cf. de Gaujal, *Etudes histor. sur le Rouergue*, t. IV, p. 362. — De Barrau, *Documents histor. et généal. sur le Rouergue*, t. I, p. 697).

per omnia montuosa, et etiam per loca horridis scopulis adeo edita, ut vix visus altitudinis vastitate queat exaturari. Sed inter hęc ubi forte planicies occurrit, frugum proventibus adeo est fecunda, ut pinguis Cereris Bacchique optimi nulla terra feracior michi fuisse videatur. Hanc illi ingenuitatem ex eo accidisse opinor, quod sit his nostris regionibus editior, et ideo hiberni frigoris immanitate rigidior, sitque soli vicinior, utpote ad australem plagam sita, et ideo estivo fervore calidior. In estate videlicet, propter vicinitatem solis, torrenti calore nimis exestuat. In hieme vero propter altitudinem terrę nimiis frigoribus riget, sicut ubi Auster liberioribus habenis regnat. Igitur repugnantibus diversę naturę quanto magis tellus illa urgetur, tanto magis excoquitur vitium atque exsudat inutilis humor. Ac per hoc facta est lętioris dulciorisque germinis terra genitrix. Sed quia, ut diximus, montium scopulorumque dissimilitudine a nostro solo discrepat, ideo contigit ut prenominati oppidi structura, super excellentissimę rupis soliditatem fundata, per spaciosum aeris inane longe eminentior exsurgat. Porro oppidanorum mansio de parte illa habetur quę planior habitabiliorque videtur, habens arcem erectam in editiore loco, ad illam videlicet plagam qua altiore ruitur precipitio. De qua etiam parte in summo turris solario herilis camera erat, ubi ipse heros[r] cum familiaribus sopitus placidum carpebat pectore somnum. Extra quam cameram in eodem solario de parte reliqui municipii, captivus quem dixi ponderosa mole ferri cruribus innexus, trium vernaculorum custodia servabatur. Huic sancta Fides jamdudum ad se querelosis vocibus exclamanti jamque pene desperanti, sopitis custodibus, corporali specie conspicabilis apparuit. Quę cum rogata ab illo quęnam esset, sanctam Fidem se esse responderet, protinus instantia precum illius se esse fatigatam adjecit, immo etiam diutino clamore coactam, a Deo tamen missam ut eum absolvat venisse. *Quare igitur*, inquit, *longas moras innectis? Perrumpe per medium camerę, ac per summas turris fenestras elabere.* Cumque ad

[r]. senior V.

vocem monentis reptare cepisset, evigilans senior male sollicitus, ferri tinnientis advertit motum. Dein excitatę cubicularię, ut tardos cogat custodes, minaci auctoritate jubet. Quod cum illa perfecisset, clauso ostiolo in conclave se recepit. Post aliquod horarum excursum, ecce de integro sancta Fides apparens, hortatur hominem ut rem aggrediatur. Quod ille statim faciens, reperto ostio clauso in lectum vacuo conamine regreditur. Rursus quoque senior, ferrea collisione experrectus, pedissequam ut prius remisit. Illa peracto herili precepto regressa, ostium cubilis per voluntatem Dei apertum dimisit. Post hęc, omnibus multo graviori sopore oppressis, ecce sancta Fides tercio manifestata, durius severiusque hominis arguit ignaviam. Cumque ille impedimentum ostii obiceret, seseque jam bis delusum quam graviter ferret : *Noli*, inquit illa, *dubitare, quia habebis pervium iter et Deus adjuvabit te*. Ille vero confidens in Domino, gressu quo poterat cepit motare se. Et sic tandem cum magna difficultate penetrato cubili, ad ipsas fenestras substitit, casus altitudinem vehementer expavescens. Tunc sancta Fides adhuc labantis animi hominem comitata, et quasi viam affectando precedens, illum viriliter exhortari cepit : *Age*, inquiens, *fiducialiter ; non alia modo jam evadere poteris. Similiter olim Israheliticus populus, in ultionem sceleris urbis Gabaam tribum Benjamin debellans, antequam triumphum obtinuisset, divino monente oraculo, usque ad trinum conatum laborasse legitur*[1]. Ad extremum ille in miserabili positus discrimine, assumpta audacia ac posito corde in periculo, pedes primum per fenestram emittens foras, se totum vasto credit precipitio. Sed numquam mollius suaviusque sua pensilis pluma Sardanapalum fovit, quam hunc durissima rupis excepit. Adeo divina subportante virtute, ut, cui natura negaverat alas, hic plane volare, non cadere videretur. Quo miraculo factus securior, etiam multo profundioris precipitii saltum addere non dubitavit. Nam de summis scopulis super quos arcis tota moles innitebatur,

---

1. Judic. xx.
Abbé Bouillet. — *Liber miraculorum sancte Fidis*.

super inferiores ruens, ad certissimum terrę solum tercio saltu perlabitur. Mirum dictu et terribile auditu, quo ausu mens humana tantum periculi invadere umquam potuerit. Nam et ipse talia narrando, fateor, nimio horrore totus intremisco. Sed qui sanctam suam voluit glorificare tali miraculo, dedit huic non terreri tanto precipitio, in quo licet nihil lesionis receperit, crepitus tamen contunsarum bodiarum in primo quidem saltu usque ad aures dormientis pervenit. De qua re miles expergefactus, nimio furore succensus, servis suis rem prenunciat, reos culpat, furciferos judicat. Postremo minaciter imperat ut quam primum fugientem insequantur. Illi senioris monita ridiculo habentes, attriti cadaveris frusta se in crastinum lecturos satis in tempore promittunt. Illis tamen nequaquam adquiescens, faces lampadesque accendi, atque per aliam partem, qua facilior erat descensus, cursores velociter precedere, hominemque comprehendere precepit. Ille thedarum hauriens fulgorem, unaque sese persequentium vociferationem jam in proximo audiens, incertus quid ageret, utpote gravatus utraque vestigia maximo pondere ferri, ad effugium tamen parvę silvę, quam per providentiam Dei oppidi vicinam natura produxerat, in qua poterat reptans, sese totis annixus viribus contrahere contendit. Nec ab aliquo cogi opus erat, cui ipsa necessitas imperabat. Nec reprehendenda tarditas, qui, ut sibi videbatur, segnior incedebat testudine. Cumque in hujus anxietatis laboraret discrimine, et jam se intra condensam arbusculorum aliquantulum colligeret, mirum in modum offendit asinum. In cujus faucibus nodata zona pro capistro, asinino tergo more insedit femineo, veraisex uno latere cruribus, propriique commodi potius rationem ducens, posthabuit honestatem virilem. Actum erat procul dubio, si unius puncti spacio fugientem hic asinus fuisset remoratus. Numquam expeditiore blandioreque tolotatura campitor equus aut regalis incessit, quam per mediam regionem asinus in eam partem qua fugitivus minus querendus putaretur, transabiit. Interea sessor, non adeo securitate fretus, subinde aurem arrigit, animamque reprimit, subinde respectat et retorquet aciem, si forte aliquem vel audire vel videre posset, donec jam octo pene peractis milibus se satis in tuto videret. Et jam diescebat, et jam mortales egros aurora promicans ad laboris exercitium cogebat. Tunc ille, alligato ad quoddam virgultum asino, ubi silices duriores vidit, paululum a semita se detorsit. Quorum ictum ferreus rigor excipiens, in modum glaciei facilitatem sui resolutionem dedit. Inter agendum vero cęlestis asinus evanuit. Nam respiciens ille neque animal ipsum vidit, neque etiam animalis vestigium, quantalibet investigatione insistens, in aliquo penitus invenire potuit. Cingulum vero ad argumentum miraculi, ubi ipse nexuerat, repperit. Ergo ad sanctam Fidem pedestri itinere recta via tetendit. Nullum pulchrius basilicam sancti Salvatoris aut speciosius spectaculum intravit ante hunc diem, neque aliquid libentius populus Conchacensis aliquando aspexit, quam quod nobilis viri clarissima persona ac procera pulcherrimi corporis statura, ponderosam ferri massam gestans humeris, per circumfusas sollempnizantium turmas ad sepulcrum prorumpit, tanquam leo qui fracto carcere, grandi mole catenarum oneratus colla, nativum silvę repetit refugium. Tunc homo coram omni populo, ibidem deposito onere, hostilem sarcinam, quam captivam collo advexerat, libertate donat, ac felici postliminio redux, seniores cum omni populo tanti miraculi novitate lętificat. Dein amicorum animos, diu in merore suspensos, explet inopinę reversionis gaudio. Nec aliquid tristicię captivitas illa post hęc intulit, cui nec damnum pecunię successit nec detrimentum corporis. Sed quid putas de illo asino coniciendum esse, nisi benignę virtutis angelum fuisse, in figuram humilioris jumenti manifestatum? Super quod etiam ipse Salvator residens, ut secularis pompę contumacitatem humiliaret, viliori gestamine vehi potius voluit, cum tamen esset ille *excelsus super omnes gentes Dominus, et super cęlos gloria ejus*[1]. O magnum meritum unius puellę ! O admirabile donum uni feminę concessum !

---

1. Psalm. cxii, 4.

O admirabilis et ineffabilis gratia uni virgini prestita, cujus virtutes nec calamo notari, nec etiam lingua humana jam expediri potuerunt. Non enim ibi sancta Fides tantummodo, ubi corpore requiescit, miraculis pollet, sed etiam, sicut ab his qui cottidianis ejus intersunt virtutibus didici, in terra, in pelago, in carcere, in infirmitatibus, in periculis multis, et, ut ipse jam ex parte probavi, in necessitatibus variis, si quis eam recto corde interpellaverit, presentem sentiet. Et ubicumque sancta Fides habet nomen, ibi quoque habet virtutem, ad laudem et gloriam Christi omnipotentis*, qui omnipotentię sue habenis cuncta cohibens[t], cum Patre et Spiritu Sancto coęterna unitate regnat per secula ęternaliter manentia. Amen[u].

[XXXIV]

Epistola abbati vel monachis destinata, quę primi libri habetur clausula.

Reverentissimo atque serenissimo Adalgerio, sanctę Conchacensis congregationis abbati [1], ceterisque fratribus Deo sanctęque Fidi famulantibus, Bernardus, scolasticorum minimus, perpetuam in Domino salutem.

Facta est sicut petistis sanctę Fidis miraculorum novella editio, atque inter tot adversę fortunę turbines, quę jam diu fractum merore animum vix aliquando postea respirare permisit, divina, ut confido, pusillanimitati meę gratia succedente, ad finem usque deducta. Quę ne aliquando vel tenui occasione apocrifa arguatur, auctoris titulum supprimere nolui, tanto tamen Sulpicio Severo inferior, quanto in nominis manifestatione pronior. Licet enim illo melior

[XXXIV]. s.
s. *ici s'arrêtent* V, L.
t. cuncta cohibens *deest B.*
u. cum Patre.... Amen. S, B.

1. Cf. p. 48, note.

ad describendam beati Martini vitam ubivis gentium inveniri non posset, tamen ut presumptoris nota careret, titulo frontis eraso, mandavit mutam permanere paginam. Nos vero econtra et in primordio et in medio et in fine personam nostram reddimus, ne res ignota dubietatem faciat ac per hoc ambiguitate nimia opera sancte Fidis vilescant. Hujus vocabuli certitudinem controversia a quibusdam oborta vehementer turbat, qui volunt illud quinta inflecti declinatione. At nos servata antique vetustate scripture, quemadmodum nubes nubis, soboles sobolis, ita quoque Fides, Fidis esse dicendum asserimus. Cui assertioni, ni fallor, consentiet dominus Fulbertus, Carnotanus episcopus, omnium pene mortalium hac nostra tempestate doctissimus, ad cujus mensam martiris sancte Fidis, in die natalicii ejusdem virginis, egomet vidi, legi, et Fidis, non Fidei genitivum bina sive trina repeticione proferri. Nam mutata hac regula nichil aliud quam ipsam virtutem protulisse videbimur, sive illam Fidem, que quondam Rome sub arriano principe passa cum duabus Spe, Caritate sororibus legitur fuisse. Unde amicabiliter moneo vos, ut posthabita quam hactenus habuistis consuetudine, nostre Fidis vocitamen tercie declinationis faciatis. Atque hec miracula, ut a vobis ipsis vel ab hujus vici incolis ego ipse verbotenus accepi, rursus hec eadem pro parvitate mei ingenii, digna vicissitudine referendi, qualicunque mandata latinitati, ipsi cum benivolentia recipite, atque pro amore sancte Fidis alto celeberrimoque favore collaudantes extollite, non estimantes indoctum modum dictantis, sed rationem integre veritatis, et servatum fideliter ordinem nostre relationis, quos constat tam mirificis interfuisse gestis. Ceterum ne mea solius auctoritate inter loquentes sententiole libri hujus stare videantur vel affirmata esse, postquam dominum Fulbertum, quem paulo ante nominavi, ad quem prima epistola tendit, omnibus interturbantibus malis adire nequivi, accidit ut preceptori meo cum summa reverentia nominando Ragenoldo, Turonice scole magistro, viro in liberalibus studiis adprime exercitato, libellum hunc ostenderem. Quem ille tanto precio habuit, ut in domo mea gravi pressus incommodo, tamquam sancti Evangelii textum tunc capiti superpositum haberet, confidens sanctę Fidis virtute convalescere. Sedet ante id tempus, ut se oportunitas prebuit, duobus fratribus Vuantelmo ac Leovuolfo amicis meis, Sancti Quintini Vermandensis [1] canonicis, viris tam claritudine generis quam sapientię nobilitate prepollentibus, hanc nondum peractam monstraveram editionem. Quorum industria per ampla terrarum spacia cum divitiarum ornatu opinatissima longe lateque preciosam diffundit famam. Quam ipsi in tanta cordis aviditate exceperunt, ut pene michi violenter extorquerent, asserentes jus sibi quodammodo habere, quippe apud quorum urbem, Noviomensem [2] scilicet, sanctę Fidis ob novarum virtutum opinionem nova ęcclesia tunc collocabatur. Sed quia alibi subscriptam non habui, ideo vacua manu recesserunt, multa prece efflagitantes uti sibi absque dilatione remitterem. Quid Johannes Scottigena, non ille antiquus sed modernus, supradicto Ragenaldo sanguinis affinitate junctus et a pueris institutor et alumpnus, in cujus mente neque fraus heretica, neque falsa adulatio aliquando sedem reperire potuit? De nemine hoc tempore preclariora facta referri possent, si cui illa daretur opera. Hujus caritativa familiaritas tam favorabilis erga meam humilitatem extitit, ut me in numero sapientum comparare auderet. Nimirum illo captus amore quo et dulcis mater, quę cum naturali discrecione quę humanę menti innata est satis evidenter dijudicat formas, pre cęteris tamen quamlibet turpior, filii vultus elegantior sibi videtur. Nam et etiam ad hoc favoris pervenit, ut priscorum doctorum ingenio non me inferiorem assereret. Verum licet ejus simplicitatis karitas memet ultra me extulerit, sed non ei deceptioni obnoxius ero, neque tam vacui capitis, ut ad quorum comparationem, ut ita dicam, haud aliter quam simia homini assimilandus videor, eorum me dignum con-

---

1. Saint-Quentin, chef-lieu d'arrondissement (Aisne).
2. Noyon, chef-lieu de canton, arrondissement de Compiègne (Oise).

tubernio judicem. Decet tamen magistrum laudare discipulum, ut ei animos virtutis augeat, discipulum vero infra quod est sese reprimere, ne intempestive elatus corruat. Legerunt preterea nonnulli sane opinionis viri, quorum auctoritas parum a supradictorum discrepat. Multę quoque reverendę personę, meo testimonio referente, primum de sancta Fide audierunt, multis per me virtutes sanctę Fidis eatenus inauditę innotuerunt. Quorum dominus meus Hugbertus, hujus Andecavinę urbis episcopus [1], satis compositis moribus et egregię bonitatis juvenis, in ecclesia quam in capite episcopii ab ipso radice renovat, sanctę Fidi altare et memoriam perpetuam dicabit. Necnon et dominus Galterius, Redonensium presul reverentissimus, insignium sanctę Fidis miraculorum percepta fama, in basilica quam sancti Thomę [2] apostoli titulo primus in eadem urbe ędificat, in honore quoque santę Fidis michi colloquens secundam aram promisit erigendam. Necnon et ille optimus Vuido, prefatę sanctę matris ęcclesiae Andecavensis edituus, vir locuples omnique probitate non mediocriter preditus, adeo sanctę Fidis amore incanduit, ut in ecclesia sua quam ab ipsis fundamentis mirifico opere in honore sancti Martini Vertavensis [3] de veteri in novum resuscitat, eidem sanctę martyri nichilominus factum ire disponeret insigne oratorium. Restant multi, quos in presenti pagina, ne nimis odiosum lectionem videamus, congerere supervacaneum duxi inscribere, qui tam mirificorum tamque preclarorum gesto-

---

1. Hubert de Vendôme, évêque d'Angers (1010-1047), reconstruisit la cathédrale en 1020 et la consacra en 1030 (Cf. *Gall. chr.*, XIV, col. 558).

2. Gautier est mentionné comme évêque de Rennes entre 1014 et 1032. Il semble d'ailleurs qu'en 1032 il avait depuis longtemps résigné la charge épiscopale (*Gall. chr.*, XIV, col. 744). Saint-Thomas de Rennes, mentionné pour la première fois au xiii° siècle, était « un établissement religieux appelé indifféremment *hôpital* ou *prieuré*, parce que l'administration en était confiée à un prieur ». Il fut transformé en collège au xvi° siècle. (Cf. du Paz, *Hist. généalog.*, I, p. 381 ; Guillotin de Corson, *Pouillé histor. du dioc. de Rennes*, III, p. 321.)

3. Vertou, chef-lieu de canton de l'arrondissement de Nantes (Loire-Inférieure). Saint Martin, abbé de Vertou, mourut en 601. On travaillait vers 849 à la reconstruction de l'église élevée en son honneur à Vertou ; la première église, construite en bois et pierres, tombait en vétusté. (Cf. Auber, *Hist. de saint Martin, abbé de Vertou*, 1869, p. 193; *Act. SS.*, octob., X, p. 814). L'église actuelle a pris la place de ces deux édifices successifs.

rum dapibus adhuc jejuni, me predicante tamquam post opulentum edulium recreati, Deo gratias agunt, et quamvis peccatorem multo precio magnifaciunt, qui tantę curę ac diligentię fuerim, ut sanctę Fidis magnalia, ne ad vetustatem oblivionemque devenirent, stili officio reservare sollicitus fuissem. Pro cujus laboris recompensatione, tale super omnia meritum mercedis expeto, ut in exitu miserrimę et peccatricis animę sanctam Fidem, quam inter omnes sanctas peculiarem advoco patronam, adversus partis iniquę ministros invictissimam merear propugnatricem, quatinus, Christo propiciante redemptore piissimo, christianę redemptionis particeps tecum, o sancta Fides, ubi sanctorum ęternat felicitas, vel exiguam tuę glorię partem sine fine possideam. Amen.

Explicit liber primus miraculorum sanctę Fidis virginis et martiris.

Incipiunt capitula libri secundi.

[I]. Iterum de Gerberto miraculum.
[II]. De quodam Raimundo qualiter naufragatus fuerit et a piratis tentus et in externas nationes translatus, atque inde postmodum sanctę Fidis auxilio ereptus amissumque honorem reversus recepit.
[III]. De illo cujus oculum sancta Fides in mari sanavit, et de miraculo navis crepitantis.
[IV]. De multiplicitate miraculorum sanctę Fidis quę in Arvernica processione facta sunt.
[V]. De sacris vasis in precipitio conservatis, et de Hugone divinitus interfecto.
[VI] peregrino capto et vinculato, subitoque sanctę Fidis auxilio liberato.
[VII]. De eo quem sancta Fides gladio percussum mirabiliter sanavit.
[VIII]. Quod in itinere romano Petrum abbatem convenerit.
[IX]. Qualiter Petrus abbas in itinere sanctę Fidis ab insidiis inimicorum quadripartito liberatus sit miraculo.
[X]. De miraculo spinuli aurei sanctę Fidi a Richaredę comitissa negati.
[XI]. Qualiter latro cornu quod fuerat furatus reddiderit.
[XII]. De miraculo valvarum internarumque januarum quę ultro peregrinis clamantibus patuerunt.
[XIII]. Quod fratrem ejus sancta Fides a contorcione membrorum mirabiliter liberavit.
[XIV]. De eo qui invocans sanctam Fidem mira celeritate convaluit.
[XV]. De psalterio per virtutem sanctę Fidis reperto.

Expliciunt capitula.

Incipit liber secundus miraculorum sanctę Fidis virginis et martiris[v].

[I]

[*Iterum de Gerberto miraculum [x].*]

Revocetur ad memoriam ille Gerbertus, cujus mentionem jam dudum in superiore libro fecimus, quęmque, post evulsionem oculorum, more illuminati Vuitberti, illuminatum diximus. Provida videlicet mirabilique summi artificis dispensatione, ut virtutem cui in alio congratulatus fuerat, atque hunc, cui acciderat ultra omnia quę in mundo felicia putantur, beatificaverat, ut ipse aiebat, cum primum sibi accidisset videre predictum Vuitbertum, hanc demum in semetipso factam cerneret, ac preter spem simili felicitate gauderet. Deinde tamen, ne insolentia quandoque elatus ad desertę miliciae malum reverti ultra presumeret, justo Dei consilio, unius restauratorum oculorum lumen amisisse, reliquę oculi substancię salva integritate, dextrum vero integrum retinuisse, et ita deinceps vitam sinceram in tranquillo et absque remeandi sollicitudine egisse scripsimus. Hujus miraculi certitudinem, sicut ipsi in priore itinere audivimus et vidimus inter cetera compendiosissime literis designatam, post in patriam regressi, latius emendatiusque digessimus. At vero dum aliquot annorum, ut paulo ante dixi, intervalla extitissent, quibus neque Conchas rediissem nec legationem misissem, de hoc Gerberto haud impar priori accidit miraculum.

Nam cum ipse quadam die ante plateam templi spaciaretur, pellemque agniculi, veluti gratia ludendi, in manu

---

[I]. S. V. M.
v. S.
x. V. *Aliud de Gerberto M.*

ventilaret, mox ei quidam burgensis illius villę Bernardus, quem Porcellum cognomine dicunt, furibundus insilivit. Et quia consimile tergus transacta die perdiderat, ipsum fore [furem], falsa opinione delusus, non dubitavit. Unde sicut erat temulentus ac sobrietatis impos, absque ulla premeditationis discretione, statim illum ille nequissimus convitiis appetit, suęque rei furem compellans, etiam sine legali comprobatione, latrocinii in presentiarum temptat vindictam. Alter vero objecti injuste convicii impatiens, nam rari perpaucique sunt mortales qui non commoveantur si etiam merito dehonestantur, par pari respondere, neque in aliquo verbis illius cęderę. Ita utrimque in intrectabilis rixę conflictu audire erat omnigena convitia in alterutrum objectari, quousque ad pugnos ventum est. Dum ergo aliquandiu ęquo marte dimicarent et neuter cederet, ille Barnardus, quem sevior instigabat furia, commisso certamine se proripiens, raptim ad arma recurrere cepit. Cęterum ut in hujusmodi festinationis articulo solet optingere, non fuit oportunum arma suppetere ad manum, sed tantum veru reperto, in quo caro assata decocta fuerat, oculum illum sanum repetito conflictu penitus inspicat, pupillaque terebrata, reliquum ocelli in particulas disicit violentus. Postremo vicinorum concursu dirimuntur.

Tum Gerbertus, recenti cruore vestem notatus geminaque lucerna captus, in ęcclesiam ductu alieno festinare, clamoresque ad cęlum ingeminare, sanctę Fidis auxilium invocare. Denique totos tres menses continuans, per singulas noctes coram sanctuario excubavit, omnia invictis clamoribus fatigans, sanctamque Fidem instantius increpitans : *O sancta Fides, Conchacensium domina, quare*, inquit, *non tuebaris oculum quem olim eradicatum reddidisti? Quare non defendebas misellum, quem tuo beneficio servum tibi peculiarem adquisisti?* Hęc et similia his assiduis vocibus repetere non cessavit, quoad usque festivitas sancti Michaelis instaret. Nocte itaque illa quę precedit vigiliam, ecce in somnis sancta Fides apparens, sic sibi visa est dicere : *Vade crastina die post vesperos cum processione monachorum, ante altare sancti Michahelis, et ibi Deus tibi restituet oculum.* In crastinum ergo, ad horam qua sibi jussum fuerat, homo divinę visionis haud inmemor, in oratorium sancti Michahelis processionem est comitatus. Ubi cum pro honore futurę celebritatis antiphonam super Evangelium concinerent, cęlestis artifex, cujus sapientia nichil repperit difficile, detrimentum proprii figmenti supplere dignatus, non est passus ultra diutinas lacrimas dolentis ac supplicia vota inaniter fundi, unius oculi substanciam jam bis conditam tercio reformans, quarto etiam in novissimo magnę resurrectionis die reformaturus. Nec tamen plures oculos quam reliquis mortalibus natura dedit, hic in illa ultima regeneratione *y* est habiturus.

Cumque ergo novi oculi acies cuncta circa se intuens, circumpositarum formas rerum clare discerneret, antequam in vocem tanti gaudii erumperet, ipse primus omnium ad campanarum funes indomito cursu per gradus solarii precipitavit, quod in aditu monasterii arcuatu macheria sustentatum jam dicto altari subiciebatur. Quem protinus insequentes ministri, huic officio dediti, nil jam de ostensa cęlitus virtute cunctati, universam signorum classem exagitant, pariterque Te Deum laudamus omnis chorus divinasque laudes intonant, fit clamor et ineffabile gaudium, cui in rebus humanis nichil equę conferri potest. Ille denique, interjecto parvi temporis spatio, cum tanto gaudio bonoque testimonio ineffabilibus mirabilibus glorificatus, vitę metas consequitur, ad illam procul dubio interminabilem vitam translatus, in qua sancta virgo et gloriosissima martir Fides perenni lętitia fruitur, habens et ibidem Gerberti consortium, cujus in hoc seculo, post reparationem mutilati capitis, non est passa discidium.

Hunc ergo secundo itinere quia excesserat, videre non potui. Illum vero antiquiorem Vuitbertum, qui cognomen illuminati ex eventu habuerat, adhuc Dei gratia vidi admodum senem multumque super reditu meo flentem ac dicentem : *Nunc reverteris, domine pater, meusque et re et con-*

y. credendus *V.*

silio adjutor, ego jam plenus evi senioque confectus, scio me satis non te in hac vita posthac visurum. Deus et sancta Fides reddat tibi meritum, qui de longinquo solus hanc curam cepisti, ut virtutes ejus audire ac retinere venires. Cujus ego oculos ob dignitatem insignis miraculi terque quaterque deosculatus ei valedicens abscessi. Nec minori affectu pietatis compunctus, quam qui dulces natos vel caram conjugem petens transmarina deserit, incertus utrumne sibi propria revisendi fas olim esse poterit s. Porro si Deus ad Conchas me per suam misericordiam quandoque reduxerit, adhuc eodem superstite, illud jam non habeo tantę vilitati nec a pectore alienum, quominus celeberrimis scriptis perpetuę tradam memorię, faciamque cunctis seculis memorabile. Quidni faciam, cum constat hanc pessimam ętatem non alibi audisse nos tanto glorificatam miraculo? Sed jam prolixus sermo ab his quę restant nimia dilatione nos suspendens, maturo claudatur fine.

[II]

De quodam Raimundo, qualiter naufragatus fuerit et a pyratis tentus et in externas nationes translatus, atque inde postmodum sanctę Fidis auxilio ereptus amissumque honorem reversus recepit a.

Dicere etiam oportunum videtur de aliquo Raimundo b, Tholosani pagi oriundo, genere divitiisque clarissimo, qui municipium quod Bochittum 1 rustici vocant, in eodem pago

[II]. *S. B. M.*
s. *deest* Nec minori..... poterit. *V.*
a. *De quodam Raymundo, qualiter naufragatus fuerit et sanctę Fidis auxilio liberatus sit. B, V.*
b. Regimundo M.

---

1. *Boschitum.* — *Boschitrum castrum*, le Bousquet. Le château de ce nom existe encore dans la commune de Saint-Pierre de Lages (canton de Lanta, arrond.t de Villefranche, Haute-Garonne), à trois lieues de Toulouse, vers le sud-est. D'autre part, le Cartulaire de Saint-Sernin mentionne une église du

possidet. Hic aliquando Hierosolimitanum iter aggressus, jam maxima Italię parte emensa, apud urbem Lunę vocabulo[1] ab antiquis celebratam, Mediterraneo pelago sese classe apparata credidit, ut per marinum cursum citius rectiusque Hierosolimę partes accedere posset. At vero cum jam ęquoris pergrandi parte trajecta placida sulcarent cęrula, orta subito tempestate, navis illa scopulis illisa incidit in naufragium, disjectaque in partes ipsum gubernatorem cum reliquis sevis verticibus absorbtos reliquit, vix duobus reservatis, Raimundo videlicet servoque uno quem fidum adduxerat secum. Quorum servus ille, perparvę navigii particulę herens, ad Italica quidem litora ejectus est. Ratus igitur dominum suum procul dubio marinis fluctibus esse necatum, repetit hospitem cui idem dominus suus, ut mos est peregrinis, partem peccunię crediderat, quam receptam quasi herile conjugi pignus referret[c]. Cui casus suos exponens, etiam fatalem domini sui sortem intimat. Illa vero, simulato aliquandiu dolore, non in graves lacrimas aut longa suspiria, ut mos est bonarum feminarum, rem vertit, sed ilico elegans virorum spectatrix effecta, infidum variumque amorem effreni libertate per varias formarum injectat species. Et sic quem pre ceteris egregium repperit, nanciscitur virum, quod potuit suę libidini oportunum. Cui et castellum dedit, et reliquum honorem sic fecisset, et etiam filias, quas Raimundo pepererat, a paterno beneficio, cęco cupidine perdita, alienasset, nisi quidam cognomine Excafrigus[d] Hugo, antiquus prefati Raimundi amicus, pro puellis sese maternis injuriis objectasset, atque ne ipsę indotatę ad ignominiam redigerentur, auctoritate sui et industria, totius honoris medium preter castrum subsidiis

c. Quam receptam cui quam herili conjugi dignius referret? *B, V.*
d. Excafridus *B.*

Bousquet, dans les environs de Vacquiers et de Bucet, à six lieues au nord-est de Toulouse. (Douais, *Cartulaire de l'abbaye Saint-Sernin de Toulouse*. p. 2.)

1. *Luna*, port aujourd'hui détruit, à l'extrémité méridionale de la Ligurie, à l'embouchure de la Magra, près de la Spezzia.

auctum recuperaret ac retineret. Nec de maritandis virginibus longa extitit ambiguitas, cum utramque germanam suis liberis nubere consensit. Raimundus vero, ut ad superiora redeam, unam disjectarum trabium similiter amplexus, non ad Italię, sed Africę partes pulsus est, sanctę Fidis auxilium incessanter invocans, nec umquam nomen illius ab ore reiciens. Et cum jam tertia lux fluxerat, ex quo nec hominem nec monstrum vidisset, ita marinis debacchationibus attonitus stupefactusque, ut preter naturalem tutandę vitę intentionem, brutis etiam animalibus insitam, nihil prorsus jam saperet, cum ecce de improviso obvias habuit pyratarum phalanges, de Turlanda regione [1] venientes, sagenarum bellicarum classe, telis, spiculis, clipeis et armis multipliciter instructas. Et jam dudum predam sitientes, ipso die jactata sorte inveherant, sese statim predam inventuros. Itaque repertum hominem captumque barbarico fremitu circumstrepunt, genus conditionemque rogitant. De fortuna autem non quisquam movebatur, quippe cum illum plane naufragum cernerent. At ille insolentia fluctuum, ut dixi, sui oblitus, penitusque rigore membra corroptus, vix se hominem esse recordabatur, nedum ad inquisita daret responsum, cum presertim nec linguam eorum, nec mores aliquando didicerat. Postea vero, peracto cursu, in patriam reversi sunt. Quibus iterum interrogantibus, jam cibo coioque paululum recreatus, christianum se respondit. Decus vero generis professionemque officii prorsus abnegans, agricolam se fuisse mentitus est. Unde sibi dato in manibus fossorio, fodere ei imposuerunt. Quod cum pre nimia liberalium manuum teneritudine ignotique laboris impacientia minus pleniter perfecisset, ipsum jam impie tractare flagrisque inhumane cędere adorsi sunt. Ita demum invitus coactusque se ipsum aperit, nichilque preter milicię artes se olim exercuisse professus est. De qua re facto ilico examine, armorum peritissimum experiuntur. Qui preter

---

1. *Turlanda regio*. L'identité de ce pays n'a pu être précisée. D'après le contexte, il s'agit des États barbaresques de la côte septentrionale d'Afrique.

ceteram hujus artis industriam, ita se sub arma colligere, clipeoque protegere perhibetur ingeniose, ut a quolibet difficile possit feriri. Jam ergo illum in ordinem militarem constituentes, sepius in expeditionibus ducunt. In quo cum egregiam laudis gloriam brevi optinuisset, jam in provectiorem honoris gradum promovent. Interea vero inter hos atque inter Barbarinos[1] acto prelio, Barbarini superiores Raimundum, ceteris interfectis partim captisque, duppliciter captivum abigunt. Dein inquisitum et ipsi quoque honorabiliter cum habere ceperunt, sepiusque in pericula ducere. At postremum a Saracenis Cordube[2] victi, ipsum rursus amiserunt. At ubi et isti acerrimum strenuumque militem diversis periculis experti sunt, ingenti leticia gaudioque tanto milite congratulantur, nimirum quibus omnia ex voto nec usquam incassum hoc socio contingebant. Verum subiti gaudii indiscreta elatio, subiti infortunii interruptione interdum castigatur. Nam prelio commisso inter se et Abaritas*[3] victores, tanto milite remanserunt orbati. Postremo bellum fuit his cum Sanctione comite de Castellis, viro potentissimo militeque peritissimo, a quo Christi omnipotentis auxilio superati, non modum, sed etiam enormem christianorum captivitatem amiserunt. Sed heo barbara gentium vocabula, non sic ab antiquis usitata fuisse videntur. Quorum industria per neglegentiam ignavie posteritatis pereunte, etiam gentium plerarumque nomina, aut penitus oblivione deleta, aut barbarie ingruente transmutata habentur. Igitur Sanctio comes cum accepisset hunc non solum

c. Alabitas *B.*

1. *Barbarinos,* les Barbarins. C'est, selon toute apparence, les Berbères, les indigènes de l'Afrique septentrionale, que l'auteur entend désigner par ce nom ; d'où il suit implicitement que les Tartandais doivent être les Arabes.
2. Prise en 711 par les Maures (ou Sarrasins), la ville de Cordoue fut, après 756, la capitale du Califat d'Occident.
3. « La bataille dont il est fait mention entre les Arabes de Cordoue et le comte don Sanche de Castille est certainement la bataille de Djebal-Quinto, que ce comte et son allié musulman Soliman-ben-el-Hakem, chef des milices africaines de la Péninsule, gagnèrent sur le roi de Cordoue, Mohammed-el-Mohdi, en 1009 ou 1010. » (Fauriel, *Hist. de la poésie provençale,* I, p. 449.) Soliman avait imploré le secours de don Sanche, qui le plaça sur le trône de Cordoue. Les partisans de Mohammed se nommaient les *Alabites.*

christianum esse, sed etiam nobilitate generis pollere, miratus fortunas illius, quibuslibet donis remuneratum, libertate etiam cum reliquis Christianis donavit. Sed antequam ab eo discederet, sancta Fides ei dormienti apparuisse dicitur : *Ego sum*, inquiens, *sancta Fides, cujus nomen naufragus tam constanter invocasti. Vade securus, quia amissum honorem recuperabis.* Surrexit ergo atque in patriam rediit. Castroque suo jam propinquans, audito quod conjux alii nupserit marito, illic manifeste apparere metuit, atque ob id intra domesticum pauperis tegetem aliquandiu delituit, expectans quid per providentiam Dei de se futurum erat, partim peregrini habitu, partim etate *f* deformatus. Nam tria annorum lustra abierant ex quo a patria exsulaverat[1], propter quod etiam ipsum ultra rediturum esse omnis spes interierat. Tamen cum una dierum quedam muliercula, ejus olim concubina, in superfusione balnei ei casu obsequeretur, ad notas nudi corporis ipsa ipsum recognoscens : *Tune es*, ait, *ille Raimundus, qui dudum Jherosolimam tendens, equore mersus credebaris ?* Quo negante, illa adjecit : *Hoc inquiens, verum est, nec me tuam presentiam celare poteris, cum qua olim consuevisti.* Denique clanculum et quod putat occultius festinavit ad dominam castri, nuntians invisum rumorem. Ita primum per vile scortum adventus illius emersit. Illa reducis viri postliminio consternata, cepit notare quantocius, qua via sibi mortem occultam ac sine infamia inveniret. At vero dum causa leti excogitando differtur, nec ad id sceleris oportunitas satis efficax repperitur, voluntate scilicet et fortuna discordantibus, admonitus in somnis, cessit periculo viteque tutamentum quesivit. Quod ipse paulo ante fecisset, nisi sancta Fides ad suum castrum nominatim venire jussisset. Sed credo divino nutu ita esse factum, ut perfidiam conjugis ad liquidum deprehenderet. Ut ergo comperisset filias suas claro matrimonio

f. etate *corrig.* in et arte S.

1. Quinze ans avant la bataille livrée en 1000 donnent la date de 994 pour le naufrage de Raymond.

nubsisse, generosum petit genitorem. Casus narrat, uxoris noxam detegit. Porro Hugo Excafridus, fidelium amicorumque auxilio, liberorum socerum antiquumque amicum, pulso mox rivali, in honorem restituit. Preterea decretum est uti conjugem recipiat, sic enim posse fieri juxta majorum instituta, nec prorsus ullum esse dedecus. Nam ille qui simul hanc habebat, cum vidisset commune sibi judicium incumbere, cesserat justo rectoque alienum jus deserere paratus. Alter tamen pro nota homicidæ voluntatis ipsam ab animo respuit, prorsus cui prava conscientia majus vulnus intulisset quam corporeæ castitatis violatio. Ut autem in superioribus paucis suppleam, addunt etiam illum a primis pyratis potionem herbipotentem sumpsisse et ita magicis precantaminibus tactam, ut semel ex ea bibentes adeo lethea oblivione hebetentur, ut nec genus ultra nec domum meminisse possint. Dein superna sibi miseratione sanctam Fidem aiunt apparuisse, et a stupore illius oblivii excitasse, atque in mentem revocasse, et tamen post illa memoriam habuisse tardiorem, disponente Deo scilicet, ut antiquæ corruptionis vestigiis adhuc testificantibus, perpendant alii quantis de malis eum Dominus absolverit.

[III]

De illo cujus oculum sancta Fides in mari sanavit, et de miraculo navis crepitantis.

Et ut mirabilem rem compendioso relatu transcurram, domnus jam monachus quidem, sed nondum abba[1] pergebat Hierusalem. Transiensque Ephesum, ascivit sibi comitem illinc ductoremque conductivum quendam clericum nomine Petrum, qui dudum ab hac nostra Gallia, Abniciensi vide-

[III]. *s.*

---

1. Il s'agit de l'abbé Adalgerius. (Cf. *sup.*, p. 48, note.)

LIBER SECUNDUS

licet urbe¹, questus capiendi gratia, illuc conmigraverat. Et sicut negociatori diversas partes orbis discurrenti, erant ei terrę marisque nota itinera, ac vię publicę, diverticula, semitę, leges moresque gentium ac linguę. Itaque cum preterfluentis maris, ut vię laborem temperarent, intrassent ęquora, rursus ad eandem ripam exituri, huic vehementissime oculus cępit dolere paulatimque turgescere. Cumque morbo augescente, intolerabiliter estuaret, vovit coactus unum se aureum pro anima sanctę Fidis ᵍ oblaturum ad Sepulchrum Domini. Hęc dicta salus statim subsecuta est. Sed mox repentina valitudine insolescens, cępit eum pęnitere facti votique, asserentem casu ab sese fugatum esse dolorem, nec debere tantum peccunię pro nichilo expendere. At huic aliis contradicentibus reumque conclamantibus, non potuit tamen incredulitati suę parcere, nec silentio insaniam pravę mentis occulere : *Si sancta Fides*, inquiens, *ut asseritis, occulo meo reddidit salutem, faciat evidentius signum ut credam, ut videlicet universa navis hęc trepidans vacillet. Alioquin voti pactionem non observo.* His dictis, repente tota rate commota, nihil minus ejusdem compages penitus concussę concrepuerunt, quam si durissimo saxo illisa naufragaretur. Et sic horrifico pavore, inmanis stridor nautas exterruit, ut omnia cymbę gubernacula obliti, nichil preter persummas interitus sui voces ederent. Sed quia id dumtaxat ad stulti correptionem divinitus obtigerat, ilico navis ut dudum pac[a]to equore constitit. Denique tam receptę vitę quam miraculi gaudio permoti, rebellem infidelemque verbis satis oportunis urunt. Qui vitę recepta spe, confusionis suę convitia patienter tolerat. Hęc tamen scribere non curassem, nisi multa prece ab eodem domno abbate exoratus.

g. sic.

---

1. Le Puy.

[IV]

De multiplicitate miraculorum sanctę Fidis quę in Arvernica processione facta sunt.

Alia tempestate fuit portata imago sanctę Fidis, et capsa aurea quam fertur donavisse Karolus magnus, sine qua etiam numquam ejusdem sacer imaginis loculus bajulatur, in Arverniam, in quoddam sanctę Fidis predium, quod Molendinum pisinum indigenę nuncupant[1], ut ad usus supplementumque illud abbatię pervaderent. Est enim mos insitus et inolita consuetudo, ut si terra sanctę Fidi data ab injusto pervasore qualibet ratione tollitur, sacrę virginis capsa eo deferatur in recipiendi juris testimonium, edicta sollempniter processione cleri plebisque, cum cereis ac lampadibus omnique celebritate procedentis. Precedit sacra pignera processionalis crux, techis et auro circumtexta, ac vario gemmarum interstellata fulgore. Textus etiam sancti Evangelii, cum aqua benedicta, et sonantia cymbala, et etiam corneę tubę a nobilibus peregrinis ornamenti causa in monasterio oblatę, tyronum ministerio vehuntur. Incredibile prorsus dictu, quid virtutum in processionibus istius modi patratum sit. Sed nunc solum Arvernica processione ad scribendam sollicitamur. Hujus igitur opinio longe lateque abierat, ob idque morbidorum exercitus e diversis partibus ad hanc confluxerat. Quorum tanta numerositas convaluit, ut nisi superarent qui affuerunt, nulla jam ratione credi

[IV]. *S. A.*

---

1. *Molendinum pisinum*, Molompise, commune et paroisse du canton de Massiac, arrondⁱ de Saint-Flour (Cantal). L'abbaye de Conques avait déjà un prieuré à Molompise, lorsqu'un différend s'éleva en 823 à propos de quelques manses entre l'abbé Anastase et Bertrand, avoué de Notre-Dame de Laon, pour les propriétés que cette dernière possédait en Auvergne. Stabilis, évêque de Clermont, nommé arbitre par Louis le Débonnaire, obtint des deux parties un échange réciproque qui mit fin au débat. (Cf. *Cartul.*, Introd., p. vɪ, lxxxvɪɪj, n° 460. — Deribier, *Dict. statist. du Cantal*, IV, p. 856).

posset. Nam cum sacrorum portitores subter arborem pirum gratia respirandi resedissent, multitudinis illius, ut de reliquis sileam, quę ibi Christo propicio sanitatem meruit, nec existimatio numeri retineri potuit. Nec tamen per totum emensi itineris spacium divini muneris opus cessaverat. Cum autem ad ipsum predium ad quod tendebant perventum fuisset, mirum dictu quantam miraculorum frequentiam de aliis divina dignatio ibidem fecerit, ut in toto diei spacio cibum capere monachis deesset licentia. Quippe consuetudo psallere in hora miraculi erat, et inflare lituos, ęreaque tinniencia pulsare. Itaque voces acutę gravibus commixtę organum reddebant suavissimum. Jamque advesperascente, diurno officio oppido lassati mensas aggressi sunt, ut recreati gentaculo vel modico temperarent laborem, cum ecce repente antequam quicquam ex illata gustatione attingerent, facto miraculo ad sacras laudes resurgendi occurrit necessitas, ne absque consueto sollempnique preconio manifestata virtus preteriret. Rursus cum ad desertam cęnam festinarent, superventus sequentis miraculi recidivum cursum arripere subegit. Sic ter quaterque factum cenandi abrupit copiam, ut usque ad initium noctis diem incibati transigerent. Libet de mille vel tria specialiter dicere, quibus quiddam inesse non solum ludo, sed et exemplo habile perspeximus.

Mutus et surdus nomine Stephanus, cui hoc vitium in materno utero natura ipsa attulerat, herebat indesinenter brachiis illis gestatoriis, quibus preciosę imaginis aurea cathedra porteri consueverat. Hic nescio quid tandem sentiscens, cepit summa vi auricularum meatibus digitos infigere, violentissimeque defricare. Moxque cruoris ebullitio ab eisdem foraminibus unaque ab ipso gutturis antro sanguineus rivus emergens, quod voci audituique obstabat, rupit offendiculum. Et hęc prima vox ab eo reddita : *Sancta Maria, adjuva me.* Nec tamen catenus locutionis humanę vocem senserat. Igitur constat esse divinum et ab humano captu remotum, qualiter verba inaudita protulit. Qui tamen psallentium insolitas voces, unaque campanarum aut lituorum terribilem crepitum audiens, mox ille attonitus effugere elabique a manibus detinentium summo conamine enitebatur. Et quasi cui dementari accidit, efferę mentis factus, nulli consolanti adquiescebat, quoad fragor ille desierit. Cui salubrius erat, ut permanendo surdus et mutus, humanę rationis mentem retineret, quam ut sub tali occasione in amentiam versus, humanę intelligentię fraudaretur munere. Verum ad perfectionem miraculi, et mente et corpore sanatus rediit.

Quid tum de vetula, quę per sex annos toto corpore contracta sanctę Fidis auxilium diu imploraverat? Cui tamen licet ab infantia Concharum incolę, multis a diversis partibus sanatis, non fuit datum ab infirmitate sua salvari, donec in prefata processione. De qua superna benignitas non solum miraculum ea die, sed et sobrium scolasticis ludum dignata est facere. Ea igitur delata in vili grabato, ut pauper tociusque opis indiga, inter impetum concurrentium turbarum jacens, neque ullo modo omnibus sanitatis munere gaudentibus salutem assecuta, multitudini impedimento erat. Ad ultimum, lascivi juvenes de familia monachorum, et plerique noti ejus, hanc miserrimam hujusmodi aggressi derisu : *Quid hic agis*, inquiunt, *stulta vetula? Cur locum occupas? Putasne ut relictis puellis ac juvenculis, nostrę etati habilibus, tibi decrepitę anui prorsusque inutili sancta Fides det salutem? Postremo quid tibi ultra ipsa salus conferri possit, cum te et rugosę cutis feditas et absurde vocis debilitas, infeliciter delirantem usquequaque horrificat? Amolire hinc jam nunc, inepta, et noli tota die raucitando desipere. Ultima sento jam fatiscis, quod est morborum infelicissimum genus atque insanabile, et adhuc pro salute corporis sollicitaris!* Hęc et similia delatrantibus, repentino saltu eadem ac sine sensu doloris prosilivit, sub mira celeritate sanata, ambulans et laudans Deum, firmis gressibus tota directa. Hanc egomet postea vidi in vico Conchacensi, ubi vivit prebendaria apud venerabilem viduam, Richaredim nomine, hilarem incolomemque atque opus exercere valentem. His tamen sicut et ceteris magnum gaudium fuit,

qui eam deridebant, ignari, stulti, quod Christus anum
quę decem et octo annis incurva abierat [1], et senem qui
in porticu piscinę triginta et octo annorum paraliticus [2]
decumbebat, jamdudum a salute desperantes curare dignatus sit. Ad hęc condignum valde consequensque nostrę
rationi videtur, ut hanc feminam quam Dominus tanto tempore, aut propter sua peccata, aut ut manifestarentur opera
Dei in illa, a salute suspenderat, nunc saltem ad confusio-
nem derisorum miseratus respiceret, atque opem ferret ei
super lectum doloris ejus [3]. Sic multa beneficia plerumque
divina bonitas, quando optamus, nostris votis differt, quę
tamen nobis indignis meliore suę providentię oportunitate
in aliud tempus reservat.

Item puella erat, Arvernici pagi indigena, quam natura
ipsa a matronę utero surdam, mutam, cecamque in lucem
prodiderat. Cui etiam perpetui pugni, digitis in palma adhe-
sis, inerant. In hac aliquando sancta Fides apud Conchas
triplex miraculum gesserat, aurium sive oculorum necnon
et oris officium reformans, pugnis tantum in nativo vitio
relictis. Post multum vero temporis, audita fama hujus processionis, ad prefatum vicum celeravit, ibique diem integrum ante sacram imaginem ducens, hujusmodi clamorem
audientibus cunctis continuabat : *Sancta Fides, olim michi
visum, auditum eloquiumque reddidisti, quod si vere fecisti,
adde etiam, precor, ut et manus quę hactenus inutiles con-
tractęque fuerunt, amodo proprium expleant officium.* Et
hoc sine cessatione repetens, plures in pietatem compas-
sionemque puellaris vox compungebat, quod addebat for-
mę nitor decusque egregioris, multę venustatis flore, ut
aiunt, decusati. Nec ab hujus querimonia superna pietas
fuit aliena. Jamque sequens nox usque in gallicinium pro-
tracta fuerat, cum cernentibus cunctis, ultro illi pugni paulatim se erigentes, digitis per successionem singillatim
micantibus, inflexibiles manus operique [in]habiles, summo

---

1. Luc. xiii.
2. Joan. v.
3. Psal. xl, 4.

fabricante opifice, resolutę sunt. Nec frustra ante pignera sanctę Fidis querelam suam exposuit, quę minimo pretio a Domino medico suę reformationis incomparabile munus reportavit.

Mirabilis fuit ista processio omnique laude predicanda. In qua si ea asscribis miraculo quę presentibus pigneribus acta sunt, quanto magis ea quę absentibus? Nam morbidi de longinquo accelerantes ad oppinionem processionis, quorum debilitas ad comitandum non suffecit pertingere, ad arborem illam, jam regressa domum processione, subter quam diximus sacra pignera substitisse, certatim properantes, non tardiore obtentu consecuti sunt sanitatem. Quorum numerus nobis quidem pro multiplicitate sui infinitus, Deo autem est finitus.

Nec fuit processio retro acto tempore in Gothiam facta, miraculorum gloria minus celebris, quando potita est sancta Fides terra illa sive salinis, quas ei Raimundus comes donaverat. Cui dono contradicentem juvenem, in priore libro, fulmine cęlesti adactum diximus [1]. Nec cessat superni factoris gratia pro sancta sua similia semper agere, cum in his processionibus, tum in aliis in diversis partibus factis.

[V]

De sacris vasis in precipitio conservatis, et de Hugone divinitus interfecto.

Mirum est quod dicere gestio, ac plerisque omnibus incredibile. Quod cum diu ob strepitum interrogantium tacuissem, ipsa me veritas compulit invadere. Sicut igitur plerumque solet optingere, ut pejores hujus seculi ampliores dignitates mundanę potentię optineant, evenit hac nos-

[V]. *S.*

---

1. Cf. lib. I, c. XII.

tra tempestate, uti Conchacensis abbatia sub cujusdam Hugonis, non dicam regimine, sed tyrannide satis afflicta vexaretur. Post cujus excessum, frater secundus successit Petrus. Hoc etiam mortuo, tercius frater, qui adhuc felicis flore juventutis viget, Stephanus, non tantum in prefata abbatia, sed etiam in castellis totiusque honoris amplitudine successor habetur. Hi tres germani habebant avunculum nomine Begonem, Arvernorum pontificem, qui eos semper donec advixit, abbatiam eorum ditioni subjectam potius devastare tirannide quam patrocinio defensare instigabat[1]. Quod, ut aiunt, omni crimine quod in sanctam Fidem committi potuit hactenus fuit periculosius, ut quis videlicet tam familiaris quam extraneus adversus rem monachicam moliretur quicquam, sed ut multa copia rerum, major etiam peccandi audacia incedit, habitantium improba vita, improborum etiam luxu atque opulentia facta sanctorum virtutes cessare compellit. Quo exemplo constat ad conservandam vitę honestatem nichil efficacius mediocritate rerum, qua nec angusta paupertas contristat, nec inmodica superfluitas extollit. Sed de hac nostra communi vita loquor. De his autem longe potior extat sentencia, quorum perfectio etiam nichil prorsus habere in mundo, summum esse judicat. Sed jam verborum excursus retorqueamus ad inceptum. Hugo igitur

---

1. Le Cartulaire révèle, dans la succession des abbés de Conques, à cette époque, une irrégularité qui dura plus de cinquante ans. « L'abbé Étienne, fils de Robert, vicomte d'Auvergne, devient évêque de Clermont, vers 937, sans cesser d'être abbé. Il s'adjoint un abbé *secundum regulam*, Hugues, qui réside dans le couvent et l'administre. Vers 958, paraît, à côté de ces deux abbés, un troisième personnage issu de la puissante famille de Calmont, et nommé Bégon — deuxième du nom —, qui, à partir de 961, prend le titre d'évêque et figure sur les diptyques du diocèse de Clermont (*Gall. chr.*, II). Étienne, Bégon et Hugues sont nommés ensemble dans les chartes jusqu'en 984. Étienne et Hugues disparaissent à cette époque. Quant à Bégon, il continue à gouverner de loin le monastère, avec un coadjuteur, jusqu'en 1010. » (*Cartul.*, Introd., p. xxviii.) Arlaldus II succéda à Hugues sous Hugues Capet. Après lui, la charge d'abbé *secundum regulam* passa à Girbert qui l'exerça de 996 à 1004 (*Cartul.* n° 125), puis à Arlaldus III. Entre ces deux derniers abbés, la chronique, après avoir nommé Girbert, ajoute : *cui successit nepos*. Peut-être Arlaldus était-il son neveu. Ce dernier figure encore avec Bégon II dans une charte d'environ 1007 (n° 421). Quant aux trois neveux de Bégon que nous fait connaître notre auteur, le Cartulaire ne les mentionne pas : leur importance était sans doute trop secondaire pour leur donner quelque droit de stipuler sur les actes. Il semble qu'ils aient eu l'administration matérielle de l'abbaye et de ses dépendances.

primogenitus frater bello publico vulneratus, tentus redactusque in captionem aliquando fuerat, in castro videlicet, cui Gordonum¹ nomen est. A qua captione quamquam a quo tenebatur consobrinus illius esset, nullo tamen pacto absque multa redemptionis peccunia extorqueri poterat. Unde factum est, ut predictus Bego episcopus grandi commanipularium suorum manu fretus, ad Conchas properaret sanctę Fidis ornamenta depopulare, quę in nepotis sui redemptionem mitteret. Hęc autem erant quatuor pallia precipua loci, et ingens argenti thuribulum, ejusdemque metalli maximę quantitatis calix. Cumque mula hac preda honusta per pendula proximi montis latera, inter alia jumenta artum vitręę congelatęque vię limbum tereret, ecce derepente eadem pedem ponens in lubrico, per vastum preceps labitur in abruptum. Tantęque ruinę saltu invecta est, ut antequam ad crepidinem fluentis alvei, cui pene pro ripa habentur utrimque scopuli, attingeret, centum volumina in vertiginem daret. Mirum dictu, nec mula debilitata, nec vasa contunsa vel deplicata, nec etiam pallia flumine madefacta apparuerunt. Quę ut divinitus conservata sint, ipsius casus horribilis altitudo manifestat. Cęterum ad argumentum miraculi, postula disrupta est, pectorale dissolutum, et sella diminuta est in frusta, quę vero faciliora essent resolutione, idem calix cum thuribulo, integerrima perstiterunt. Comitabantur sane abbas decanusque² et alii prout opus erat laici servitores, sacrorum violatores, inviti tristesque super tanto sacri ornamenti dispendio, unaque tacitis votis divinam pietatem exorantes, ut hęc eadem Deus

---

1. Gourdon, chef-lieu d'arrond¹, Lot. On ignore l'époque de la fondation de Gourdon; mais il est certain que dès l'année 961, il existait un château de ce nom, dont on voit encore les ruines. (*Hist. de Languedoc*, nouv. édit., V, c. 247).

2. Ce récit doit se placer peu de temps avant 1010. Nous verrons en effet plus loin, que Bégon *post haec brevi vitam finivit*, et que le comte Raymond III, lui aussi, *in eodem tempore opperiit*; or l'un et l'autre moururent en 1010. L'abbé dont il est ici question semble donc être Arloldus III, qui était en effet abbé selon la règle. Il est encore mentionné sous ce titre dans une charte de 1010, confirmant un échange fait entre lui et Adraldus, abbé de S. Géraud d'Aurillac (*Cartul.*, n° 286). Il avait pour doyen Gérald en 1007 (n° 421), et ensuite Airadus, qui lui succéda comme abbé (n°⁸ 325, 102, 160, etc.).

quoquomodo ad propria remitteret. Quorum vota repentinus subsecutus est effectus, cum hujus impedimenti occasione, illo die omnia ad monasterium sunt reportata, in crastinum tamen, secundum priorem dispositionem, Gordonum castrum nichilominus referenda, sed divinę dispensatio bonitatis longe aliter operabatur. Sequenti enim nocte, erat quidam Stephanus, homo laicus, custos cęrę, dormiens in ipsa cella quę arcuato tegmine operta ad hujusmodi custodiam in laterę ęcclesię dextro etiam nunc constructa habetur. Cui in visione sancta Fides apparuit, sub persona abjectę mulieris, multa macie pallens, seseque veluti oppido lassam peregrinali baculo sustentans. Cujus trina vocatione experrectus ille, continuo cernit illam manifeste vigilans, tota radiante cella incerto lumine. Quam ille intuitus in eodem habitu ut dixi, vehementer mirari cępit, qualiter quove aditu solidos parietes ostiumque ferratum ferreique repaguli obice duriter obseratum penetrans muliercula ad sese fuerit introgressa. Que interrogata ab eo: *Quęnam es?* sanctam Fidem se professa est. Cui etiam prosequenti: *Unde venis?* illa adjecit: *Tredecimus jam transactus annus est, ex quo me non amplius hic fuisse constat.* Quod ita dictum prudentibus coniciendum relinquo, quidnam significet. At ille eadem interrogatione repetita subjunxit: *Unde ergo, domina, venis? Ecce,* ait, *de castello Gordono venio, quo interfeci ipsa Hugonem, ad quęm redimendum ornamenta mea heri portabantur, sed ultra non poterunt aufferri.* His dictis, ait iterum: *Restant preterea tres viri de potentioribus hujus patrię qui michi diversa quidem conspiratione, sed certa ratione parant officere. Quorum vita etsi validis viribus nunc vigens, molitur arcum in me contrahere, sed non adeo in longum protrahetur anticipata fine immaturo.* His dictis, disparuit. Cumque crastina dies ortum novum produxisset, malignorumque cohors non jam de remittendis ornamentis tractaret, sed absque ulla consulendi dilatione, mulam honeratam captis viam invadere cogerent, et ecce legatus Hugonis interitum nuntians. Videns autem jam dictus Stephanus quod visionis suę prophetiam certo effectu completam referret, cepit quemadmodum sibi divinitus ostensa fuerant, cuncta senioribus per ordinem retexere. Et etiam de illis tribus, quorum finem imminere eadem ter beatissima cecinerat, verbotenus narravit. Quod ipse paulo ante, ut erat idiota ac verecundus, facere metuerat. De cujus bonis moribus sanctaque vita multa dicere esset, nisi ad alia sermo inceptus festinaret. Eorum igitur trium quos modo diximus, Begonem episcopum unum fuisse conjectant, qui nepotibus omnia mala in sanctam Fidem suadebat. Is enim post hęc brevi vitam finivit. Alterum vero Petrum fuisse non dubitant, jamdicti Hugonis fratrem, qui petens Hierosolimam eadem tempestate, cum magno sanctę Fidis auri pondere, ablati violenter a sacro thesauro, marina in temperie periit. Qui tantillum quod vixerat, monachis Sancti Salvatoris in diabolum et spinam fuerat. Raimundus quoque comes Rotenensium [1] quamquam multa, ut supra dixi, sanctę Fidi dederat, tertius tamen creditur, eo quod ad destructionem inclitę villę supra sublimam cristam, quę monasterio imminet, castellum facere minitaretur. Nam in eodem tempore Hierosolimitano quoque itinere opperiit. Quod tamen cum alias christianissimus justusque homo esset, ob id exstructum ire sibi videbatur, ut debitum sibi neglegentes reddere obsequium violentia sua subjugaret, sueque ditioni submitteret. Sed revera si id sibi fas fuisset efficere, graviter status loci atque ordo permutaretur. Etenim, ut paulo ante diximus, nullo graviore delicto in sanctam Fidem ad subitam ruinam peccari potest, quam ut adversus res loci malum quisquam intendat, tanta eidem sanctę virgini impugnantium cervicositatem calcandi refutandique cura extat atque dominici gregis sollicitudo. Sed fortasse huic provida pii patris gratia, non ad vindictam, sed ad salutem hunc dedit exitum, ut ab instanti peccato eum eriperet, ne malo fine bona quę fecerat perderet.

---

1. Raymond III, comte de Rouergue. Cf. p. 41, note 2.

[VI]

De peregrino capto et vinculato, subitoque sanctę Fidis auxilio liberato.

Peregrini quidam, Lemovicensis pagi indigenę, abeuntes ad sanctam Fidem, transiebant propter castellum Oebali, quod dicitur Torenna[1]. Quibus forte fuit obvius quidam ejusdem oppidi municeps, eorum inimicus, Gozbertus nomine, clericus quidem solo cognomine, sed actu terrenus miles. Qui statim inventa causa, redegit omnes in captionem. Domnus Oebalus forte abierat. Cujus conjux tunc, sed mox per divortium ab eodem deserta, domna Beatrix, hoc audito, mandat militi, ut si se unquam velit habere benivolam, remeos statim abire sinat, nec prorsus unius horę spatio intra septa municipii detineat coactos. At ille non audens ex toto dominę mandatis contraire : *Ilos*, inquit, *pro imperio dominę dimittam, retento hoc solo qui michi injuriosior exstitit, quem impunitum abire difficile est. Quod si ita sibi non sufficit, noverit non impetraturam quod etiam pro sancta Fide certus sum numquam me facturum.* Et ita, dimissis ceteris, illum unum jubet compedibus constringi, quos rustica lingua bogias vocat. Quorum clavi martello duriter obtunsi ut inextricabilis illa fieret conexio ultro franguntur, ipsis etiam frustatim compedibus conquassatis. Denique alteris compedibus mutuo petitis, itidem actum est. De terciis quoque eadem jactura accidit. Et ait : *Ut video, sancta Fides, nisi astu caveo, meum michi inimicum vi aufert. Verum annitar ego, uti res secus quam autumat, possit*

[VI]. *S. V. B. M. L.*

---

1. *Torenna*, Turenne, commune du canton de Meyssac (arrond' de Brive, Corrèze), possède encore des ruines imposantes du château de ses vicomtes. Ebolus, ou Ebalus, ou Ebaldus, seigneur de Turenne, était fils de Gouffier des Tours. Il épousa Béatrix, fille de Richard I, duc de Normandie, et sœur de Richard II le Bon. (Cf. *Acta SS.*, octob. III, p. 317).

evenire. Tunc vero arctis chordarum voluminibus lacertis in crucem ante pectus constrictis, post hęc utramque palmam circa collum utrobique circumactam, inter humeros violentissime revincire fecit. Sicque subter ascellas regirantibus ligaminibus, ventrem crudis nodis coartari, adeo ut ipsius inauditę conexionis nodo sic miser constrictus suffocaretur, ut anhelitus gracili spiraculo vix sibi sufficeretur vita. Cui ita in solitario conclavi clauso, duodecim lanceatos viros, quos equę vesanę mentis expertus erat, instanter astare jubet. Qui si viderent ipsum divina solvi virtute, ilico ne vivus evasisse gloriaretur, omnes ictu pariter transverberatum obtruncarent. At post modicum intervallum ille miserabili addictus angustia sitiens, difficile verbis id exprimere potuit, tanta vinculorum duritia organales fibras obstruxerat. Tunc unus quos dixi satellitum, petita aqua, cum deprimeret illaqueatos sub gutture cubitos, ut laxato mento haustum ori ejus aptare posset, illa nodorum difficultas sese absolvit ultro, ipsis tantum resticulis herentibus brachiis ipsis quibus fuerant appositę. Ipse vero sentiens se divinitus solutum, cepit illinc prestrenuus effugere. At illi statim ex precepto senioris ipsum mucronibus adorsi confodere, tanta continuo divinę virtutis vi obstricti in loco hesere, ut nec moveri quidem quisquam eorum posset, nec penitus verba ad alterutrum dare. Sicque repente angelus Domini coartavit eos, ut ac si lapidea simulachra immobiles permanerent. Unus tantummodo, inter suffocationis angustias, obscenę interjectionis dans mugitum, cum grandi difficultate in hanc vocem erupit : *Vah ! jam pergit.* Cętera, fixus immotusque tam diu perstitit, quoad ille alter ad domnam Beatricem transfuga sese in tuto reciperet. Cui illa in crastinum duces delegavit, quandiu fines castelli longe excederet tutumque iter carperet, cui erat Petrus vocabulum. Denique cum sociis ad Conchas attingens, et pro absulutione sua grates inibi Domino persolvens, post inde lętus est ad propria reversus, ligaminibus relictis in testimonium virtutis, quę remansisse dixi, laxis nodis pendentia brachiis. Anno fere et dimidio post secundam a Conchis reversionem, accidit michi certo negotio domini Vuillelmi Pictavorum comitis¹ adire curiam. In qua cum domnam Beatricem viderim, a Recharedo fratre suo Rotomagensium comite illic missam, ardenter ejus colloquium aggressus, illico rogitare cepi super hoc miraculo. Cujus verba, per omnia monachorum Concacensium concordantia, esse poterat probabile argumentum, si quis dubitaret in aliis etiam michi ab eisdem narratis.

[VII]

De eo quem sancta Fides gladio percussum mirabiliter liberavit ʰ.

Anno igitur ab incarnatione Domini millesimo vicesimo, indictione tercia, tam sanctę Fidis amore motus, quam Vuitberti illuminati gratia revisendi, tercio ad Conchas repedavi. Quem superstitem non reperiens, admodum egre tuli, licet ipsum, ut confido, pars bona in terra viventium habeat, quem hic Dominus tanto miraculo glorificaverat. Nec de salute ejus desperant qui in hora exitus et confessionem illius integram obitumque facilem viderunt, nec tamen subitaneum, quia presensisse horam ipsum aiunt, quamvis nulla dolorum angustia prenunciante ⁱ.

Post hęc autem rite completa sollempni orationum cele-

[VII]. S. V. M. N. L.

h. Reversio tercia Bernardi ad sanctam Fidem, et quod Vuitbertus illuminatus jam obisset. V. L.

i. Ici se termine le chapitre dans V. L. Ce qui suit est sous le titre : De eo quem sancta Fides gladio percussum mirabiliter sanavit.

---

1. Guillaume, comte de Poitiers, dont il s'agit ici, n'est pas, comme le disent les Bollandistes, Guillaume IV, surnommé *Fier-à-Bras*, mais son fils Guillaume V, qui lui succéda en 990 et mourut en 1030. Guillaume V, comte de Poitiers et duc d'Aquitaine, fut l'un des princes les plus accomplis de son siècle et mérita le surnom de Grand, par sa piété, sa prudence, son amour pour les lettres. Il refusa la couronne d'Italie qui aurait été suivie du sceptre de l'empire. Il était lié d'une étroite amitié avec Fulbert, le maître de notre historien.

britate, volentem me protinus redire ceperunt instanter interpellare atque obtestari uti tercium sancte Fidis miraculorum adderem libellum. Ego vero summa vi me facturum abnegare, neque enim esse necesse, cum prioribus non modo potiora, sed nec similia nequeant inveniri. At illi instare facto peropus esse, atque me in eo causam captare posse, quod sciant tale aliquid cui nichil preferendum in divinis operibus ipse judicem *J*. Quod michi ardenti sollicitoque animo percontanti, venisse dudum ad sanctam Fidem aiunt quendam Petrum ex Avernia clericum, genere clarissimum, dignitatibus prepotentem, cui cum novellum prime editionis nostre codicellum exhibuissent, auctoremque non... designassent, nimium conquestum esse vel defuisse se adventui meo, vel me per fines suos non divertisse, cui quoddam narraret insigne et inter precipua ponendum miraculum.

Dicebat enim militem se habere Raimundum nomine, virorum quinquaginta potentem, de vico Valeriis pluraliter nominato [1], qui aliquando in dirimendo tumultu, fulminei gladii ex adverso librati ictum adeo validum exceperat, ut nasus divisus per malarum medium, mandibularum quoque una in duo desecta, alteraque ad medium fere truncata, lingue etiam radical gutturi disjunctum, hiatum sub palpebris patefecissent in tantum immanem, ut divise faciei ossa horrerent pendula. Quem fideles et amici domum referentes, trium fere mensium spacio observant semivivum. Cujus vita, insanabili vulnere saucia, amicis plus tedio erat quam gaudio, cum nec bucce usus ad capiendum cibum esset utilis, et super hiatum quem diximus, defruta dumtaxat distillarentur pinguia. Ita miser, odibilis vite mora diu pro-

J. Post hec.... ipse judicem, *manque dans N.*

1. *Valeriis*, Vallères ou Vallières, est mentionné dans le Cartulaire (n° 374). « Raymond et sa sœur Alberade donnent, ou xi° siècle, un capmas, à Vallières, *in parrochia sancti Desiderii*. S'agit-il de la paroisse de Saint-Diéry, ou de celle de Saint-Diéry » (Introd., p. xcii), ou de celle de Saint-Didier de Paunut (Puy-de-Dôme)? Il n'existe de Vallières aujourd'hui dans aucune de ces paroisses.

tractus, cepit jam tandem intra se cogitare, ut ad sanctam Fidem se deportari crastina luce, nutu quo posset, innueret, non tamen eo voto ut de salute corporea que irreparabilis videbatur ultra cogitaret, sed ut anime vel inter vias, vel ad sanctam Fidem obeuntis superna miseratio succurreret.

Ita fixa sentencia, cum nocte secuta inter angustias meroris et tristicie gravius obdormiret, et ecco sibi sancta Fides apparere visa est forma pu[e]llari et eleganti, adeo venusta, adeo decora, ut nichil illi in humanis formis posset comparari. Que ubi proprii nominis noticiam roganti intimaverat, illico eadem sese a Deo venisse adjecit, ut volentis nec valentis ad sanctam Fidem tendere succurrat votis. Et post hec dilucide et aperte pro eo data oratione, Pater noster adjecit in fine, finitoque capitulo, putrefacto ori sagax medica digitos ingerere, sicque dentes singulos jam exalante tabo labefactos infigere ac reformare visa est. Deinde palma subjecta mentum erigens, illam hiulcam rimam rejungit, ac premortuam penduli vultus ossam mirifice spiritu divine vivificationis animat. Et ita saluti restitutum imperat, ut sancto Salvatori grates agat, ad Conchas properare.

Cumque aurora diei ortum presignaret, experrectus, ora, manibus contrectata, repperit redintegrata. Cujus miraculi certitudinem ut planiore argumento addisceret, temptat an possit usum excercere loquendi. Primitus excelso clamore vocat famulos, et quia longe famis passus inediam fuerat, voce improba poscit cibum. Illi evigilantes, et vesanum aliquem, qui tam mane cibum rogat, existimant, et super sono herilis vocis erent stupefacti. Qui tamen mox ut illa resonat cursim nitentes, accensis luminaribus, preter spem inveniunt hominem salvum et incolumem. Quibus mirantibus et hesternum propositum et divine visitationis narrat somnium. Refocilatus ergo recreatusque edulio, pergit ad sanctam Fidem, reditque festinus, ignarus quidem ut laicus et indoctus narrandum esse monachis tam grande miraculum. Sed postquam domnus Petrus hec eadem narraverat, remissus ab ipso, non modum sola, sed pluribus post vicibus repedavit. Testantur qui sepius eum viderunt, in modum tenuissimi fili vestigia ferri rubra videri.

[VIII]

Quod in itinere romano Petrum abbatem contigerit.

Eadem tempestate quo hęc apud Conchas audieram, in hoc videlicet anno[1], me Roma redeunte, redibat forte et idem Petrus, nobiliorum suorum ut semper vallatus comitatu, mulis optimis regalique luxu stratis insidentium, cum me assecutus tendentem post socios, qui et unde sim rogat. Ego vero me solummodo Andecavinum esse, ita tenuiter ut extraneus extraneo respondens, delectatus tamen Aquitanorum collegio, cępi equitare pariter ac fabulari. Erat ipse flava cęsarie, mediocri staturę, humerosus, membrorumque liniamentis permobilis congruis. Sed quia ad indomitum morem suę regionis, complures enim, licet satis compositis moribus, vertice raso, barbam gerunt, barbatus erat, non illum existimavi clericum. Hic cum aliquam sermonum vim in ore meo sensisset, cępit jam de diversis mecum docte multaque comitate disserere. Ad hęc michi perquirenti an esset clericus, abbatem se etiam dixit. Sic enim cognominantur, non quia monachorum abbas sit, sed quia pluribus abbatiis presit. Et cum nominis Petri proprietatem adiceret, incidit jam cogitationi meę forte ipsum esse quem apud Conchas audieram. Itaque ceterorum quę restabant inquisitione facta, postremo convenientibus sentenciis mutuę congratulamur cognitioni. Ibi ergo semel auditam virtutem rursus a priore relatore testacius accepi. Et post hęc de se quoque non abiciendum subjunxit miraculum.

[VIII]. *S.*

---

1. En 1020.

[IX]

Qualiter Petrus abbas in itinere sanctę Fidis ab insidiis inimicorum quadripartito liberatus sit miraculo.

Fuerat ei diu in animo ad sanctam Fidem pergere, sed hostiles insidię prohibebant. Diu ergo, inter amorem et pavorem positus, spiritali tandem saluti consulens, cędit amori, reluctatur pavori, assumptaque confidentia, subit capitis periculum. Porro quidam ejus inimicus, nactus locum oportunum, actis copiis, affuit inopinato in via, longe ab amborum finibus, ubi sibi cautelę nichil adhibuerat Petrus. Nec umquam rescire potuit, donec grandinem inimicorum ex adversa via irruentes, in eundem tramitem cui insistebat et per quem hostes reversis exploratoribus venturum noverant, influere cerneret. Ita prope ut cominus facie ad faciem confabulari potuissent, nulla re interpolante, preter brevissimos surculos, vibratisque hastilibus feriri potuisset Petrus, ni cęlestis potentię vis ita fortunam impedisset, ut nemo in illam partem, ubi consistebat idem, flecteret obtutum. Sed intenti aliis nugis, venientes aliunde viatores districtius inquirunt, an hujusmodi romęos transmeare vidissent. Universa hęc audiens vidensque Petrus, suadetur a sociis fugam concitus arripere. Quę prorsus inanis videbatur, cum hi quidem fatigatis, illi vero recreatis ac recentibus equis insiderent. Quid agis, Petre, in tanto discrimine? Quam sentenciam primam capies, fugiendine an standi? Sed nec stare tutum nec fugere honestum. Si tamen fuga utilis esset, utile preferres honesto. Tui quidem instanter cedere hortantur, tu vero, fide recta, spe invicta, non rationis egens, sed in sanctorum virtute confidens, divinitus hostes excecatos asseris, sociosque increpitans, ne formident hortaris. At postremum infatuati hostes deceptique, quos inquirebant deserunt, palantesque passim per campos incertasque semitas, omnia incassum circumerrant. Petrus vero rectum quod ceperat iter terens, oppositum flumen apparato navigio tranat prospere. Et post pusillum, inani hostes indagine fatigati rursus publicam viam reppetunt, moxque per vestigia sonipedum insequentes Petrum, objecti fluminis retentantur, acceptoque a navigatore illum jamdudum transisse, retro unde venerant domum reversi sunt. Rursus autem inimicus revertenti Petro, cum valida manu, non quidem in eodem loco, supervenit inprovisus. Hanc rursus multitudinem cum armatam sibique infestam ex adverso vehementi inpetu irruere, seseque procul dubio videri videt, certus mori violentissime ferum calcaribus urget, vociferans et exclamans ad saumarios sociosque qui tunc forte precesserant, nec parcere vię, nec cursum cohibere. Quibus vis divina, quamquam et fasce onustis et longę vię labore fessis, tantę velocitatis addidit alas, ut non modo ab inimicis, sed nec ab ipso Petro, licet meliore equo inveheretur, nullo modo attingi possent. Hic postremus equitans, insequentes subinde respectat, subinde alloquitur, cum jam emenso non modico spatio terrę fugiendo, intra tuta cujusdam vici hominum vi valloque muniti, sese tandem recepit. Et qui paulo ante fugere tantum sed non effugere posse credebat, nunc tocius illius persecutionis securus, infatuato hosti deintus insultat, ac pro divino benefitio grates in excelso porrigit. Hostis vero dolosus, simulata penitudine, hunc defforis aflatur, nec prorsus peregrino sanctę Fidis esse metuendum pollicetur, illicet id arte tractans, ut multa securitate inductum, exeuntem a villa excipiat incautum. Cujus fraudis ignarus Petrus, post partem diei pabulo et quieto recreatis jumentis, carpit iter securus, hostes evanuisse ratus. Qui ad latus preterjacentis montis in insidiis collocati, opperiebantur ut paululum in antea progressos a tergo opprimerent. Quod factu facillimum fuisset, ni repente fortuna immutata spes illorum fefellisset. Nam Petro pretereunte istos, incidit ipse in alios equę sibi inimicos, quos via forte publica agebat obvios. Horum dux speculatus Petrum, quam mox irruit in ipsum, quem allocutus minaciter, priorem suspendit ictum, prorsus, quasi vindictę satis non esset, si non minarum terror precederet, dein inpulsa lancea certo ictu percussisset, nisi unus sociorum ejus tam precario quam subita objectione sui secundum ictum impedisset. Tercium autem non fuit fas repetere. Nam hi qui a tergo sicut conspiratum fuerat insequebantur, ut viderunt istos quos forte diversa quidem ratione habebant inimicos, quicquid moliti in Petrum fuerant obliti, rapidissimo incursu irruunt in ipsos. Et hi quoque deserentes Petrum, vicissim in illos etiam cernere erat, cum jam nullo sequestre dirimente, utraoue pars obnoxiis clipeis, consertis hastilibus, pari furia armorumque fragore, per viscera, per ilia, horribile dictu, perque omnia quo sors ictum direxisset, mutua sese dilaniantes cęde, cruentissime hostiliterque eviscerarunt aut desecarunt. Tamquam duo ferocissimi leones, quorum alter cervo prior invento, torvis luminibus pererrat prostratum, utque ferventioribus ardorem ventris incitet irritamentis, primos morsus temperat, herens visceribus, dansque immanissimos rictus, prorsus tamquam precipitatio cedis damnum foret sacietatis. Moxque arma ad discerpendum mite animal totis viribus convertens, forte superventu alterius impenditur, ac interea non jam pro preda sed pro salute congressis, cervus integer elabitur. Ita et istis inter se iam certo marte dimicantibus, Petrus eripitur salvus. Qui jam non pro Petro, sed pro salute acerrime decertabant, malumque quod investigarant, pleniter inveniebant, ipsis funibus impliciti quos extenderant in laqueum eodemque scandalo irretiti, quod juxta iter posuerant [1]. Quorum iniquitas in verticem ipsorum jam descendebat [2], calicemque furoris Domini digna sorte imbibebant [3]. Cadunt in eodem conflictu plures, gravi vulnere saucii, quatuor tantum diebus (*sic*) videlicet hinc et inde pari fortuna interfectis. Petrus autem liber et intactus, Domino protegente sanctęque Fidis suffragantibus meritis,

---

1. Psal. cxxxix, 6.
2. Psal. vii, 17.
3. Is. li, 17.

et de laqueo venantium eripitur, nec via permutata recta, pervenit ad propria, gaudens et predicans magnalia Dei et virtutes sancte Fidis. Hec autem ab ipsius ore Petri accepi. Nunc autem ad ea quae Conchacensium relatu jam didiceram, retro facere calamum juvat.

[X]

De miraculo spinuli aurei sancte Fidi a Richarede comitissa negati.

Sed et hoc inter joca sancte Fidis conferunt, quod frequentius a Ricarede comitissa, jam post mortem viri sui Raimundi vidua [1], fibulam auream et artificiose compositam, que vel latine spinx vel rustice spinulus dicitur, queritare eadem sancta per quietem videbatur. Tamquam prorsus in eo delectetur puellaris [k] animus quod solent id etatis juvencule [l] cupere atque affectare. Nam adolescentula, ut in primo libro scripsimus, legitur sumpsisse martirium [2]. Quod cum supradicta Ricaredis, crebro compulsa admonitu, Haustrino in superioribus memorato Haustrini filio [3] credidisset, eodem cohortante sibi consuluit, profectaque ad Conchas ejusdem ponderis aurum pro permutacione spinuli obtulit. In rever-

[X]. *S. M.*
k. declararetur pupillaris. *Bonal.*
l. mulierculae. (*Hist. de Lang. et Bonal*).

1. Richarde, peut-être de la famille de Richard, vicomte de Millau, épouse de Raymond III, dont nous avons déjà parlé (Cf. p. 73, note 1). Devenue veuve, Richarde présida longtemps à l'administration des comtés de Rouergue et de Narbonne (Cf. Bosc, *Mém.* p. 139). Le Cartulaire mentionne plusieurs donations d'elle à l'abbaye de Conques (n°° 8, 15, 566).
2. L'*Histoire de Languedoc*, portant « maritum » au lieu de « martyrium » (II, Pr. col. 6), D. Vaissète en conclut que la comtesse Richarde s'était mariée très jeune et lui applique tout ce passage. Or, au 1er livre, il a été question de sainte Foy et de sa jeunesse lors de son martyre — statura puellaris (c. I) — et il n'a été fait aucune mention de Richarde jusqu'ici. L'historien du Languedoc s'est donc mépris, et Bosc après lui (*Mém.* p. 427). Il faut voir dans tout ce passage la martyre d'Agen, mise à mort à l'âge où les jeunes filles recherchent ce qui flatte leur vanité.
3. Au sujet d'Houstrinus (Austrin), cf. sup. l. I, c. xxII.

tendo autem, haud longius a Conchis quam duobus fere milibus, cum regius equus subter illam grata et expedita inter alios motaret vestigia, spinulus quem dixi ramo hesit arboris. Qui longe accitus ac diu quesitus inventione caruit. At illis abeuntibus, quedam christianissima femina loci illius indigena repperit, et ignara cujus fuerit, sanctę Fidi retulit, dignum quippe judicans tali munere sanctam Fidem donare, quam se rusticam pompare. Hac arte non modo in hoc, sed et in pluribus sancta Fides duplex lucrata est aurum. Post paucos dies eadem Ricaredis ad Conchas remeavit, vicina enim erat utpote Rotenensium comitissa [1]. Que prostrata in oratione forte videt spinulum capiti imaginis affixum. Et mirata causamque percunctata, Deo grates egit, qui negligentiam illius eo modo castigasset. Idem tamen aurum in necessarios usus post hec expensum est. Nam revera constat sanctam Fidem non ob aliud expetiisse ornatum, quam in celesti gloria venustant inestimabilium monilia margaritarum.

[XI]

Qualiter latro cornu, quod fuerat furatus, reddiderit.

Neque illud pretereundum videtur, quod sancta Fides angustiam inopis servitoris miserata, rem sibi perditam restituerit. Auditum dictumque est longe superius de illa sinodo quae sub urbe Rotenis habita est, ubi inter reliqua sanctorum pignora sancta Fide insigniter miraculis coruscante, quorum aliqua memoravimus [2], istud etiam videntibus non modo miraculum, sed et plaudendi materia extitit. Servitorum unus lituos in processione gerentium, qui mos multipliciter jam descriptus non eget repetitionis, cornu

[XI]. *S. A.*

---

1. Conques est à 39 kilomètres de Rodez.
2. Lib. I, c. xxviii.

egregium suę modo custodię creditum perdiderat dormiens. Quod cum evigilans invenire nequivisset, universam contionem scrutatus, nec sibi inopi res id ornati restauratura sufficiens esset, tentorium sanctę Fidis regressus flebilibus id questibus implet. Nec umquam voci pepercit, nec a querimonia temperavit, quousque dies altera furti manifeste deprehendit auctorem. Qui ab urbe veniens et quasi certa necessitudine accurrens, ipsius cornu terrificis crepitibus ingeminatis, circumfusum vulgus in stuporem commovet, donec inter ipsos sanctę Fidis ministros amens irrueret. Qui ad formam sonitumque tubam agnoscentes, non renitenti sive reclamanti auferunt homini. Neque id impune scelerato abiit, quippe qui statim revocatus in mentem, verecundię pęnas, quod est plerumque ipsa morte acerbius, luit in presentiarum.

[XII]

De miraculo valvarum internarumque januarum, quę ultro peregrinis clamantibus patuerunt.

Est mos ab antiquis, ut peregrini semper vigilias agant in ecclesia sanctę Fidis cum coreis ac luminaribus, clericis quidem literarumque peritis psalmos ac vigilias decantantibus. Horum vero ignari, tum cantilenis rusticis quam aliis nugis longe noctis solantur fastidium. Quod pessime sollempnem sacrę vigilię honorem honestatemque horrificare videtur. De qua re ad monachos concionatus in capitulo, hanc detestabilem absurdamque consuetudinem, variis usus argumentis, prorsus inhibendam esse peroravi. Quę omnia rata atque inreprehensibilia asserentes, non tamen reprimere talia posse, nec divinę voluntati contraire respondent. *Nam tempore illius fortissimi Gimonis*[1], abbas inquit, *cum*

[XII]. S. M.

---

1. Cf. lib. I, c. xxvi.

seniores hujus loci sepius interdicendo, ineptum hunc tumultum, feralesque rusticanorum vociferationes atque incompositas cantationes compescere nequivissent, omnium consultu decretum est, ut foribus clausis, rusticana multitudo ad vigilias non admitteretur. Quod cum semel atque iterum fieret, accidit ut una noctium peregrinorum turba copiosior solito, post cęnam, cum cereis ac luminaribus astaret pro foribus, vociferantes et efflagitantes admitti inter monasterii septa. Cumque penitus illis negaretur aditus, ecce repente, nobis dormientibus, portarum repagula sponte resolvuntur, vectes nemine impellente ultro dissiliunt, reseratis etiam internis januis quę ante reliquiarum sacrarium pro summa custodia habebantur. Has frequentare nulli licitum fuerat, excepto custode, et quem custos speciali reverentia introducere dignum ducebat. Media autem nocte surgentes ad matutinos, ita ecclesiam vigilantium plenam offendimus, ut difficile ad stationem suam quisque prorumpere potuerit. Mirantes qui claves portarum habebamus, et super vi illata causantibus obicitur miraculum, quod circum astancium testimonio predicatum, nulla quis ratione calumniari potuit. Hoc ante miraculum de Vuitberto illuminato videns puerulus, nunc senex recolo[1]. Bene, inquam, probabiliterque voluntas Dei etiam in hoc stare potest. Nam cum in memetipsum redeo, utrumque hoc dictum perpendo, satis pro simplicitate illorum innocens cantilena, licet rustica, utcumque tolerari potest. Nam fortasse si hic mos tolleretur, et frequentatio sanctuarii pariter adimeretur, non tamen ea cantilena Deus gaudere credendus sit, sed excubantum labore et simplicium bona voluntate. Populo olim Israhelitico juxta ritum gentium victimę pecudum permissę sunt, sed non diis, sed Deo immolandę, quanquam hujusmodi libamina Deo perfecte non complacuisse comprobentur, quoniam sacrificium Deo spiritus contribulatus et sacrificium justicię Deus accep-

---

1. L'abbé qui vient de clore ainsi son récit est Adalgerius (Cf. *sup.* p. 48, note). Il nous apprend que ce miracle eut lieu avant celui de la guérison de Wilbert, *ante miraculum. de Vuiberto*. Et comme cette guérison eut lieu vers l'an 980, il s'ensuit que le fait raconté dans ce chapitre doit être placé avant cette époque. Le prieur Gimon vivait donc aussi avant l'an 980.

tat[1]. Sed ad duriciam cordis occulorum carnales cerimonias fieri observariquè patiebatur, dummodo sibi tantum litaretur. Sic quoque idem permittit et his quę sapiunt cantare, dum tamen sibi Deo uni illa fiat concelebratio. Sin aliter prudentiores super istiusmodi sentiunt, viderint ne multa scientia sua inducti, id sapiant quod sobrietatem excedat, aut quod divino judicio contrarium fiat. Tamen ne putet aliquis hisce assertionibus me velle id concludere ut Deus pure simpliciterque hęc eadem velit, cum sint rustica et inepta cantica, sed eo modo ut dixi ad devotionem cordium respiciens, humanę ignorantię ac simplicitati condescendit, quia Deus, humanę fragilitatis patris compassione sustentator, qui cognoscit figmentum nostrum, non qua pereat homo causam quęrit, sed peccantibus radicem salutis investigat. Hęc ergo pro captu meę quantulę scientię respondens, valde super hoc hesitantibus profuit. Et versa vice in quo reprehendere putavi, mea ipsius sentencia reprehendi potui, proprioque jugulatus gladio veluti in certamine cecidi, demens qui bonitatem Dei humano judicio subjectam pene credidi.

[XIII]

Quod fratrem ejus sancta Fides a contorcione membrorum mirabiliter liberavit.

Quid igitur nupèrrime michi immeritissimo pro sancta Fide summi Patris clementia dignata est facere, quisquis me vanum ducat, non gravabor elicere, cum maxime debitum sit ut absolvam atque patefactum reddam. Habebam germanum[2] gravi incommodo laborantem. Qui, jam dudum transacto die quo terminanda expectabatur infirmitas, inciderat jam in tam graves corporis horribilesque cruciatus,

[XIII]. S. X. M.

---

1. Psal. 1, 18, 20.
2. Il s'agit peut-être de Robert (cf. *Notice prélim.*,) qui devint vers 1047 abbé de Cormery en Touraine. Nous savons qu'il consacra en 1054, le 13 septembre, la nouvelle église de son monastère (*Gallia chr.*, XIV, col. 260).

aliud enim erat quam putabatur, ut immanis artuum contorsio visibus humanis cum dolore pariter et horrorem incuteret. Quem etiam in cerebelli interna confusio eo stupidum reddiderat, ut vix quippiam humanę rationis responsum diutina vocatione fatigatus ederet. Deinde cum jam omnino desperantes a salute recuperanda, nichil aliud quam ipsam peno mortem intuebamur, quippe qui eodem anno similibus tormentis aliquos defecisse videramus, cępi super fraterna pęna commotus viscera circumstantes efflagitare, meis ipsius meritis diffisus, uti sanctę Fidis exorarent auxilium.

Quibus id prorsus inutile putantibus, in hanc vocem ipse erumpo : *Sancta Fides, quid confert michi virtutes tuas ubique predicare, si et ipse circumdatus angustia a beneficio adjutorii tui alienus relinquor? Redde fratrem, obsecro. Et ne per te convaluisse dubitetur, fac precor ut infra crastinum diem hęc intolerabilis passio allevietur. Quod si feceris, voto illum nudis pedibus tibi ducendum promitto.* In quo me stulte egisse confiteor. Nam ponere tempus miserationis Domini et in humanum arbitrium diem constituere ei, potius est divinę irę et furoris provocatio, quam misericordię. Tamen confisus in patientia ejus, sic feci. Et sic dato pignore in manu assistentis diaconi sponsionem firmavi. Tam valida tamque efficax sanctę martiris statim affuit intercessio, ut in eadem die non ut reor plus duabus horis excursis, illa atrocium dolorum tempestas sedata conquieverit. Nam somnus repentinus hominem invasit, salubremque sudorem pervii fluxere pori, et sic paulatim moribundus, reviviscentibus membris, paucis interpositis diebus, convaluit.

[XIV]

De eo qui invocans sanctam Fidem mira celeritate convaluit.

Sed et iste meus Sigebaldus, secretorum meorum minister, scolasticus et consacerdos, qui mecum ad sanctam Fidem

[XIV]. S. X. M.

presenti anno[1] peregrinatus fuit, nuper cum atrociter miserabiliterque egrotaret, subitaneis pervasus doloribus, ita ut pre nimio tumore cerebri etiam oculi caligarent, quodque intolerabilius fuerat venenato humore circa precordia cordisque receptacula grassante, animam pene suffocatam emitteret, subiit ejus animum memoria sancte Fidis. Ad quam pergere promittens, in ipsa hora respiravit, miraque celeritate convaluit, usque adeo ut nihil dubii relinqueretur per sanctam Fidem ipsum fuisse salvatum.

[XV]

De psalterio per virtutem sancte Fidis reperto.

Rursus cum discipulorum meorum duo ad quendam locum, qui disparatur ternis milibus ab urbe Andecavensi, certo negotio tenderent, jamque fere medium vie traicerent, accidit ut respirantibus in opacitate saltus minor illorum psalterium, quod mutuo abs quolibet acceperat, oblivioni daret. Qui peracto cursu, cum rursus superventu noctis, jam rebus nigrescentibus redirent, suggeritur cogitacioni eorum de libro. Cujus portitor estimans vere relictum in loco a quo redibant, voluit quidem reverti, sed disturbatus a majore cui opere precium urbem repetere fuerat, solus quia nox incumbebat ire non est ausus. Cui contristato multaque merenti, ille alter ita consulit, quatinus pro libello inveniendo sancte Fidi promissa candela, crastino mane ad eadem unde veniebant remenso itinere repedaret, si forte Dei clementia ibidem codicellum a superventu alieno custodiret. Nondum tamen in qua amiserant revertendo transierant silvam, nec unquam ea recordatio mentem illorum subire potuerat. Dictato igitur voto, unaque psalmorum

[XV]. *S.*

---

1. 1020.

devota celebratione facta, perveniunt ad urbem. In crastinum, ille cum hesterno itinere retroactis passibus insisteret, idque silvę quo librum perdiderat ignarus accederet, divino nutu accidit sibi impremeditato, ut sublato clamore : *Sancta Fides, redde michi psalterium*, diceret. Quem pastor hęc audiens e silva eminus affatur, rogans quid rei quęrat, quidve reposcat. Cui etiam causam replicanti, insinuat alium libri repertorem, et ita certo indicio invento, non citius ad locum in quo putavit relictum pervenire potuisset, quam ad urbem regressus est, ovans multum et collaudans Dei sanctęque Fidis virtutem puplice*m* predicans. Quę res non ad casum potius quam ad sanctę Fidis est referenda virtutem, cum nec pastor alibi consistere potuit, nec iste similem vocem illuc usque protulit. Ex eo ergo colligere possumus Deum invocantibus in veritate, etiam in minimis rebus ejus misericordiam prope adesse. Nam si quis a magno honore deturbatus fuerit, non tamen est ei quamvis multum anxio plus necessarium, nec etiam tantum in eundem restitui, quia mundane sepe dignitates aut temporalem comparant interitum aut eternum, et plerumque utrumque, dum quis nimia potencia elatus, nec suo jure contentus, alienas ardet fortunas, quas insana ambitione cęcus appetit incautius. Neque unquam magnorum honorum est equa conditio, qui si instrenue administrantur, ignaviam, si vero strenue peccatum generant. Multos tamen immerito depulsos honore novimus, quos Deus post hęc multa afflictione contritos in idipsum revocavit. Quod et preteritorum et presentium liquet exemplo. Unde si duo mei testes, etsi non per omnia, in aliquo tamen non discordassent, rem pulcherrimam et etiam fastidiosis lectoribus succinctam addidissem.

Explicit liber secundus miraculorum sanctę Fidis virginis et martiris [1].

m. sir.

---

[1]. On lit au bas de la page, en écriture cursive du XVI° siècle : *Hactenus Bernardus ad Fulbertum episcopum Carnutensem.*

Incipit [a] *prologus libri tercii.*

Nemo sollicitis indagationum curis miretur in tam compendioso hujus libelli opusculo plura vigere proemia, quod aut librorum cogit diversitas, aut scriptorum premonuit varietas. Si enim unius studio cuncta exarata esse viderentur, dignum utique esset uno titulo sequentia insigniri, ceteris vacantibus, sed quia necessitas mutandarum personarum incubuit, opere precium videtur diversitatem prologorum suis aptandam et locis. Quo rite ita disposito, omnis ambiguitas auctorum extergitur, opusque singulorum proprio titulo assignatur. Alioquin permixta obscuritas lectoris mentem inextricabiliter confunderet, ignorantieque tedio affectus ipsa opera neglectui haberet. Ut ergo tantam ignominiam a sancto opere propellamus, post discessum Bernardi, viri in utraque scientia theorica scilicet atque practica non mediocriter inbuti, scribendi negotium suscepimus, viteque ejus superstitae miraculorum gesta stili eloquio promulganda congessimus.

Passionem vero inerti studio ab ipsis tormentorum rudimentis compositam, et nimia brevitatis obscuritate contortam, ad rectum iter lucubratiori sermone corripere offitii nostri extitit [1], cui etiam pauca de pluribus miracula deflorantes, subicere curavimus, totumque libellum Panaretos, quod est omnium virtutum liber, nuncupare decrevimus. Et ne vilitate nostrae auctoritatis aliquam calamitatem huic opusculo inferremus, titulo nostri nominis silentio subposito, talem ut diximus intitulationem ei in omne evum optinendam censuimus.

Explicit prologus [2].

n. s.

---

1. Cf. Introd.
2. On lit au bas de la page, en écriture cursive du xvi° siècle : *Panaretos autoris innominati.*

CAPITULA LIBRI TERCII

Incipiunt capitula libri tercii.

[I]. De uxore cujusdam nobilis a morte liberata.
[II]. De peregrino ab immane precipitio liberato.
[III]. De milite qui a latrone in occulo percussus, per sanctam Fidem sanitati est restitutus.
[IV]. De quodam juvene a compedibus et cathena liberato.
[V]. Item de milite simile miraculum.
[VI]. De ceco illuminato.
[VII]. De milite quem post allopitium sancta Fides reddidit capillatum.
[VIII]. De adulescentulo resuscitato.
[IX]. De eo qui filios suos virtute sanctę Fidis fretus per ignem transire faciebat.
[X]. De eo qui monachum sanctę Fidis invasit.
[XI]. De oculo equi per virtutem sanctę Fidis restituto.
[XII]. Item simile miraculum.
[XIII]. De quodam equite cujus domus pro anseribus sanctę Fidis succensa est.
[XIV]. De eo qui, cum quinquaginta equitibus sanctam Fidem temerarie invadere volens, cum suis excecatus est.
[XV]. De eo qui compedibus nexus sanctam Fidem invocans illesus evasit.
[XVI]. De quadam matrona quę contra sanctam Fidem impie agens mirabiliter interiit.
[XVII]. De quodam Sigerio qui contra sanctam Fidem injuste agens infeliciter dampnatus est.
[XVIII]. De eo qui virtute et vexillo sanctę virginis munitus ostes superavit.
[XIX]. De peregrino per sanctam Fidem a Sarracenis liberato.
[XX]. De puerulo apud Ameliaven a morte revocato.

o. S.

[XXI]. De milite qui rustico sanctę Fidis paleam abstulit, et de improbo equite percusso.

[XXII]. De puella contracta, per sanctam virginem reformata.

[XXIII]. De quodam milite, cujus amore sancta virgo tres mutos loqui fecit.

[XXIV]. De quodam sacerdote qui peregrinum sanctę Fidis in viam cepit.

Expliciunt capitula.

Incipit liber tercius miraculorum sanctę Fidis virginis et martyris P.

[I]

De uxore cujusdam nobilis a morte liberata.

Sancti Spiritus virtute, cujus inspiratione ad sanctorum sepulchra mira valdeque stupenda incessanter miraculorum patrantur beneficia, Christi virgo inclita et martir gloriosa, dum per vastum mundi limbum in miraculorum coruscaret prodigiis, sicut in superioribus luce clarius patet Barnardi opusculis, finitas cosmi peragrabat regiones, neminemque relinquebat inmunem sui muneris. Nec quilibet in necessitate positus ab ejus cassabatur subsidio qui eam propiciam invocabat fide devota et corde indubio. Sed quorsum hęc? Subsequentium summam rerum duntaxat sequentes expedire non differemus.

Normannię quidem in partibus, miles quidam et nobilita-

[1]. *S. M.*
p. S.

tis stemate cluens et honoris dignitate prepotens, Rogerius nomine, tunc temporis aderat, cujus preclara conjux, Gotelina nomine, infirmitate gravi vexata, pene ad ultima vitę jam ducebatur limina. Cujus de morte summi proceres, quorum ducebat prosapiam, nimium mesti, ad ejus atria veluti suppremas celebraturi exequias, jussu magni principis Richaredi[1] confluxerunt, omniaque mortis signa diligenti experientia in ejus vultu cernentes, tantum de sepulturę certatim cogitabant apparatu. Quibus jam pene de vitali reditu desperatis, episcopus quidam, cęlesti fortassis inspiratus a flamine, predictum militem hujusmodi compellat affatibus : *Nuperrime fama volante didicimus quod Aquitanię in partibus quędam sacratissima virgo et martir Fides nomine inauditis valdeque admirandis refulget virtutibus, cujus potentissimę clementię si votis hanc tuam mulierem obligaveris, credo eam de imminentis abstractam faucibus mortis se tibi reddituram cum omni prosperitate oblatę incolomitatis.* At ille, ejus sospitatem desiderans, dato pignore in manu presulis, eam sanctę martiri vovit, magnoque cum munere se illam ad ejus oratorium dirigendam spopondit. Quo facto, mox tanquam de longo somni exilio rediens, gemitum emisit, summamque ciliorum attollens,

---

1. Ce grand prince Richard, qui commande aux seigneurs de la province de Normandie, paraît être Richard II, dit le Bon, duc de Normandie (996-1027). Il ne peut être question ici de Richard Ier, son père, mort depuis 996. Quant à son fils Richard III, il ne fit que passer sur le trône ducal, en 1027. Le seigneur normand Roger et son épouse Gotelline sont vraisemblablement Roger Ier de Tosny et sa femme Godehilde. Cette dernière, après avoir eu plusieurs enfants de Roger, épousa en secondes noces le comte d'Évreux. Dans la charte de Conches elle se qualifie ainsi : *Ego Godehildis, comitissa Ebroicae civitatis, quondam uxor Rogerii de Toltoneio* (Gall. christ., XI, Instr. col. 130). Roger, issu d'un certain Malabuec, compagnon de Rollon qui lui avait donné, pour lui et pour ses descendants, la terre de Tosny, se rendit en 1034 en Espagne, au secours du roi d'Aragon, Sanche le Grand, et s'y signala par maints exploits contre les Sarrasins. A son retour, il construisit l'abbaye de Châtillon, qui subsista jusqu'en 1791. Il n'en reste que des ruines peu importantes dans le voisinage immédiat de la petite ville de Conches. C'est sans doute l'église de cette ville que fit construire Gotelline après sa guérison. Peut-être donna-t-elle à la ville naissante qui se forma autour du nouveau sanctuaire le nom du lieu que les miracles de la sainte rendaient si célèbre : elle fut appelée *Conchae*, aujourd'hui Conches (chef-lieu de canton, arrond[t] d'Évreux). Reconstruite au XVe siècle, l'église de Conches est encore sous le vocable de Sainte-Foy. (Cf. Dr Semelaigne, *Essai sur l'histoire de Conches*, 1867. — A. Bouillet, *L'église Sainte-Foy de Conches et ses vitraux*, 1889).

Abbé BOUILLET. — *Liber miraculorum sancte Fidis*. 9

astancium vultus diligenti intuitu perlustrare cepit. Denique quid causę extiterit ut hos principes sibi adstantes videret percunctans, membrorum compages jam in morte resolutas movit, atque ita paulatim recalescentibus membris ad vitalem statum meritis sanctęque martiris Fidis redit. Ad cujus propiciatorium insidiatorum verens captentulas, accedere non valens, pro malefactis enim viri sui multi a regno suo propulsi ejus sanguinem sitiebant, ęcclesiam in honore sanctę martiris Fidis construxit, sanctumque ac medicabile nomen ejus ęternę celebritati commendavit.

[II]

De peregrino ab immane precipitio liberato.

Sub eodem quippe tempore inauditum cunctisque mortalibus terribile contigit miraculum, quod, nisi Deo nichil crederemus inpossibile, ompino videretur incredibile. Ex provincia enim quę Interclusana antiquitus dicitur, peregrini ad sanctę martiris oraculum venientes, per forum quoddam Sabanum[1] vulgo nuncupatum iter institutum cęlebraverunt, duorum intervallo miliariorum ab Albiense urbe semotum. Quo in loco transfluvius per abrupta scopuli concava angusto meatu in chaos inmane, cunctisque despicientibus terribile precipitatur, ex quo precipitio unda resiliens cum ingenti globo ad auras usque adtollitur. Cujus undis, sono, fremitu, tanta nebula densatur, ut magis infernalis gehenna quam aliud ab omnibus credatur. Hac in tanta voragine sanctum Salvium, predictę urbis

[II]. *S. M.*

---

1. *Sabanum*, Saut-du-Sabot, ou plutôt *Saut de Sabo*, lieu-dit du départ^t du Tarn, à 5 kilomètres environ d'Albi, sur le territoire de la commune de Saint-Juéry. A cet endroit, une des trois branches que forme le Tarn se rétrécit tout à coup et tombe en haute cascade. La légende rapporte qu'un berger du nom de Sabo la franchissait chaque soir pour aller voir sa belle; il y périt enfin, et le saut prit son nom. (Bastié, *Description du département du Tarn*.)

episcopum, quondam malignos spiritus ab urbe ejectos fertur dimersisse, et ob eorum habitationem hanc tetram caliginem ab imis ad alta conglomerare. Quod precipitium non solum gressibus, verum humanis fit inaccessibile obtutibus. Hunc tamen fluvium inter rupis morsum in angusto torrente coartatum, desuper vimineo injecto ponticulo viatores transeunt, magnaque formidine concussi celeri pervolant gressu, ad quem predicti Interclausani peregrini post peracta orationum vota accedentes, dum ceteri tantum precipitium salubriter transeunt, asinus cujusdam eorum posterius veniens, pedem coxatenus inter cratem viminei pontis inseruit, atque cum magno periculo super ipsam cratem accubiter jacuit. Cui cum dominus ejus auxilio subiret, idem asinus a foramine vi valida pedem extrahens, dominum suum clunibus in pectore percussit, atque in hujus precipitii chaos precipitem dejecit. Quem vortex tanti gurgitis absorbens, fere unius horę spatio ingurgitatum retinuit. Ex quo facto omnes tam socii quam mercimoniarum questum exequentes in illo foro attoniti, litora utraque denso agmine occupant, sanctamque Christi martirem Fidem, a cujus oratorio ille regrediebatur, plurimis conviciis improbantes, membra tantum laceri corporis super undas natancia videre decertant. Fluvius enim ille post illam voraginem in latum amnem diffusus, lenibus undis per alveum labitur. Ad cujus oras in utraque parte dum innumera plebs astaret, quidam inter torrida undarum volumina intuitum dirigens, quasi natantem aviculam illius conspicatur capitis vertiginem, ac mox ceteris talem digito indicat visionem. Deinde undis vehentibus prope littora adductus, hastam quam ei quidam tetendit arripuit, et sic vita comitante, nullam tantę ruinę lesionem sentiens, mortis periculum evasit. Cujus dextrum brachium loro dependentis perę implicabatur, et sic nec ejus dampnum Domino conservante patiebatur. Quo viso omnes pre gaudio ora rigant lacrimis, Deique conlaudantes magnificenciam, sanctę Fidis omnipotentem virtutem preclaris laudum preconiis predicant, cujus sustentante dextera hunc a mortis baratro erutum veraciter asseverant.

[III]

De milite qui a latrone in oculo percussus per sanctam Fidem sanitati est restitutus.

Nec multo post Arvernicorum in territorio, latrunculi furtiva fraude in castrum quoddam nomine Castellum novum vocitatum[1] nuperrime irrepserunt, equosque inde extrahentes secum abduxerunt. Quod licet sero summę arcis custos persentiens, attonitis clamoribus milites intra et extra somno indulgentes excitare cępit atque latrocinia in ibidem fieri conclamavit, sicque per obscuram noctis densitatem fures propera fuga elabentes, unus eorum de industria mucronem lanceę quam manu gerebat post tergum suum retorsit, unde insequentes velociori vulnere posset perforare. Sicque factum est ut juvenis quidam Barnardus, ex castello Vallilicis nomine[2], velociori cornipedi insidens pre omnibus per strepitum pedum inter caliginosę noctis opacitatem proprius fugientes latrones insequeretur, atque incautus in obversam cuspidem irruens, per medium oculi hircum perfoderetur, ita ut etiam post aurem exitus lanceę deprehenderetur. Quem videlicet tam seve vulneratum subsequentes socii suscipiunt, lectoque inmensa sanguinis effusione cruentatum reponunt. Ex quo denique contigit, ut conputrescente vulnere, totum caput ejus intumesceret, interclausaque interius sanie dolore intolerabili vexaretur, pene ad mortis usque perniciem. Ad quem dominus ejus visitandi atque

[III]. S. M.

---

1. *Castellum novum*, Chateauneuf, près Malet, commune de Sarrus (canton de Chaudesaigues, arrond' de Saint-Flour, Cantal). Château, aujourd'hui détruit, mentionné dans la charte de fondation, ou plutôt de dotation, de Saint-Flour, vers 1025, conservée à la Biblioth. Nat. (lat. 12766, ff° 280-304).
2. *Castellum Vallilicis*, Valeilles, commune de Neuvéglise en Planèze (canton et arrond' de Saint-Flour, Cantal). Ce chef-fief fut transféré plus tard à Rochegonde, près de Valeilles. La dernière pièce du Cartulaire (n° 441) mentionne à la fin du xi° siècle un Bernard Feval de Vallelas, autre nom de Valeilles.

consolandi gratia veniens, inter cętera consolationis afflamina, anulum aureum quem digito gestabat sanctę Fidi tali sub pacto transmittendum suasit, ut aut ei opem convalescendi ab hoc vulnere ad presens ferret, aut de animę ejus remedio pia apud Dei misericordiam sollicita esset. Qui ejus consiliis libenti animo adquiescens, insuper hęc addidit, ut si eum de presenti angustia liberaret, aureum quem vulgo manconem[1] dicimus illi offerret. Cujus votum mox et sanctę virginis virtute subsequitur saluberrimum auxilium. Inclusa enim putredo cum magno fetore a vulnere erumpens, tamdiu putrefactis scatebris effluxit, donec omnis tumor capitis in naturali forma attenuatus, superna pietate assereretur exinaniri. Denique brevi temporis intervallo, ita incolomis efficitur, ut nichil deformitatis preter modicam cicatricem in ejus vultu intuentium prebeat obtutibus. Quod nulli dubio venit sanctę martiris virtute actum, cui se votis obligaverat de tanta egrimonia convalesciturum.

[IV]

De quodam juvene a compedibus et cathena liberato.

Oculorum credibili intuitu didicimus, quod sub eadem tempestate mire actum non mediocriter expavimus. Ejusdem Conchacensis oppidi incola atque originali ortus prosapia, juvenis quidam Hugo, Sigerii nobilis atque potentis filius[2], ab inimicis captus, aliud ad municipium ducitur, ubi obscura in mansiuncula retrusus, famis inedia ac vincu-

---

1. Le mancon (*Manco* ou *Mancusa*) était une monnaie d'or en usage dans l'Europe occidentale au moyen âge. On lit dans le *Liber Mirabilis*, ou Recueil des documents de l'Abbaye de Conques (c. 19) : *Et in memoria census per singulos annos S. Petro Romae Apostolo unum manconem auri persolvant.* — (Cf. du Cange.)
2. Siger était seigneur du château de Conques. L'on verra, au chap. XVII du même livre, comment il périt misérablement, lui et toute sa famille, pour avoir exercé ses violences contre les moines de Sainte-Foy.

lorum pondere crudeliter atteritur. Qui angusto carchanni morsu guttura adstrictus immensisque compedibus coartatus, inclementer cruciabatur, atque pene inter tot angustias vitalem flatum expirare cogebatur. Cujus a tergo dolium assistebat, in cujus conchavo catena collum ejus astringens confixa tenebatur, ac sic a nexuum vinculis nullatenus solvi poterat propriis manibus. In hac ergo anxietate tam crudeli positus, sanctę Fidis non cessabat efflagitare auxilium, quia intolerabile sui corporis patiebatur detrimentum. Cui nocte quadam inter hos cruciatus somno irrepente, videtur racemos exacinare, exacinatosque commedere, atque omnia vinculorum pondera procul a se jacere. Et ut olim pincernę Pharaonis carcerali mancipatione attrito, hujusmodi visio consolationis opem, sancto Joseph interprete [1], attulit, sic et huic cęlestis clementia meritis sanctę Fidis incessanter invocata, salutare munus ferre non distulit. Subsequenti enim nocte per soporem beata virgo ei astitit, quę ut inde abiret blandis exhortationibus eum premonuit. *Surge*, inquit, *velocius, et hinc discede securus*. Qui a somno quo leniter detinebatur confestim exemptus, deque visione certus, circa se palpando queritare cępit, si forte petram aut quidlibet aliud reperire posset, unde circulos dolii excussisset. Cujus manus mox petram cum parvo surculo qui rustico usu ligatorium solet apellari in terra offendit, ex quorum concussione circulos omnes a predicta frumentorum cumera propulit. Quibus omnibus preter illum qui fundum constringebat excussis, tabulatum intemeratum remansit, ex quo plancam illam extrahit, ubi confixa colli ejus erat cathena. Denique ab ipso prenominato surculo angustam velut melotem scrobem sub liminare ostii cavans, custodiam vacuavit, serasque portarum talibus instrumentis extrahens, secum fugiens abstulit. Jam vero ab ejusdem castri munimine longe factus, compedem unius cruris saxorum collisione fregit, quo ad lumbare sursum religato, altero vero in crure dependente, cum tali sarcina iter arripuit. Qui forte trans-

---

1. Gen., xl.

euntem puerum inveniens, multis promissionum blandimentis persuasit, et sic ei tabulam in qua vinculum colli ejus fixum herebat imposuit, atque ita ad paterna hospicia quam citius repedavit. Sed ubi hostili formidine cepit esse liberior, eandem postem minutatim comminuit, iterque institutum expedicius pervolavit. Mox vero omni securitate fretus, collarium et compedum residuum malleorum incussione dissolvit, sancteque Fidi omnia offerens, gratiarum actionem nobis cernentibus retulit, cujus et exhorabili pietate auditus et monitionibus coactus, ab hostili pressura meruit liberari.

[V]

Item de milite simile miraculum.

Aliud quoque sub eadem tempestate patratur valde terribile, quam ut supra retulimus quanta poterimus constringemus brevitate. Quam tamen brevitatem tali mediocritate temperabimus, ne obscuritatem ingerat lectoribus. Conchacensi in castro [1] miles degebat nomine Barnardus, qui licet ad cetera inveniatur laudabilis, ad hoc unum diabolica suggestione captus omnino sit detestabilis. Hic enim quendam Deusdet nomine habebat nepotem, quem amore optinendi patrimonii execrabili odio persequebatur ut hostem infestissimum. Quem forte inveniens, vi comprehendit, captumque in sua fide non dimitens secum duxit, tetraque in turris profunditate multis implicitum compedibus et manicis projecit. Ille vero, omni amicorum auxilio destitutus, sancte martiris presidium querimoniosis singultibus advocare non desinit, totumque se in ejus misericordia confixit. Cujus evasionem ille suus patruus nimium timens, ab ejus

---

[V]. S. M.

1. Cf. infr. c. xvii.

circuitu omnia saxa fustesque auferebat, catenamque de collo ejus per quoddam artissimum turris foramen expositam, extra maceriam fortissime firmabat. Causa tamen incurię, pertica juxta eum remansit, cujus summitas ad tabulatum usque porrigebatur ejusdem arcis. Sed quid multis immorer ambagibus? Nocte vero quadam, inter somnum et quietem nutans, videt prestanti forma puellam ultra mortalium speciem pulchritudine decoram sibi assistere, atque eum proprio nomine vocitantem, tali cum eo mutuari affamine : *Quid*, inquit, *dormis?* Cui et ille : *Quenam es, domina?* Et illa : *Sanctam Fidem me esse scias, quę tuis compulsa querimoniis, nimisque conpassa contumeliis, tibi evadendi consilium affero, et ut hinc festinus egrediaris precipio.* Quibus dictis ipsa se in cęlum recepit. At ille expergefactus, manum ad terram extendit, ubi cęlesti subrogante potencia silicem invenit, cujus facili ictu catenam quę de collo ejus per murum agebatur comminuit, sed timens audiri compedes integros dimisit. Sicque valido adnisu, per erectam perticam repens ad summa fastigia evolavit. Cum autem pervenisset ad fenestram per quam aditus patebat et exitus inde egredientibus, ad custodiendum eum viros invenit ante foramen jacentes, quibus cum nimio periculo hac et illac dimotis, per medium illorum inceptam fugam peregit. Sed dum hęc vix pre timore agerentur, surgens aurora cęlum terrasque lucilluis radiis vibrare cępit, ita ut rerum facies possent discerni. Ille vero non audens ad Conchacense monasterium redire, per supercilium monte situm se direxit, ubi a quodam rustico obiter invento, accepta securi unam bogiarum in frusta comminuit, residua vero bonę subnixa, ut ipse postea ludendo referebat, agilitate equi pervolans castrum quod Bellofortis [1] dicitur expetiit,

---

1. *Bellofortis*, Belfort. Le château de ce nom a disparu ; il a fait place à un hameau du même nom (commune d'Almon, canton de Decazeville, arrond' de Villefranche, Aveyron). D'après un Pouillé de 1310, l'abbé de Conques avait des droits sur ce château. Le Cartulaire mentionne (n° 240) Pierre de Belfort comme bienfaiteur de l'abbaye. Le château de Belfort donna son nom à la maison de Belfort ou Beaufort-de-Saint-André (H. de Barrau, *Docum. généalog.*, III, p. 157). Il était à environ 9 kilomètres à l'ouest de Conques.

ibique inherentem compedem frangens, sanctę Fidi transmisit, quem non multo post secutus, altissimo Deo et sanctę martiri innumeras gratiarum actiones rependens, omnem capturę suę et liberationis tenorem cunctis astantibus retexuit.

[VI]

De ceco inluminato.

Normannię in partibus hanc contigisse rem novimus quam silentio pretereundam indignum satis ducimus. Ibi quidam medię jam fere ętatis ad custodiendos equos sub divo pernoctans, post nimiam vigilię fatigationem sopori cessit, ac sic totis medullis somno irrigatus paululum quievit. Rursus vero expergefactus, dum pascentes sonipedes videre putavit, minime pervaluit. Nam amisso lumine, cecus erat factus in ipsa soporis quiete. Sic accito ductore, palpando domum repetit, atque ita mansit diebus plurimis. Cui de cecitate merenti, mente succurrit, ut diversa sanctorum oracula peragrare deberet, atque fortassis eorum meritis obtinentibus amissum lumen reciperet. Quo facto, Romam petiit, ibi post peracta orationum studia remansit, somnoque longa itineris molestia fessus indulsit. Qua in quiete responsum accipere meruit, ad oraculum sanctę Fidis redire, ibique oblata lucis reparatione potiri. At ille hanc visionem non magni pendens, insuper et locum nesciens, ad propria cecus ut erat prius regreditur, nulloque remedio interveniente, totum biennium ita permanere videtur. Postea vero consultius agens, sanctę Fidis basilicam aggreditur, uno parvulo filio suo contentus. Ubi prostrato corpore prolixius orans, sanctęque martiri attencioribus omnia sibi necessaria precibus intimans, finem orationibus fecit, atque ibidem in remotiori loco quietem sumpsit. Cui, mirabile dictu, per visionem duę aves mire pulchritudinis advolantes, duas candelas ardentes oculis infigere videntur, atque tenues auras rursus repetere leni volatu. Unde nimium exterritus a somno excutitur, puerumque vocans, rursus ad aram gloriose martiris reducitur. Ante cujus crepidinem toto prostratus corpore, profusius orationem fundens, pro reparatione amissi luminis totas obsecrationes continuavit, ac sic in pedibus rursus se erexit. Qui dolore gravi tymporum ac cerebri percussus, rustici cujusdam juxta se astantis humero incubuit, atque eo sustentante, vix in pedibus stare potuit. Post quem dolorem tantus cruor ab utrisque oculorum claustris scatere cernitur, ut vestes ac barba in sanguine concreta omnino fedarentur. Deinde miro in modo restitutę lucis munera sentiens, palpebram attollit, rerumque formas et quęque opposita paulatim augmentante luce discernere, digitoque monstrare potuit. Hilaris ergo de impetrato munere, per aliquod tempus ad ostensionem divinę virtutis ibidem mansionem fecit, atque sanctę Fidis meritis proprio visu ducatum prebente, ad propria lętus repedavit.

[VII]

De milite quem post allopicium sancta Fides reddidit capillatum.

Sed dum hęc tam stupenda tamque fere incredibilia in laude gloriosissimę virginis predicamus, aliis fama dignioribus undique exorientibus cęptam narrationem truncam atque infectam relinquere cogimur. Quę nisi compendioso sermone transcurreremus, omne tempus vitę nostrę consumere, necdum vero finire putaremur. Sed licet nostris temporibus inexplicabile opus nos arripuisse sciamus, tamen comite vita prout vires suffecerint, orientia gloriosę martyris signa membranis ad ejus ęterni honoris titulum tradere minime cessabimus. Cujus laus ab ore nostro non deficiet, neque incr-

[VII]. *s.*

tis ingenii torpore inminuta aliquid damnum sibi intulisse de nobis ingemiscet. Quin etiam, tacente lingua, in ejus laude nostra voluntas desudare nequaquam sinet, quia ejus meritis nos credimus de levo hedorum grege transmutari cum albo vellere in dexterę partis candidas oves. Qua mercede super omnia conducti, omni desidia procul acta, quę nostris occulis cernere meruimus culpa silencii deperire non patiemur. Quapropter jure debitores facti, consequenter unum quoddam presenti paginulę inserendum censemus, cujus per merita sanctę martiris operator ineffabili potencia extitit ipse Deus.

Arvernico in pago eques erat magnanimus nomine Barnardus, Gravissonnis oppidi[1] secundum humanam procreationem alumnus, qui Roma regressus, gravi egritudinis molestia vexabatur. Ex qua vix convalescens, ita omni capillorum coma nudatur, veluti a septembrilibus idibus frondicomę silvę omni honore foliorum privantur. Ob cujus deformitatem allopicii in tantam verecundiam corruit, ut relicta omni milicia, pariumque ac dominorum conventiculis, maternis tantummodo ut puerulus sustentaretur stipendiis. Ad cumulum etiam tanti infortunii, seniores ejus beneficia, vicini patrimonia sua, absque ulla controversia undique inulti male invadebant. Unde malorum tanta accidia, quod devium mentis vocamus, anxiari cępit, ut ei mors optabilior quam vita putaretur. Cui nocte quadam in stratu quiescenti multaque tacita mente volutanti sopor irrepsit, curisque omnibus solvit. Hoc ergo in sopore venerandę caniciei senex statura procerus, vultuque decorus ei astitit, atque eum talibus affatur verbis : *Cur tristis jaces ? Ne timeas neque contristeris, qui si consiliis meis adquieveris, inoptato decore continuo reparaberis. Ad sanctę Fidis oratorium festinus iter dirige, et ipsa tibi florem restituet adolescentię tuę.* Qui omnino in desperationis baratro lapsus, pro doli-

---

1. *Oppidum Gravissonnis*, plus exactement *Granssonis*, lieu détruit, commune de Faverolles, canton de Ruynes, arrondissement de Saint-Flour (Cantal). Il est appelé *Granson* dans une charte du xi° siècle du cartulaire de Saint-Flour. Il y eut longtemps une chapelle. En langue vulgaire : *Gransoux*.

ramento sancta oracula duxit, ac se post septena annorum volumina numquam per sanctam Fidem amissam cincinnorum gratiam posse recuperare respondit. Quam visionem cum mane facto genitrici retulisset, illa ut erat anus divina monita flocciferavit penitus. Sequenti tamen nocte cum isdem eques somno gravaretur, predictus senior assistens inportunius eum perurgere cepit, eadem verba quę prius repetens. Sed ut primę ita et secundę monitioni permansit inobediens. Tercia vero nocte ecce glorifica martir Fides advenit, et sui preconis verba recensens, hęc in jussa protinus erupit : *Ad Concharense monasterium non differas ire securus, ubi cum perventum fuerit, Gerberto abbati*[1] *ex parte mea suggere, quatenus in mei memoria ante corporis mei mausoleum divinum celebret mysterium, te ad levum ejus stante usque ad sancti Evangelii expletionem. Post offertorium autem, ut ipse abbas manus abluerit, ipsam aquam collige et exinde ipse tibi caput humectet, et sic ad dexteram partem ilico te confer.* At ille summo diluculo quietis moras rumpens, corpus a stratu corripuit omnemque visionis nocturnę tenorem matri suę indicavit. Quę jam in fide solidata, visioni credidit, sumptisque viaticis monasterium cum ipso suo filio expetiit. Quam visionem ut memorato abbati singillatim intimaverunt, ille ut est mos perfectorum patrum tali negotio indignum se protinus adclamavit. Tandem vero instantibus eorum victus peticionibus, omnia sicuti ei jussa fuerant devotus implevit. Quo expleto, dum sequentem illam noctem ante sacratissimę virginis glebam excubias pernox in divinis orationibus celebraret, tota superficies capitis tumens quasi piliculos ad instar nascentis puer. habere videtur. Cui etiam mane orto domum revertenti, totum caput roseo colore ita subrutilare cępit, ut tota vertex capitis sanguine recenti cruentata crederetur. Domi ergo

---

1. Il s'agit sans doute de Girbert, associé comme abbé *secundum regulam* au gouvernement de Bégon II (Cf. sup. l. II, c. V) et que la chronique fait mourir au cours d'un pèlerinage à Jérusalem. Le Cartulaire contient de nombreux contrats souscrits par Girbert, de l'an 996 à l'an 1003 (Cartul., Introd., p. xlii, — n° 125). Le fait raconté ici se serait donc passé dans les premières années du xi° siècle ou à la fin du x°.

positus, illos omnes novacula absumpsit, rursusque novis densantibus, comis paulatim crinibus vestitur renatis, meritisque sanctę martiris amissum capillorum post tantum allopicium honorem recuperare meruit.

[VIII]

De adolescentulo resuscitato.

His ergo ita actenus veluti ad alia festinando succinctę prelibatis, aliud pene incredibile occurrit, quod ne silentio pereat, vivacibus commendare studuimus scedulis. Ultraclausane[1] vulgo dicuntur partes, ubi duo conjugali federe sociati absque sobolum fecunditate diutius manserunt steriles. Qui inito consilio ad sanctę virginis propitiatorium accedentes, mox ut peractis votis redux peregerunt iter, divina pietate mulieris fecundatur venter, sicque in partum resolutus, masculam in lucem effudit prolem. Qui filius tria fere, ut putabatur, lustra gerens, invida morte anticipatur, atque extremum vitę merentibus parentibus sortitur. Qui ut defuncti nati exitum viderunt, sanctam Fidem variis atque innumeris querelis lacessunt, eamque sibi amissum pignus reddere deposcunt : *Quid*, inquam, *illius dono, o sancta et gloriosa Domina, nos exhilarare voluisti, quos de ejus inmatura sorte prescieras mestiores fieri! Tuum fuit quod cum jam desperati habuimus, pro ejus impetracione tua sancta limina expetivimus, ante tua sancta monimenta corporibus humi prostrati, in ejus peticione exaudiri meruimus, optatumque divinitus votum per te, o beata mater, adepti sumus. Quid profuit nobis, o beata et gloriosa mater, quęsita nancisci, si detrimentum amissionis nunc cogimur perpeti? Adesto nunc solita pietate, o Christi*

[VIII]. *S. B. A.*

1. Cf. sup. c. II.

virgo benedicta, sobolemque nobis restitue redivivam, quam per te suscepimus, tua gratia nostra fecundante viscera. Nichilominus quidem nobis ablatam vales reddere, quam omnino natura negante dudum prevaluisti concedere. In utroque fies omnipotentissima, in utroque agnosceris martyr efficacissima. His et talibus quamplurimis utrosque parentes ad defuncti filii feretrum ingeminantes dolor inremediabilis torrebat, exanimeque corpus amplexos gravibus suspiriorum singultibus fatigabat. Cumque jam bajuli sandapiliam arriperent, ut ad ęcclesiam humandi causa deferrent, parentes lamentabilibus modis sanctam Fidem proclamant, et ut eis amissum donum rursus restituat miris ululatibus obsecrabant. Quibus ita ad ęthera usque funereos clamores ferentibus, ecce quasi de gravi somno rediens adolescens, ille caput a feretro erexit, faciemque sudario jam adopertam concutiens, astantium strepitum mirari cępit. Quem mater inremota feretro incumbens, mox ut vitalibus auris fruentem persensit, propere vultum manusque resolvit, versisque modis pre nimio gaudio fletibus ora rigavit. Quo viso, omnis astans cętus diriguit, calorque omnium ossa relinquens, ineffabili stupore cernentes perterruit. Denique eum a mortis torpore resolutum genitores ejus percunctari studuerunt, si forte corporeis membris exutus aliud ad regnum duceretur, an, in extasi mentis positus, adhuc vitali calore membris collapsus fungeretur. Qui mox se ab hoc presenti sęculo prorsus egressum, et ad tenebrosa loca respondit deductum, unde sancta Fides eum vi exemit et ad resumenda hujus solis spiramina corpori refudit. Et ut credibiliores in tanti miraculi relatione utrique parentes fierent, eum virbium ad sanctę virginis oraculum in testimonium omnium abduxerunt, testeque tota vicinia, nobis mirantibus ac pre gaudio fletibus ora madentibus, eundem relatorem esse fecerunt.

⁹ Quo in facto illud sanctissimi Helisei ad memoriam reducitur, ubi de mortuo puero fere similis causa contigisse

q. S, A.

deprehenditur [1]. In hoc tamen distare hęc duo ab invicem creduntur, quod mater hujus sibi dari prolem a sancta martyre obnixis postulavit precibus, illa jam pro exacta ętate nullam spem pariendi habens promissoris timebat deludi sermonibus. Sed tamen quocumque modo utramque contigerit habuisse, accepto munere valde doluit brevi facti occasione caruisse. Quapropter utręque dolore coactę largitorum facies occupant, inportunisque litibus ab eis amissa requirunt pignora. Utręque ad conflictum insurgunt, utręque instantibus jurgiis sanctos Dei lacessunt. Et quod ille sanctissimus Dei prophetes vivens obtinere in resuscitando puero celitus promeruit, itidem ista gloriosa virgo et martir, jam celebs effecta et angelorum choris sociata, dare petentibus prevaluit. Hanc enim sanctitatis gratia et passionis meritis post hujus vitę excessum cęlo vivere nulli dubio venit, sicut nunc ad ejus sacra monimenta indesinenter videmus ab obsessis corporibus spiritus immundos ejus virtute expelli, torqueri, cruciari, et invisilibus flagris quousque eiciantur cędi, eosque magnis vociferationibus clamare ut ab eorum cesset tormentis. Et neque hoc uniformiter agunt, sed alii humano clamantes, alii leonum ac porcorum more rugientes, alii vero serpentina lingua exsibilantes, per merita atque virtutes sibi a Domino collatas ab vexatis corporibus eliciuntur. Sed quia supra retulimus hunc de quo nobis sermo est juvenem ad tenebrosa loca fuisse deductum, scrupulum fortassis dubietatis videbimur aliquibus opposuisse, cur hic qui ad pubescentem ętatem vix perveniens, nec homicidii neque cujuslibet gravioris culpę secundum noticiam vicinorum laqueo putabatur implicitus, tam districto supplicio deputaretur feriendus. Quibus ut omnem ambiguitatem auferamus, hęc brevi exemplo subdere curavimus. Inter gradus ętatis qui de puericia ad decrepitam *r* usque consurgunt, duo remissiores, scilicet inferior et eminen-

r. etatem. *A.*

---

1. Lib. IV Reg., IV, 35.

tior esse perhibentur, in quibus ad omnia humanę naturę vicia positi minus ferventes reperiuntur. Medium vero iter tenentes, lasciviores pronioresque ad omnia voluptatum lubrica efficiuntur. Unde et nostri Romani sub tutela quondam positos quartodecimo vitę anno pueros solvebant. Puellas autem quarum usus invenietur velocior, duodecimo anno capite diminuebant. Quocirca hujus juvenis pubescens etas fortassis inhumani vicii contagione sorduerat, unde postea ad supernam patriam itura prius expiari debuerat. Ad illam enim patriam neque macula neque ruga, nec quidlibet fetidum accedere potest, sed ut regnator ejus Christus, sanctus, purus, innocens, splendidus habetur, ita et hujus coloni sanctitatis nitore choruscare debent, ut ejus incolatum adipiscantur. A cujus beatitudine iste propria culpa dejectus, per sanctissimam Christi martirem ob hoc maxime ad pristinam vitam revocatur, quatinus omni studio correptus, formidata loca fugiat penitus, et bona opera exercendo, ad supernam patriam anhelet totis viribus, ne iterum periculosa judicia subeat, quę meritis sanctissimę virginis semel evasit, ut ęternę glorię sub iterato fine particeps effici mereatur.

[IX]

De eo qui filios suos virtute sanctę Fidis fretus, per ignem transire faciebat.

Hujus rei cujus narrationem aggredimur, multi nostrum relatores persepe extiterunt, quorum relationibus ut divinis oraculis credimus. In Petragoricis partibus castrum Montagrerium[1] perhibebant, ubi eques quidam nomine Helios

[IX]. *S. H. A.*

---

1. *Castrum Montagrerium*, Montagrier, chef-lieu de canton de l'arrond. de Ribérac, Dordogne. Le château fort, dont il ne subsiste que quelques ruines, appartenait primitivement à la famille d'Albret. L'église de Monta-

nobilitate pollens degebat, qui sine sobolum gratia conubia irrita atque ingrata ducebat. Qui tandem ad sanctę martiris properans limina, optata conjugalis uteri meruit recipere semina. Et hoc ei bino munere contigit accidisse. Quos pueros tanto amoris privilegio diligebat, ut etiam non suos sed sanctę Fidis filios apellabat. Et ut inde experimentum daret, coram astantibus et instanter prohibentibus, media in ejus phala accenso rogo, nudis cruribus ac pedibus, per medios flammarum globos transire faciebat, quod et mirabile visu, pueri sine aliqua incendii lesione citato saltu implere festinabant. Interea vero mente sedit, ut eosdem pueros deberet adducere sanctę martiri, veluti eorum spirituali genitrici. Sed quia horrida hiemps flumina cuncta a littoribus expulerat inmensisque tempestatibus passim deseviebat, mulier et ceteri ejus familiares aliud in tempus reservandum persuasum ibant. Quorum omnium hortamentis penitus resistens, propositum iter se cęlebraturum asserebat, nulloque metu ingruentis tempestatis se desisturum dicebat. Quin etiam presentibus pueris sanctę martyris nulla se naufragia timere perhibebat, sed eorum comitatu fretum parva lintre procellosas gurgitum elationes sulcaturum se spondebat. Quod et ad effectum usque perducens, sanctę virginis adiit limina, puerosque votis obligans, multa de eis sanctę congregationis nostrę fratribus recensuit valde admiranda, peractisque orationum sollempnitatibus, lętus et incolumis rediit ad propria.

[X]

De eo qui monachum sanctę Fidis invasit.

Arvernicis in partibus rem actam didicimus, quam brevitate coartatam vestris auribus ilicet instillabimus. Ubi

[X]. *S. A.*

grier remonte au xi⁰ et au xii⁰ siècles. Un prieuré dépendant de l'abbaye de Brantôme existait en ce lieu. (Cf. V¹⁰ de Gourgues, *Dictionn. topogr. de la Dordogne*, 1873.)

Abbé BOUILLET. — *Liber miraculorum sanctę Fidis.*

castrum Aurosa nomine¹ situm multi vestrum noverunt, juxta quod, interposita tamen quadam planicie, sanctę martiris habetur viculus, Molendinum Pisinum ab incolis vocitatus. In memorato vero oppido princeps quidam Robertus vocabulo cęteris preerat, qui interveniente ira, in monachum predicti viculi custodem irruit, futurus si facultas ei daretur homicida. Sed rusticorum atque servientium obpugnatione victus, terga vertit cum suis omnibus. Quod indigne ultra quam dici potest ferens, nocturnas parat insidias, ut vel sic illatas ulcisci possit injurias. Quid plura? Claustra irrumpit clande*inus, junctis sibi quinque complicibus. Denique per opaca noctis silencia repagulum hostii mucrone ensis retro jaciens, medio in limine stetit stupidus et amens. Qui cum a suis rogaretur ut domum intraret, confestim se per puram lunę claritatem subintulit nichil videre. De quorum ore juvenis quidam expergefactus, et ut casu erat nudus a stratu desiliit velocius, telumque manu corripiens ejus clipeum perforavit, hostemque ab aditu ostii avertit. Quo facto, ostium clausit serisque munivit. Ille vero predictus hostis, ut se luce oculorum captum persensit, milites suos retro cedere jussit, atque ita omnes in fugam sunt conversi. Qui ut in predictam planiciem fugiendo pervenerunt, timentes ne ad terga insequerentur eos inimici, dominum suum in tenebris torpidum solum reliquerunt, ipsique per clivum rupis latibula sequentes, trepidas animas servaverunt. Ut autem neminem persequentem se viderunt, ad dominum suum redeunt, quem toto corpore dampnatum oreque ad aurem retorto factum obscenum* in linteamina ad domum revehunt. Quod penitus dissimulantes, ad memoratam

a. Sic A; alias oscorum.

---

1. *Castrum Aurosa*, le château d'Aurouze, commune de Molompise (canton de Massiac, arrond' de Saint-Flour, Cantal). Il est mentionné dans le Cartulaire de Conques (n° 394) dès l'année 1019. Parmi les seigneurs d'Aurouze qui firent des donations à l'abbaye, est nommé un Robert Amirat (n° 525). Aurouze étoit « chef-lieu d'une terre considérable, à la maison de Rochefort en 1278; Louis Dubreuil en était seigneur en 1322. Bertrand de Rochefort vivait en 1357, et Pons d'Aurouze, savant distingué de son siècle, fut en 1373 abbé d'Aurillac, puis évêque de Saint-Flour. » (Déribier du Châtelet, *Diction. statist. du Cantal*, p. 207).

ęcclesiam mane veniunt, pacemque cum omni humilitate et justicia pacisque federa requirunt. Et quia ipsum monachum ad Sanctę Fidis monasterium regressum invenire nequeunt, inito consilio, dominum suum gravi dampnatione detentum ad illam ęcclesiam ob amorem sanctę martiris attollunt, ubi sacras vigilias cum cereorum luminaribus cęlebrantes, unam ebdomadam peragunt. Sicque meritis gloriosę virginis ille in pristinum statum valitudinis reformatus, virtutem tantę martiris predicat, benedicit et adorat. Denique junctis sibi familiaribus, pedestri calle sub triduo nudis plantis ad sanctę martyris festinans oracula, causam itineris sanctis fratribus indicat, memoratumque monachum sibi benigne reconcilians, letus recidivam repetit semitam. Ex quo factum est, ut deinceps omni dilectione vicum illum servaret, ecclesiamque inibi sitam omni veneratione coleret atque devota mente frequentaret.

[XI]

De oculo equi per virtutem sanctę Fidis restituto.

Inter has virtutum copias, res mira contigit, quam ne indoctorum obtrectacionibus aliquatenus improbari liceat, sanctorum patrum inrefragabilibus exemplis rite ducimus approbandam. Sanctissimi Gregorii tam fallere quam falli nescii relatione didicimus, quod Tudertinę ęcclesię[1] quidam extitit episcopus, Fortunatus nomine[2], cujus sanctitatis meritis obtinentibus, equus cujusdam militis, mirabilem versus in rabiem, per impositionem sanctę Crucis in mansuetudinem reformatur. Quem pro exhibita virtute sibi a proprio domino oblatum, ne oblatori aliquam molestiam inferret, et peticionem ejus audivit, et tamen amore karitatis

[XI]. S. B. A.

---

1. Todi, en Italie (ancienne Ombrie).
2. S¹ Fortunat, évêque de Todi, vivait au vi⁰ siècle.

equum quem necessarium non habebat dato precio emit. Et ut divinam clementiam de omnibus cu... im habere credamus, psalmigraphi sentenciam placide animadvertamus. Dicit enim : *Homines et jumenta salvabis, Domine*[1]. Quod cum ita sit, ad explicandam rem de qua sermo huic materię intercessit, narrationem reflectamus.

Arvernico in pago Murmontis castrum[2] vulgo nuncupatur, in quo miles quidam, equum magni precii habens, de more sanguine minuit, quem post flebotomicionem ad palum quendam capistro religavit. Quo in palo ad res suspendendas sudes acutissime prominebant, quas ipsi ramusculi precise arboris olim concesserant. Ad cujus stipidem predictus equus adnexus, dum instabili motu circumvagaretur, ejecto altius capite sudem offendit, quę gravi ictu confestim ei oculum radicitus evulsit. Quod factum predictus miles egre ferens, oculum ad mandibulas usque pendulum in proprio foramine restituit, ac multorum ibidem astantium cohortationibus, sanctę martiri Fidi luminare ad ejusdem equi[1] longitudinem vovit, lumenque eflossum institis alligans, ad proprium stabulum mestus reduxit. Erat namque equus ille et velocitate incomparabilis et in omni caballina strenuitate probabilis. Sicque factum est, ut sanctę Fidis medicantibus piis meritis, postera die equus ille incolomis inveniretur, ac si nunquam ullo morbo gravari videretur. Cujus virtutis preclarum miraculum isdem miles ante sanctę martiris retulit, cunctis astantibus, oratorium.

1. equi caudae *B*.

---

1. Psal. xxxv, 7.
2. *Nurmontis castrum*, Miermont, près d'Espinasse (canton de Saint-Gervais, arrond' de Riom, Puy-de-Dôme). La carte de Cassini indique cette localité. Les seigneurs de Miermont, « au xi° et au xii° siècles, firent à l'abbaye de Conques des donations importantes (*Cartul.* n°° 539 et 534). Rigaud de Miermont et Etienne, son frère, offrirent à Sainte-Foy quatre manses situés à Lacalm », à l'extrémité septentrionale du département de l'Aveyron (*Cartul.*, Introd., p. lxxxiii). G. de Miermont est signalé, au xii° siècle, comme prieur de Lacalm.

[XII]

Item simile miraculum.

Est et aliud huic non impar miraculum, quod pro sui dignitate facti huic opusculo videtur inserendum. Castrum vulgari opinione Inter aquas vocatum[1], a Conchacensi loco miliariis octo et paulo amplius distans, multi vestrum noverunt. Ubi miles quidam habebat caballum jam nimia senectute decrepitum. Hunc vero caballum, si quando sacra imago gloriosę virginis et martiris necessitate incumbente alicubi vehi debuisset, abbati mittebat, quia idem animal mansuetudine et equalite ambulaturę pre ceteris vigebat. Cui quidam juvenis causa ludi dum virgulam alias vibraret, adverso casu oculum extorsit, qui a propria sede radicitus evulsus, quasi per quoddam filum ei in facie pendens hesit. Quod domirus ejus cernens, non enim ad iram erat facilis, simulato cachinno subrisit, presensque damnum non sibi sed sanctę Fidi illatum blandis querimoniis conqueri cepit. *Difficile, inquit, et incomparabile dampnum, o sancta Fides, hodie vobis contigit, quia vester hic veteranus famulus absque sua culpa dampnatus, luscusque immerito effectus, lumen perdidit, vestrisque obsequiis modo fit inutilis.* Et his dictis, propria manu oculum in patenti orbe refudit, atque ita ad stabulum suum reduxit. Post cujus terga omnes cachinnosis irrisionibus clamabant, hunc equum in annorum provectibus centenarium, omnique corporeo vigore frustratum, nunc vero ad malorum cumulum peragendum oculorum luce privatum, volatilibus atque bestiis potius ad devorandum esse exhibendum, quam aliqua indulgentia ulterius reservandum.

[XII]. *S. A.*

---

1. *Inter aquas*, Entraygues, chef-lieu de canton de l'arrond' d'Espalion, au nord-ouest du département de l'Aveyron, au confluent de la Truyère et du Lot. Vers l'an 1061, le Cartulaire mentionne Gerbert, archidiacre d'Entraygues, *de Inter aquis*, comme ayant donné à l'abbaye la moitié de l'église de Colinbac (n° 527).

Quorum judiciis ille dominus ejus minus credulus, domum ut diximus reduxit, et sic nocte illa ad solitum presepe adnexuit. Unde factum est, ut crastina die ad eum causa visendi veniens, ita oculatum reperit, ut nulla cicatrix inveniretur in foramine reparati luminis. Hoc autem mire factum meritis sacratissimę martiris incunctanter agnoscens, omnibus vicinis qui eum luscum hesterna die viderant, nunc sanum ostendit, et hoc prodigiose patratum virtute sanctę Fidis cunctis innotuit.

[XIII]

De quodam equite, cujus domus pro anseribus sanctę Fidis succensa est.

Sed dum tanta gloriosissimę virginis insignia stili eloquio commendare properamus, modernis vetusta numero exuperantibus, veluti per floridam campi amęnitatem discurrentes, elegantiorisque pulchritudinis flosculos legentes, recenciora ac virtutis odore suavius fragrancia carpimus miracula, fidelium relatione nobis recensita, quę ad ostensionem meritorum sanctę martiris futurę posteritati decernimus recolenda. Ex quibus illud est, quod vestrę fraternitati in promptu est. Arvernorum quidem in territorio planicies [1] habetur, unde et locus ille congruum nomen sortiri videtur. Qua in

[XIII]. s.

---

1. Notre auteur nous fait connaître trois acceptions du mot *planities*. Il l'e employé p ʰemment (l. III, c x) dans son sens propre, pour désigner le fond de l'étroite vallée qui sépare Molompise du rocher qui portait le château d'Aurouze; au fond de ce vallon coule l'Alagnon, affluent important de l'Allier. Ici le mot *planities* désigne le plateau qu'on nommait *Planicia* ou *Planicie*, et qui porte aujourd'hui le nom de Planèze. Il s'étend entre l'Alagnon et la Truyère, tributaire du Lot, et comprend, outre les cantons nord et sud de Saint-Flour, une partie de ceux de Murat, de Pierrefort et de Chaudesaigues. La viguerie de *Planicies* est mentionnée au xi⁰ siècle dans une pièce du Cartulaire de Conques (n° 261). Quant au lieu de Planities signalé dans notre texte, peut-être s'agit-il du village de Saint-Mary-le-Plain, ou des Plains, dans le canton de Massiac (arrond' de Saint-Flour); ni Molompise, ni Aurouze ne sont en Planèze. Il paraît que la Planèze s'est aussi appelée *le Piedmont de France* (Déribier du Châtelet, *Dictionn.*, p. 244).

planicie miles quidam Amblardus nomine manens, cum vicinis suis ejusdem potencię se jactantibus ac in nullo cedere nolentibus discordium habuit, quibus tipo prelationis ad deteriora succrescentibus, ad multorum perniciem pervenit. Ab utraque enim parte milites in invicem prosiliebant, mansionesque et rusticana subsidia igni ferroque consumebant. Dum hęc igitur diversa parte gererentur, rustici tuguriorum suorum incendia precaventes, omnem ignem extinxerunt, ne forte illi aut illi qui depopulari et in favillas redigere eorum casulas volebant, ignis fomenta non invenirent. Ex quo contigit, ut dum predicti Amblardi milites alicubi focum invenire non possent, in vicinam villulam sanctę Fidis quę Petrafixa vocatur[1], irruerent, sed inventum minime secum auferre potuerunt ignem. Divino enim instinctu ignis crepitans, super eos insiliebat, ac si vestes eorum et barbas lambentibus flammis ignominiose deturpans a domorum penetralibus effugere perurgebat. Quibus velocem fugam petentibus, unus eorum parasita ingluvie captus in domestica altilia irruit, binosque anseres inde rapuit. Qui gravibus commilitonum objurgationibus increpatus, nec sic correptus, dum predictas aves ad ignem torreret, et jam pene coctas mensę apponere pararet, continuo prunę, alitum pinguedine perfusę, flammarum globos emiserunt, tectique ad culmina evolantes, tectum et omnem illius mensę apparatum penitus concremaverunt. Omnes ergo ab hoc incendio vix liberati, una voce conclamaverunt virtute sanctę Fidis id esse actum, de cujus villula anseres illi erant rapti, ad quorum indignum accumbere volebant prandium.

---

1. *Petrafixa* peut être ou Pierrefitte (commune de Talizat) ou Pierrefiche (commune d'Oradour), l'une et l'autre situées en Planèze. Toutefois il semble plus vraisemblable d'y voir Pierrefiche : Conques avait, d'après le Cartulaire (n° 364), des possessions sur le territoire de Nonvéglise (cf. sup. p. 132, note 2) contigu à celui d'Oradour, et n'en avait aucune à Pierrefitte, ni à proximité.

[XIV]

De eo qui c--- quinquaginta equitibus sanctam Fidem temerarię invadere volens, cum suis excecatus est.

Caturcinensium in partibus, predium erat sanctae martiris antiquis ex temporibus, quod pro vetusta antiquitate a possessoribus jam in fundi jure omnine tenebatur. Quod ut ad dicionem predictę martiris revocaretur, uno assensu fratres convenientes, auream imaginem in qua gloriosum caput beatę virginis reconditur ibi deportaverunt. Qua ubi perventum est, in ęcclesia quę illo in loco Bellomonte nomine fundata est[1], sanctum thesaurum deponunt, atque mane facto ad aliud eam bajolant predium, quod miles quidam Regenfridus jam pro antiquitate jure fundi possidebat. Quo facto, rursus ad predictam ęcclesiam revehitur. Quod cum memorato equiti nunciatum fuisset, indigne tulit, ac sic quinquagenis equitibus fretus, ad locum illum properavit, ultionem accepturus de monachis. Sed, mirabile dictu, ut predictum sanctę virginis predium quod ipse in hereditatem injuste possidebat gressu attigit, excecatus cum omnibus suis, mox oculorum lucem amisit. Sicque obvium rusticum interrogat, quo nomine vocetur illa in qua stabat villula. At ille nimium admirans, sui juris respondit esse Forgas. Sic ille animo consternatus, causam suę cecitatis indicavit suis omnibus. Qua dampnatione se captos omnes

[XIV]. *s.*

---

1. *Ecclesia in loco Bellomonte*, église N. D. de Belmont ou des Planques (commune de Tanus, canton de Pampelonne, arrond' d'Albi, Tarn). Le Cartulaire nous apprend (n° 57) que cette église fut donnée à Sainte Foy vers 1060. D'ailleurs le hameau de *Forgas*, dont il est question dans la suite de ce récit, est mentionné (n° 348) comme une dépendance de Belmont. Or ce hameau se retrouve encore aujourd'hui dans celui de la Fargue, à quatre kilomètres de Las Planques, sur le territoire de la paroisse de Mirandol. L'église des Planques, aujourd'hui abandonnée, remonte au xii° siècle dans ses parties les plus anciennes. Il sera encore question de N. D. de Belmont aux chapitres xxx et xxxi du 4° livre.

responderunt protinus. Quibus ille : *Omnia actenus inconsulte egimus, et nisi velociter resipuerimus, deteriora perpeti cogemur.* Ad predictos ergo monachos legationem pacis dirigens, ipse cum suis ad sanctas reliquias accessit nudis pedibus, veniamque suę temeritatis deposcens, ante sanctam imaginem procumbit, toto corpore humi prostratus. Cui etiam predictum fundum reliquit post ejus obitum, sine successione filiorum, nisi per voluntatem sancte congregationis fratrum. Quod votum continuo subsequitur reparatio luminum. Nec multo post, sanctis reliquiis in proprio monasterio restitutis, dum ille apud Tolosanam urbem curiali officio fungens commoraretur, ecce enim sanctam virginem nocturna visione assistere videtur, talibusque cum eo uti affatibus : *Agnoscisne me, Regenfride?* Cui ille : *Et quomodo te, domina, numquam hactenus visam possum agnoscere?* — *Ego, inquam, sum sancta Fides, cui nudius tercius indigne possessum reliquisti predium, post hujus vitę excessum. Sed quia hoc subdole cognosco actum, nunc te moneo ut illud ad presens dimittas, in hoc corpore positus.* Cui ille terrore concussus, ita se respondit acturum, ut erat jussus. Mane autem facto, avaricia possessionis succensus, nocturnam visionem pro nichilo duxit penitus. Denique bina repeticione premonitus, incurię deposuit ut prius. Tercia vero nocte, acrioribus eum territans minis, beata virgo affuit, quę nisi presenti actione fundum relinqueret, irreparabili pena professa est damnare, omnemque ejus futuram posteritatem execrabilibus odiis insectari perpetuo tempore. Quo metu nimium ille contusus, sanctę martiris oratorium petivit festinus, omnemque rancorem gloriosę virginis adversum se expediens, beatę memorie Gerberto abbati[1] cum ceteris fratribus possessionem illius hereditatis ibi reliquit penitus, sine filiorum ac nepotum repeticionibus, ut eum tandem sancta et Deo amabilis virgo supernis faciat perfrui mansionibus.

---

1. Il s'agit probablement ici de l'abbé Girbert qui gouverna le monastère de l'an 996 à l'an 1003. C'est donc à cette époque qu'il faudrait placer le fait raconté dans ce chapitre. (V. plus haut p. 140, note).

[XV]

De eo qui compedibus nexus, sanctam Fidem invocans, illesus evasit.

Sub eodem tempore, adolescens quidam, Stephanus nomine, invadendi causa Cerverium castrum [1] expetierat, quod parricidii noxa ei perosum erat. Ad quod priusquam accessisset, juvenem quendam hujus criminis innoxium venantem occupavit, cui propter quodlibet predium in ejus oportunitate situm insidias machinabatur. Unde factum est, ut in eum irruens violenter caperet, nolentemque ei predium illud relinquere captum abduceret. Quem compedibus validis honustum extra turrim in exedris statuit, cathenamque foris per tabulatum ejectam palo ferreo munivit. Qua in pressura sancte Fidis opem supplicibus votis efflagitare non desinebat, totumque se ejus pietati et clementie commendabat. Ob quam rem etiam mater ejus ad sancte martiris propiciatorium devota adiit, deque nati captura gloriosas reliquias sollicitas reddidit. Nocte quadam per somnum monitus dum de salute sua estuaret, ecce juxta se ligneam serram conspicit, cujus pedale pessulum extrahens, per foramen ubi catena figebatur intorsit, crebroque ejus agitatu palum ferreum ab anulo in quo herebat decussit. Sicque catena a pariete exsoluta, secum anxius pertractare

[XV]. s.

---

1. *Cerverium castrum*, Cervières, aujourd'hui Servières, était un château fort construit sur un rocher escarpé, auprès de Villecomtal (commune du canton d'Estaing, arrond' d'Espalion, Aveyron), sur l'emplacement d'une station gallo-romaine. Ce château était mentionné dans divers actes des archives de Conques du ix° et du x° siècle (Bosc, *Mém.* p. 318). Il figure dans le testament du comte Raymond II, qui le légua à son fils Raymond III (Id. p. 403). Des comtes de Rouergue, le château passa plus tard aux comtes de Rodez, puis en 1323, à la maison de Cervières. Il n'en reste aujourd'hui que quelques ruines. Servières était jadis un chef-lieu de paroisse comprenant les hameaux qui entourent maintenant le lieu de Villecomtal. L'un de ces hameaux, Saint-Michel de Lufau, possédait une église (Pouillé de 1510) et un cimetière dont on trouve des traces. Villecomtal, fondé à la fin du xiii° siècle par les comtes de Rodes, sur les bords du Dourdou, devint à son tour le chef-lieu de la paroisse dont Servières ne fut plus que l'annexe.

cepit, quomodo a tanta altitudine arcis evadere possit. Super enim Caucasam rupem turris illa sita erat, sub qua immane precipitium dehiscens, mortis periculum deorsum aspicientibus intentabat. Sed veluti poeta refert: *Una salus victis nullam sperare salutem*, ut et hostium perpendit insidias et precipitii ruinam, maluit se sua sponte perdere, quam insidiatorum pressuras diu tolerare. Inter spem ergo et metum positus, dum se precipitem deorsum dare vellet, vidit ducis balistas pariete dependentes, quarum funes diripiens et simul connectens, posti exedrae inhesit, et ita se precipitem per hunc filum dedit. Summa tamen hujus resticuli ad medium nec perveniebat descensionis. Ut autem ad summam usque delapsus est, sancte Fidis confisus juvamine, patenti se dejecit ruine. Strepitu itaque compedum excitati custodes, captum aufugere conclamant unanimes. Et quia ille vinculis nondum erat solutus, propter illucescentem aurorę splendorem sub fasciculo sarmenti ibidem congesti delituit, nec etiam, Domino protegente, ab omni forensi multitudine potuit inveniri. Querebatur enim ab omni rustica et castrensi multitudine, que ad mercimonia exequenda convenerat illo die, et a nullo poterat reperiri, Deo occultante. Peracto ergo die, per obscura noctis nubila fugam petiit, atque ad rus quoddam perveniens, securi compedes dissolvit, atque ita ad propria liber rediit. Brevi vero intervallo eadem vincula ad sanctę martiris basilicam advehens, rem hactenus litterulis subnotatam nobis exposuit, sacraque vigiliarum sollempnia ante ejus gloriose liberatricis mausoleum peragens, immensas Deo et sanctę Fidi gratiarum actiones devotus frequentavit.

[XVI]

De quadam matrona quę contra sanctam Fidem impie agens, mirabiliter interiit.

Caturcinensium in partibus res mira contigit, quam quia

[XVI]. S. B. A.

cunctipotens Deus pro amore virginis suę monstruose operari voluit, huic dignum ducimus interponendum lectioni. In predicto vero territorio matrona quędam erat nobilis, quę aut quia mulierum genus semper avarum legitur, aut certe diabolico instinctu terram sanctę martiris agris suis vicinam immoderate concupivit, arantesque monachorum bubulcos plurimis affectos contumeliis a jugeribus expulit. Sequenti vero die proprio vomere ea jugera sulcare fecit, suęque dicioni ea subjugare presumpsit. Atque ita celesti virtute actum est, ut dum illa a suis terminis agrum illum denormare juberet, acriterque insisteret, actutum toto corpore emarcuit, ac sic horrificis stridoribus garriens, infelicem spiritum orco demisit. Cujus terribili exitu aratores valde exterriti, relicto aratro fugerunt, ac in summo habitu vix palpitantes, domino suo rem actam retulerunt. At ille merens de mulieris interitu, pro cadavere misit, allatumque terrę condidit. Qua tali modo extincta, terra sanctę martiris tuta ab omnibus remansit, et in monachorum postea ditione jacuit.

[XVII]

De quodam Sygerio qui contra sanctam Fidem injuste agens infeliciter dampnatus est.

Sed dum hęc ex diversis partibus in unius massa congeriei summo studio colligere desudamus, unum quoddam mirabiliter patratum narrationis ostium pulsat, cui aditum minime denegandum nemo dubitat. Conchacensi in castro miles quidam Sigerius nomine[1] habitabat, quem et prosa-

[XVII]. S. A.

---

1. Ce château, dont il a été déjà question (chap. v de ce livre), était situé sur un roc isolé qui se dresse au milieu du faubourg de Conques, au confluent de l'Ouche et du Dourdou. On en voit encore les ruines. Dans ce château existait une chapelle sous le vocable de Notre-Dame ; elle est mentionnée dans une bulle d'Honorius III, en 1225 (Cartul. n° 858). Elle était le siège

pię dignitas et militaris valitudo insignem ferebat. In tantum tamen honoris sui dignitatem inminuebat, in quanto sanctę Fidi infestus esse volebat. Superbię enim elatione tumidus, avaricięque flammis plus equo succensus, omnia quęcumque poterat a ditione sanctę martiris subripiebat, monachos ejus execrabilibus odiis insectari non cessabat, hominesque ejus membris diminuebat. Qui sepe a senioribus leni correptione castigatus, ut Sapientia dicit, *stultus verbis non corripitur*[1], nullo modo a perniciosis sese continuit operibus. Cujus malignitatis improbitati seniores vi resistere non valentes, sanctę martiris suffragia sedulis orationibus implorant, ut ab hac peste liberentur crudelissima. Quin etiam dominicum triumphum a stipite eruentes, in platęę circo crucem cum capsis sacraque imagine beatę martyris exponunt, omnemque cętum astantium cohortantur, ut sancta virgo adversus illum tyrannum Dei incitet iram, locumque suum ab hujus ciclopis conservet insania. Unde contigit, ut infelix ille miserabili languore percussus, infernalibus penis traderetur puniendus. Et quia scriptum est: *semen implorum peribit*[2], Sodomę et Gomorrę sim'as efficitur[3], quas cęlestis ira funditus exterminans, nec unum solum ab earum germine reservavit, ex cujus fetu aliqua propago emergens paternis posset terram inficere nequiciis. Eo enim extincto, tres ejus filii quos ei uxor sua genuerat, veloci tempore a corporibus exeunt, quartus vero paralisi morbo deformatus, fratres sequi cogitur indigeno interitu. Quibus absque liberorum semine defunctis, tres sorores eorum aliquantisper superstites, merito patris infeliciter ab hac vita emigraverunt. Nam prima zelotipię suspicione viro execrabiliter odiosa atque abjecta, tandem paralisi

---

d'un prieuré appartenant à l'abbaye. Elle subsiste encore, mais sous le vocable de Notre-Dame de la Salette, après avoir été sous celui de S. Roch. Diverses chartes mentionnent le nom de plusieurs seigneurs du château de Conques : Bégon, Galvan, Guillaume, Hugues, Austrin, Frotard. Siger, dont il est ici question, est sans doute le même que le Siger mentionné au chap. IV de ce livre. Son fils Hugues, qui avait été délivré de la captivité par sainte Foy, mourut peu après Siger, comme il est raconté ci-après.

1. Cf. Prov., XVIII, 2.
2. Psal. XXXVI, 28.
3. Cf. Is., I, 9.

percussa ab hac luce migravit inops et miserrima. Secunda cum suis liberis elephantino morbo ulcerosa pena dampnatur crudelissima. Ac ne tercia paternę suppellectili merito succederet, servile stuprum secuta omnem amisit honorem. Turris vero, in qua hoc perniciosum succreverat concilium, a vento validissimo undique concutitur, ac sic cum ingenti precipitio obruta solo equatur. Sic virtute sanctę martiris omnis illa superbia concidit, sic radix malorum evulsa periit, sic divina ultio sanctum locum ab impiorum infestatione eripuit.

[XVIII]

De eo qui virtute et vexillo sanctę virginis munitus hostes superavit.

Est etiam fidelibus valde recolendum et inimicis Dei formidandum, quod sum scripturus miraculum. In partibus Nemausensium, vir erat et nobilitate clarissimus, et militari strenuitate opinatissimus, nomine Fredolus. Hujus uxorem quidam diabolico lenocinio captus dolo subripuit, et quod dici nefas est, in matrimonium sibi copulavit. Ob quam causam et predicto Fredolo graves insidias tetendit, hostisque immanior semper ei exstitit, in tantum ut, auxilium Mahtfredi Ludevensis ceterorumque virorum fortium expetens, septingentorum equitum aciem super eum conduxit, nimiaque depopulatione terram illius vastavit. Huic autem exercitui ille resistere non valens, illatas sibi injurias indigne tulit, atque omnipotentem Domini sibi opem ferre tota cordis intencione postulavit. Cujus inspirante gratia, protinus sancta Fides menti incidit, et sic sumpto viatico, filioque suo ad tuendum oppidum ibi relicto, ad sanctę martiris oratorium supplex accessit. Cui omnem cordis sui rancorem ordine retexens, auxilium sibi ferre efflagitat, ac sic totam illam noctem cum suis pernox in orationibus continuat.

[XVIII]. S.

Sole autem terram revisente, villam de sua hereditate
sanctę virgini perpetuo jure possidendi statuit, vexillumque
sanctę martiris a fratribus petiit, cujus gestamine tutus
hostium cuneos penetrare audacter possit. Quo impetrato,
ad propria redire festinavit. Nec mora, militum copiam
aggregavit, ac sic in centum quinquaginta equitibus innumerum hostium exercitum, de meritis sanctę martiris securus, invasit. Ille vero signifer primus ante alios cum vexillo
sanctę virginis hostiles alas perrupit, semper voce clara :
sancta Fides, fer opem nobis, intonans, et crebris repeticionibus eam solam ingeminans. Sicque sanctę virginis auxilio
maxima pars exercitus vulneribus prosternitur, ac insuper
mechus ille qui hostem duxerat, ense plexus velut truncus
humi provolvitur. Quo perempto, cętera turba fuga elabitur, ac sic ille Fredolus sine suorum discrimine, spolia inimicorum diripit victor gloriosus. Inde cum magno tripudio
ad propria remeans, iter rursus instituit, atque ad patronam suam, sanctam videlicet Fidem, alacer properavit, lau-
dumque preconia ei reddidit, cujus ope subnixus, in paucis
plurimum hostium fortitudinem superare meruit.

[XIX]

De peregrino per sanctam virginem a Sarracenis liberato.

Illud autem huic lectioni dignum ducimus inserendum,
quod mirabili cunctipotentis Dei dispositione novimus
patratum. Cujusdam militis nomine Raimundi famulus
sepulchrum Dominici corporis flagranti desiderio expetiit,
qui post peracta gaudia, ut recidivum iter teneret, a Sarracenorum pastoribus capitur, atque immanissimis verberibus toto corpore contunditur, a quo etiam auri talenta exi-
guntur, quę quia non eis exhibet, crudelius torquetur. Ad
demum melotis quibus verenda tegebat exuitur, ac deinde
nudo corpore nichilominus flagellatur. Qui pagani ignem

[XIX]. 9.

construunt, ac desuper semicinctia illa componunt, ut illis in favillas redactis, reconditum in cineribus inveniretur aurum. At ille ut se vidit carnificum interesse manibus, sanctam Fidem lacrimosis invocat clamoribus, seseque totum ejus committit manibus. *Sancta*, inquit, *Fides, virgo et martyr inclita, tua hactenus in omni oportunitate sensi adesse subsidia, per te enim multocies a famis protectus inedia, periculorum evasi discrimina, maris etiam naufragas superavi procellas, nunc supplex tuam deposco clemenciam, ut me eripias ab horum crudeli sevitia.* Illo vero talia querimoniosis lacrimis jactante, ignis ille in rotam sese circumegit, pellesque superjactas retortis verticibus devitans, ab incendio inlesas servavit. Quod bestialis pastorum cernens rusticitas, manibus adplaudens in summos cachinnos prorupit, casuque potius quam Dei virtute id actum sperans, ad montanas ovium caulas, illo relicto, se contulit. At ille lętus et exiliens de tanto miraculo, spolia recepit, Deoque ac sanctę martiri meritas grates rependens, ceptum iter cęlebravit.

[XX]

De puerulo apud Amellanen a morte revocato.

Neque illud silencio pretereundum nobis videtur, quod per ejus sacratissimę virginis preclara merita prodigialiter novimus patratum, teste infiniti populi caterva. Septimanię in partibus gloriosę martiris cernitur ecclesia, quę ob principalem potenciam Palatium dicitur [1] ab omni vicinia. Ad quam dum ex conspiratione seniorum aurea venerandę vir-

[XX]. *s.*

---

1. Il s'agit, dans ce chapitre et dans le suivant, de la procession dirigée vers Paluis, dans la même occasion que celle qui est mentionnée au chap. xii du 1ᵉʳ livre. Au chap. ɪᴠ du livre II, Bernard d'Angers nous apprend que, durant cette procession lointaine, la sainte opéra plusieurs miracles qu'il ne raconte pas. Le moine qui a continué son œuvre supplée à ce silence et complète le récit de ce chapitre et du suivant.

ginis bajularetur effigies, famosissimum vicum nomine Amelianen[1] obiter offenderet, cujus aditum evitantes, in gramineo prato ei subjacenti tentoria fixerunt, sacramque imaginem mediis in papilionibus decenter composuerunt. In cujus adventu accolę inmenso gaudio exultantes, nudis pedibus ad tantam patronam cum summa reverentia accedunt, dignaque obsequia exhibentes, ejus sacris meritis se suosque votis supplicibus committunt. Ejusdem vero vici incola quidam nomine Lanbertus, ut tantum vidit populi concursum, fanatico errore deceptus, ineptis cachinnis derisit, suaque convitia in sanctam Dei objectans, ire cum cęteris denegavit. Cujus nefarię temeritatis sancta virgo impatiens, mox objectum injuriam digna ultione ferire non distulit, ut hujus acerba correptio exemplum fieret omni nationi. Nam repentino casu totus desipuit, amensque et vacuus factus, ad proprium tectum vix ire prevaluit. Nec solus presumptor ille meritam sensit iram, verum etiam parvulus ejus natus inter nutricis ubera cum eo damnationis incurrit dispendia. Tantus enim dolor oculi eum invasit, ut pre nimia anxietate superciliis ac toto capite turgente, pene videretur in suppremo spiritu jam palpitare. Cujus crudelem vexationem anxia mater intuita, toto spiritu debacchando natum in ulnis arripuit, inmensisque clamoribus omnia compita implens, ad sanctę martiris vestigia proruit, puerumque suum ibidem sparsit. Ob cujus reparationem, talia summis vocibus jactare cepit : *Gloriosissima*, inquit, *Christi virgo, nomine et opere Fides sancta, hujus misellę precibus propicia cęlitus jam nunc adsiste, quę te intolerabili dolore obsita cogitur sollicitare. Adesto placabilis meis clamoribus, quę pro unici mei interitu inmensis coartor doloribus. Compatere, benigna, huic misellę, quam meror excruciat toto corpore. Sit nobis tuus sacer adventus ad salutis remedium, non ad damnationis detrimentum. O gloriosa virgo, quid tantum in te potuit hic meus committere par-*

---

1. *Amelianen*, Millau, chef-lieu d'arrond^t du départ^t de l'Aveyron; en roman *Amelhau*.

Abbé Bouillet. — *Liber miraculorum sanctæ Fidis.*

vulus, qui nondum humanę vocis potuit quoslibet edere affatus? Jam penas promeruit, quem nulla culpa momordit. Sanctissima virgo, eum vel redde michi, vel redde sibi, cujus interemptio mihi constat terminus finalis. O mater gloriosa, o adoranda patrona, tuis pro interitu mei uterini anxia advolor vestigiis, ne indignam me judices tuis suffragiis. Si parentum aliqua te inmerito commovit noxa, innocentem noli opprimere infanciam, quam vitę puritas omni labe humanę pravitatis reddit alienam. Noli me frustrari a nati mei dulcedine, quem intra cordis mei penetralia diligo pre omni desiderio vitę meę. Dum hęc igitur et hujusmodi innumerabilia ante sacram imaginis presentiam flebiliter jactaret, mariti ejus incidit mentio, quem dira torquebat domi vexatio. Sicque infantulum in nutricis gremio veluti exanimem ante sacrę virginis presentiam reliquit, domum rediit, maritum lecto prostratum repperit. Quem inportunis adurgens jurgiis, culpę noxam fateri coegit, et sic a lecto eximens, sui conatur eum reminisci. Interea loci puerulus ille, quem nutrix ante sacram effigiem beatissimę virginis tenebat, in oculis omnium quasi mortuus aparuit, atque ita sine vitali motu membrorum ante sacras reliquias tota nocte jacuit exanimis. Peracto vero canticinio, dum ales futurę lucis preco vocem primam emitteret, vitalem flatum puerulus ille recepit, omnesque qui eum velut mortuum servabant, ingenti stupore et extasi percussit. Eo vero ita renato, pater ejus, culpam suam confitendo, ad sanctę virginis propitiationem supliciter adiit, et sic celesti medicamine procuratus, post peracta orationis vota, cum reddito sibi nato domum lętus atque incolomis rediit. Ceterum in illo itinere tanta virtutum insignia coruscarunt per sanctę martiris merita, ut pro incomprehensibili pluralitate nequeant membranarum concludi capacitate.

[XXI]

De milite qui rustico sanctę Fidis paleam abstulit, et de improbo equite percusso.

Huic predicto Palatio castrum ex nomine Lupianum imminet[1], quod in mille equitibus ac fere totidem peditibus miles quidam Barnardus, cognomine Pilitus vocatus[2], vallo obsedit, ferroque, igni et rapinis cuncta que circa illud erant delevit. Hi tamen qui hujus mali prescii fuerunt, omnia sua intra murorum predictę ęcclesię ambitum concervaverunt, et nichil extra preter tuguria sua reliquerunt. Sic ergo milites, spe rapine cassati, loca vicina peragrant, et quęque invenire possunt ad sua castra conglomerant. Sicque factum est ut miles quidam, necessitate compulsus, ad ecclesiam illam irrueret, sarconemque palearum cuidam rustico violenter auferret. Qui cum fasce honustum equum calcaribus urguere cepisset, mirabile dictu, nullatenus eum a loco illo movere potuit, quamvis ejus utraque latera calcarium stimulis cruentaret. Irarum ergo furiis undique exagitatus, a tergo citius dissiluit, arreptoque palo graviter ejus clunes ac latera dolare cępit. Rursus super eum sine paleis sedens, tanta agilitate strepere fecit, ut nunquam eum tam facili motu noverit circumflecti. Cui denique paleas inponens, ut abire voluit, nullatenus perinde ut prius a loco illo moveri potuit. An fortassis equus ille stricto ense angelum contra se astantem videbat, quem dudum asina ferens Balaam mortem sibi minitantem viderat[3]! Stetit enim utrumque animal immobile, quod domini cruenter desevien-

[XXI]. *S.*

---

1. *Castrum Lupianum*, château de Loupian, dans la commune de ce nom (canton de Mèze, arrond' de Montpellier, Hérault), près de Palais ou Pallas. Le Cartulaire mentionne (n° 17) Guarnerius de Louplan vers l'an 1010. (Cf. lib. I, c. xii).
2. Bernard surnommé le Velu (Cf. lib. I, c. xii).
3. Cf. Num. xxii, 25.

tes flagellis, ante poterant enecare, quam a loco uno passu provehere. Inter hęc vero duo animalia, specie non genere dissimilia, illud solum contigit, quod illa asina humano sermone illatis sibi immerito contumeliis reclamavit, iste autem equus tantum gemitibus quę videbat liquido manifestabat. Quid plura? Tandem vero eques ille resipiscens, Dei virtutem animadvertit presentem, ac sic deposita straminis sarcina, rustico ablata reddidit utensilia, culpam suam fatens coram astancium corona. Exoneratus ergo equus, instabiliter cepit sese motare saltibus, ac si post balnea vellet se propriis recalescere motibus. Quod rusticus ille per merita sanctę martiris cujus tenebat advocationem prodigialiter actum comperiens, ob ejus amorem palearum sarcinam militi illi adtribuit, colloque equi imposuit. Sicque mirabili dispensatione cunctipotentis Dei fit, ut qui rapta auferre nullomodo prævaluit, concessa facile secum ducere potuit. Qui ut ad ceteros comites pervenit, cuncta quę sibi contigerant cum omnium ammiratione retexuit. Tantam vero Dei magnificenciam quidam eorum parvipendens, secum duos complices admisit, ecclesięque claustra invasit, atque ex ipso monachorum penu panem ac vinum violenter abstulit. Denique ut omnia armenta atque suppellectilem rusticorum ibi congestam conspexit, se concito gressu rediturum dixit atque omnia illa ablaturum jurejurando intimavit. Quod ut ab illis averteretur, continuo omnis rusticorum multitudo sanctę Fidis acclamavit tutelam, in cujus protectione se ac sua devota commiserat. Ac ne hujus pessimam conspirationem ad effectum usque pervenire divina sineret potencia, antequam ad suos redisset, spiritu superbię tumidus, castellum solus invasit, ubi a filio domini ejusdem municipii latenter telo confossus, infelicem animam expiravit. Quod omnes meritis sanctę Fidis actum veraciter agnoscentes, Deo et sanctę martiri inmensas gratiarum actiones rependunt, ac sic postea a ceterorum infestationibus tuti existunt.

[XXII]

De puella contracta per sanctam virginem reformata.

Est et aliud insigne miraculum, quod nefas credimus silentio pretereundum. Rutenico in territorio, super torrentem Brogma dictum ecclesia Sancte Fidis sistitur[1], cujus in parrochia quidam degebat rusticola, habens filiam fere jam septennem, ab umbilico ad pedes usque premortuam. Qui tantis excitus miraculorum copiis, eam in equeo grabato ad sancte virginis propiciatorium confidenter bajulavit. Sicque cum luminaribus in sacris vigiliis pernoctans, de ejus reparatione sanctam martirem subagitare non destitit, totamque noctem orationibus dedit. Mane autem facto, sacerdos peregrinis missam celebrare studuit, ut ejus orationibus tutior sit reditus universis. Atque ita divino nutu contigit, ut dum ille ad communem omnium salutem eucharistiam perciperet, puellula illa dolore membrorum paulo artius laboraret, ac postmodum amotis doloribus cunctis, solidam incolomitatem reciperet. Compactis enim simul vertebrarum juncturis nervisque poblitum in directum extensis, plantarum bases firmo robore solidantur, ac sic de contracta bipes continuo reformatur. Quo viso, omnis astancium turba ingenti gaudio repletur, laudesque Deo altissimo ac sancte martiri concinens, de tanto munere congratulatur.

[XXII]. s.

---

1. *Brogma*, Bromme, dans la commune de Mur-de-Barrez (chef-lieu de canton de l'arrond¹ d'Espalion, Aveyron). Bromme est mentionné au commencement du xi° siècle dans le Cartulaire (n° 42). L'abbaye de Conques y possédait plusieurs manses donnés par Bernard et sa femme Ermengarde (n° 40); par le prêtre Deusdet, qui tenait sa propriété de Girbert, vicomte de Carlat (n° 41); par Agnès, veuve de Girbert (n° 38½); par Austorgius de Maursacias (n° 361). Le prieuré de Bromme était de la mense de l'abbé de Conques (Pouillé de 1510), et notre texte nous apprend que son église était alors sous le vocable de sainte Foy, tandis que le Pouillé de 1510 la cite comme dédiée à S. Martin.

[XXIII]

De quodam milite cujus amore sancta virgo tres mutos loqui fecit.

Sub hisdem fere diebus, aliud contigit satis insigne, quod pro sui acti dignitate, huic videtur merito subponendum scedule. Miles quidam orationis gratia sancte martiris expetiit limina, secum ducens juvenem qui a primis vagitibus nullum vocis humane sonum ediderat. Expletis ergo de more vigiliarum excubiis.

Titoni cubitum surgens Aurora reliquit.

In cujus adventu mutus etiam ille plano sermone loquitur, primitiasque vocis in gratiarum actione largitur. Quo miraculo miles ille qui eum secum adduxerat valde gavisus, sancte virgini gratias alacri corde referens, ad propria rediit festinus. Emenso vero illius anni stadio, rursus idem miles oratorium sancte Fidis expetens, rursus alium mutum secum adduxit, quem, celesti beneficio miserante, loquentem ut primum secum reduxit. Cumque jam tercio idem miles ad solitas orationes gressum dirigeret, mutum quendam Gozmarum nomine obiter consequitur, qui ad eum conversus, elemosinam ab eo cepit querere, labiorum tantum motibus. Quem eques ille arripiens, ad sanctam virginem secum duxit, ut sicut de duobus fecerat, ita et huic impetraret luminis gratiam. At ille, ut sacra limina introivit, cereum muto illi tribuit, ac sic orationi incumbens, pro se ac pro illo sanctam Dei propensius exoravit. Ut autem eum muto ore permanere vidit, orationibus finem imposuit, seque reum seque culpabilem exclamavit. *Vero*, inquit, *o beata virgo, agnosco quia solito beneficio, peccatis meis exigentibus, ecce indignus judicor, quem preterito tempore gemino virtutum munere ditatum, bis letum redire fecisti a tuo oratorio. Nunc autem quia in aliqua, ut puto, offensione inficior, a solito munere ingratus suspendor.* Et his merendo recensitis : *Eamus*, inquit, *ad hospitia*, *ac deinde pransi revertemur abeundi petentes licenciam*. Qui cum jam fere mediam tererent basilicam, divino nutu mutus ille exclamavit aperta loquela : *Prius*, inquit, *domine mi, hanc meam debeo offerre candelam, quia nondum obtuli eam*. Quibus auditis, miles ille inestimabili gaudio perfunditur, concitoque gressu ad sanctę virginis rediens altare, humi procubuit, Deoque ac sanctę martiri magnificas laudes decantavit, quorum miseratione largiente, triplici miraculorum ditatus est munere. Potuit namque per virginis suę precelsa merita ista facere, qui ante interitum Julii Cęsaris bovem arantem plano sermone fari coegit : *Roma, tibi cave*[1].

[XXIV]

De quodam sacerdote, qui peregrinum sanctę Fidis in viam cepit.

Superest aliud miraculum quod finem hujus libelli obtinere decernimus atque terminum. Albiensium in partibus Turusia castrum dicitur[2], ex quo miles quidam, imminente Dominici natalis die, nomine Regembaldus, ad sanctę Fidis basilicam veniebat, sed infesto casu preventus, a quodam sacerdote Hadimaro eum odio habente capitur, et sic in vinculis mancipatur. Qui fidem reversionis in eadem captione faciens, ad predictę martiris oratorium pervenit, humique prostratus, ei omnem cordis sui rancorem atque captionis infestinationem innotuit, et ut ei subveniret obnixis

[XXIV]. *S.*

---

1. Valère-Maxime rapporte un prodige analogue : « Bello etiam punico secundo constitit Cn. Domitii bovem dixisse : Cave tibi, Roma. » (*De dictis*, lib. I, c. VI, § 5). C'est sans doute celui que notre auteur attribue à César.
2. *Turusia castrum*, le château de Turièa, situé à un kilomètre de Pampelonne (chef-lieu de canton de l'arrond[t] d'Albi, Tarn), sur une crête de rochers enserrés par le Viaur. Fortifié par sa situation naturelle, il a joué un rôle important dans les guerres locales. Il n'en reste qu'une tour à éperon à demi ruinée; c'était le donjon. (Cf. E. Cabié, *Les gorges du Viaur*, Albi, 1890, p. 19-27).

precibus postulavit. Expleta vero orationum sollempnitate ad vincula rediit, seque capi permisit. Sed qui erigit elisos et solvit compeditos[1], ut ille a vinculorum nexibus solveretur, memoratum sacerdotem a planta pedis usque ad verticem miserabili languore percussit, fetidaque sanie decurrente, intolerabilis cunctis habebatur domesticis. Captum vero quem in sua fide rediturum abire permiserat, omni captione absolvit, ac sic postmodum quia pedestri calle non poterat, equitando ad sanctę virginis evehitur limina. Quo ubi pervenit, culpam suam fidelibus gemitibus fatetur sanctę martiri ac cunctis monachis, seseque pro admisso crimine districtius accusando ferire cepit. Denique orationum votis suppliciter expletis, domum rediit, Deique miseratione curatus, modico intervallo totus detumuit, sicque solide reparatus, sumpto viatico Jherosolimam expetiit. Inde prosperante Deo regressus, ad sanctę virginis accessit oracula, seque ei ac omnibus monachis devotissime committens, cum summo honore locum deinceps frequentavit. Sed hęc hactenus prelibata studiosissimi lectoris attentioni sufficiant. Et quoniam hic libellus congeriem plurimorum continet miraculorum, ea quę restant secundi explicabit area, ut renovatione libri perinde auditorum renovetur animus, cum in utrisque stupenda audierit cunctipotentis Dei magnalia, quę per gloriosissimę martiris suę Fidis merita operari dignatus est, ad laudem et gloriam nominis sui, quod est admirabile ac tremendum per ęterna secula. Amen.

Explicit liber tercius.

---

1. Psal. cxlv, 8.

Incipiunt capitula libri quarti[a].

[I]. De mortuo suscitato et de miraculis ipsi ad sanctam Fidem venienti in via ostensis.
[II]. De flascone vacuo relicto.
[III]. De terebratis pueri pupillis.
[IV]. De vinculato qui ab inimicorum manibus liber evasit.
[V]. De ligato rustico.
[VI]. De eo qui a Sarracenis liberatus est.
[VII]. De milite a compedibus soluto.
[VIII]. De Rajemundo qui a compedibus ac catena solutus est.
[IX]. Item de milite ab inimicis capto et mirabiliter liberato.
[X]. De milite vulnerato.
[XI]. De condensis frondicome silve arboribus.
[XII]. De puella contracta.
[XIII]. De contracto directo.
[XIV]. De milite semel ac secundo illuminato.
[XV]. De vidua ceca.
[XVI]. De milite qui sancte virgini in multis contrarius extitit.
[XVII]. De milite qui ex vulneris manum habebat aridam.
[XVIII]. De mulo resuscitato.
[XIX]. Item de pauperis asello.
[XX]. De muliere ab injuriosis nervorum maculis sanata.
[XXI]. De improbo rustico.
[XXII]. De eo cujus familia ac peccora sancta virgo adversis languoribus sanavit.
[XXIII]. De milite qui ab intestinorum inordinatis motibus fatigabatur.
[XXIV]. De artifice ecclesie ab ingenti mole lapidis mirabiliter exempto.

Expliciunt capitula. Sequitur textus.

a. S.

Incipit liber quartus de miraculis sanctę Fidis virginis et martyris Christi[v].

[1]

De mortuo suscitato, et de miraculis ipsi ad sanctam Fidem venienti in via ostensis.

Quoniam quidem flagranti amore gloriosissimę virginis et Christi adlethę insuperabilis Fidis nimium succensi, intermissa diu scribendi otia rursus repetere cogimur, illius sacratissimę et Deo dilectissimę martiris efflagitamus magnificis juvari suffragiis, quę cęli in arce, civibus juncta angelicis, per virtutum preclara magnalia, nobis tacentibus, totum per orbem suę potentię predicatrix choruscat. Hęc enim licet corporali specie populis sese offerre nequeat, jugiter tamen patefactis miraculorum portentis se manifestat. Nec jacet usquam terra polis sub ambobus, quę sui nominis laude et fama carere dinoscatur. Nec immerito, quę primis sub adolescentię auspiciis virgo preclarę indolis, in omni pudicitię honestate florens, cunctisque in actibus auro purius fulgens, illud in sese consertum retinuit in quo dicitur : *Dum esset rex in acubitu suo, nardus mea suavem dedit et odorem*[1].

Vere superno regi in alto celorum throno residenti, nardus ejus sanctitatis et vitę cęlibis dulcem halavit flagrantiam, quia tota odor bonus erat Domino juxta apostolicam sentenciam. Quę denique in passionis torrido incendio vaporata, fracto pęnis acerrimis corporis alabastro, myrra

[1]. *S. V. l.*
v. S.

---

1. Cantic., 1, 11.

facta est electa, cujus gratissimo odore aula Dei repleta *
virgulas suavissimę dulcedinis per diffusos mundi emittit
cardines, in quibus gloriosissimę virginis et magnificum
nomen pio amore excipitur, et ęternum memoriale 'digna
veneratione commendatur. Hęc, sicut mira ejus virtutum
testantur insignia, dum terrea et morti debita in tormentis
exuit membra, liberiorem mutata est in vitam ʸ per quam
vehementissimo inminenti puncto, per vacuos aeris campos
discurrens ubique terrarum in necessitate ejus suffragia
poscentium auribus adsistit presens. Nec habet jus ledendi
quilibet morbus, ad ejus invocationis malagmata delendus.
Mors quoque ipsa, quę nemini parcere didicit, jam dedoce-
tur misero pallore ora inficere, quę sancta virgo, supplicibus
votis conducta, pristino rubore velit accendere. Quin etiam
inusitato more voracissimus Orcus ab ore cruento intactas
cogitur reddere animarum offas, quibus insatiabilem cupiens
lenire famem, arpialem semper inhiat infarcire ventrem.
Tanti honoris premiis ditatur a Domino electissima virgo,
pr cujus amore diversis tormentorum suppliciis excruciata,
mortis non timuit perpeti extrema. Cujus preclara fama,
inremissis aliquando pennis, loca queque oberrans, cunctos, ut diximus, angustia qualibet oppressos ad ejus patro-
cinii tutissimum confugium invocandi hortatur, quia et
auditu est facilis et prodiga muneris.

Unde ᶻ contigit quendam, nomine Hunaldum, Tolosanis
in partibus sanctę martiris admirandum promeruisse beneficium, visuque et opere inopinam experiri ejus magnificentiam virtutum. Habebat enim filium, quem de more
misit ad armentum in pascuis servandum. At ille, pastorali
cura suscepta, die quadam surgente hespero, armenta
domum reducens, per neglegentem incuriam bovem unum
inter frutecta dimisit, reliquos vero bostaris presentibus
inseruit. Cernens igitur vacuo loco unum abesse animal,
pascua per furvas noctis tenebras solivagus repetiit, sed
magna parte noctis illius jam elapsa casso labore queritandi,

x. *deest* gratissimo,.... repleta *V.*
y. hustam *V.*
z. Ce qui suit se trouve dans *S. V. B. L.*

sine bove tristis ac merens rediit. Quid ageret, quo se verteret, nulla ei ratione patet. Improbissima enim patris severitate perterritus, eo sciente tectum non audet subire, neque quid ei acciderit ullatenus intimare. Tandem vero sopitis omnibus, lectulo se contulit clanculus. Ubi cum membra amissi bovis indagine admodum defessa jactaret, ilico tanto dolore corripitur, ut pene omni ossium compage resolutus crederetur. Quo dolore nimium invalescente, et motu artuum fraudatur et rationis offitio privatur. Mane autem facto, ut eum pater tanto conspexit correptum languore, deposito furore mox super imminentem nati interitum flebilibus cępit gemitibus dolere, ac dum vastis singultuum quateretur ictibus, sanctę Fidis salutiferam opem magnis implorat clamoribus, ut pristine incolomitati ejus restituatur filius. At ille toto corpore manens immobilis, summo dumtaxat in pectore videbatur ei palpitare calor vitalis. Atque tali in stupore membrorum dies peregit novem, extinctis lucernis oculorum. Decimo autem die, quę Dominica habebatur, ut viderunt pupulas luminum in morte contabescentes, gelidoque sudore frontem ac genas rorrntes, apposita levo lateri manu nichil vivum salire sentiunt, sed omnia eterno sopori dedita evidentissimis signis agnoscunt. Quid plura? Funus parant, exanimeque cadaver sandapile inpositum ululantibus lamentis celębrant. Sed cum luce crastina ad defossum sepulturę ejus locum eveheretur, pater impaciens amoris affectu, extincti gelidum nati corpus amplexatur, oculosque ac vultum omnem irriguis lacrimis humectans, locum omnem amaris implet clamoribus. Inter quos solabiles gemitus, crebris vocibus sanctam Dei martirem Fidem clamat, ac lacrimosis obsecrationibus, ut sibi filium reddat, ter et quater ingeminat dicens :

Virgo Fides, dilecta Deo, lux inclita mundi,
　Auxilium miseris quę cita ferre soles,
Supplicis exaudi, martir sanctissima, vocem,
　Quamque potes, posca, defer opem misero.
Munere nemo tuo petiit si forte coactus,
　Discessit vacuus. Te retinente manu,

LIBER QUARTUS

Credo quidem, neque vana fides, te posse quod opto
  Cęlitus a Domino promeruisse tuo.
Unicus ecce mihi natus, mea sola voluptas,
  Occidit, una mei spes et amor generis,
Quo pereunte modo, michi cętera vita superstes
  Protrahet ingratas fine carendo moras.
Sed si, virgo Dei, miserorum questibus ullis
  Flecteris, et lacrimis vinceris irriguis,
Funere sopitos nati quos cernimus artus,
  Ad priscam vitam, te rogo, nunc revoca.

Cumque his et hujusmodi quamplurimis querelis super defuncti corpus incumbens, pater cum magno ejulatu quereretur, omnes qui ad ultimum exequiarum obsequium aderant, defluntis pietate moti, lletibus ora rigabant, ac gloriosissimam virginem Fidem mixtis lacrimis precibus, ut ad invocationem sui sancti nominis propitio vultu respicere dignetur, unanimes exorant.

  Sic quoque continuo, sed et, o mirabile dictu,
  Mors tetra versa retro predam fugitiva reliquit,
  Evomuitque vorax avida de fauce rapinam,
  Protinus atque caput lento nutamine functus,
  In partes versat, gelidas recalente medullas
  Fomite vivifico, subitoque per algida membra
  Christus infusus totum dat vivere corpus,
  Erigiturque jacens, trepidantia lumina vixdum
  Attollens, ac mox totos simul erigit artus,
  Et stetit in propriis membrorum machina plantis,
  Unde domum repetit recidivo tramite patris.

Quo viso, in gratiarum actionem versi, pro gaudio tanti miraculi lacrimas fundunt, sancteque virginis et martiris Fidis virtutem glorificantes, votis et muneribus sese ac suos ei supplices devovent. Sicque ab ecclesia Sanctii Georgii [1],

---

1. *Sancti Georgii*, sans doute Saint-Georges, commune du canton de Cologne, arrond' de Lombez, départ' du Gers. D'après un état du diocèse de Lombez vers 1786, Saint-Georges faisait partie de ce diocèse, et était une annexe de Saint-Pierre-de-Vensac. Or, avant 1318, toutes les paroisses du

ubi humandi juvenis gratia convenerant, regressi ad propria, pater, postumi filii ac reliqui contubernales diligenti perscrutatione die quadam ab eo sciscitari studuerunt, quid sibi visum fuerat illis novem diebus quibus in excessu animę positus quasi mortuus jacuerat, ac quomodo vel cujus auxilio ad sepeliendum postmodum delatus, ad vitales auras redierat. At ille adhuc trepidantia pectora gerens, ab imo spiritu longa suspiria ducens, sic percunctantibus actutum respondere exorsus est : *Ut cętera nunc ad presens silentio pretereantur, quę michi fine sub extremo contigerint, certissimo et sine ullius falsitatis ambiguo brevi expedire non differam. Corporeis vinculis spiritus meus resolutus, teterrimis quibusdam ministris traditur, quorum crudelissimo ducatu ad hiatum usque vastissimi precipitii protrahitur. In cujus horridam voraginem dum jactari inenarrabili metu formidarem, eloquar an sileam? ecce vir splendidissimi decoris advenit, quem ut postea didici Paradisi prepositum fuisse Michahelem archangelum liquido patuit. Cujus placidi itineris gloriosissima virgo Fides comes adstitit, quę super solis jubar emicabat splendore mirabili. Hic vero cęlorum prepositus, ut more carnificum eos quibus ad torquendum deputatus erat conspexit in verba mea irremediabiliter furere : Quid, inquit, malorum artifices, in hujus tironis tormenta tanta desevitis crudelitate? Quid animam a summo Deo creatam perditum itis absque ulla miseratione? Sinite jam nunc ab ejus gravi laceratione, quia, Deo permittente, per sanctissimam virginem hanc Fidem propria refundetur in corpore, a vestra erepta potestate. Ad hanc vocem tartarei ministri intolerabili formidine correpti, manus semper in malum pronas continuerunt, cęlestibusque nunciis insolito timore tremebundi paruerunt. Nec mora, felicissima virgo Fides concito impetu medios tortorum cuneos irruit, animamque meam ab eorum manibus violenter abstraxit,*

---

diocèse de Lombez appartenaient au diocèse de Toulouse. Saint-Georges est à peu de distance de Saint-Orens, dont il sera question dans la suite de ce récit.

itaque corpori humo tradendo sicut nostis mirabiliter refudit. Postquam vero hujus non tantum visionis quam etiam rei gestę veritatis textum ille ordine est prosecutus, pater atque vicini iter instituunt *a*, sanctęque virginis ad monasterium cum eodem resuscitato debitas laudum gratias reddituri gressus dirigunt.

Quibus per devexum latus montis, ab alveo Dordoni fluvii[1] ad nubila caput porrigentis, descendentibus, quodam in procliviori lubrico animal cui insidebat, quia nondum bene ab infirmitate convaluerat pede lapso nutavit, et diu in resurgendo herens ipsum cum ingenti fragore dorso deturbavit. Et quoniam semita nimium angusta in precipitio mortis patebat, virtute Dei ac custodia sanctę martiris protectus, continuo surrexit illesus. Denique basilicam expetentes, pro resurrectionis beneficio propter quod venerant, omnipotenti Deo laudes exultantibus animis referunt, sanctamque virginem debitis muneribus venerantes, adorant, benedicunt atque in virtutum mirabili potencia choruscantem predicant. Oratione autem expleta, hospitio se conferunt, unde luminaribus compositis, dum ruente nocte sacras vigiliarum excubias ante sanctam virginem cęlebraturi procederent, ille sepe dictus resuscitatus *b* nomine Barnardus, antiquo hoste captentularum insidias tendente, per hiantis tabulati operta ab exedris deorsum improviso casu ruit. Ad quem citato cursu comites pervolantes, ita sancta martire manum subponente incolomem repererunt, ac si pulvillorum fulchris receptus fuisset a proximo lapsu. Crastina vero die venerabiles hujus cenobii fratres prioris miraculi virtute parum edocti seorsum illum faciunt, omnemque visionis

a. Ce qui suit se trouve dans S. V.
b. virbius, *V. C'est le nom qui fut donné à Hippolyte quand Esculape lui eut rendu la vie* (vir bis).

1. Le Dourdou est une petite rivière qui prend sa source au sud-est d'Espalion, coule au fond de l'abîme de Bozouls, arrose les vallons de Villecomtal, Nauviale et Saint-Cyprien, s'engage dans les gorges schisteuses de Conques et se jette dans le Lot, 7 kilomètres plus loin, près de Grandvabre. La couleur rouge qui caractérise ses eaux lui vient des grès rouges qu'elle traverse avant d'arriver à Conques.

seriem sagaci industria perquirunt. At ille Deum, quem nullum latet secretum, testans, ita omnia extitisse asserit, veluti in narratione continetur superiori.

Neque illud pretereundum silentio dignum ducimus, in quo magnifice virginis, omnium sanctorum comparandę meritis, patronę nostrę Fidis, ammirabilis sanctitas fulget, et ab inlicitis conatibus, ne perpetrentur, temerarios cohibet. Evoluto quidem, ut putabatur, unius anni circulo, idem reparatus debito suscepti beneficii obsequio, ad sanctę Fidis oratorium repedabat, comitante quodam Garsia ex vico Sancti Orientis, qui vulgo Marciacus fertur[1], oriundo. Hic Garsias, qui Vuasconum more tali insignitur nomine, dum questus causa, ut sepe fit, neque enim ab eo incipitur, telam secum deferret, Lucasinam ęcclesiam gressu attingens, a raptoribus invaditur, et amissę telę dampna pati cogitur. Sed illo amore sanctarum orationum hoc raptum vilipendente, et ceptum iter peragente, predo illo pannatrices convocat, et ut sibi inde bracas faciant alacri animo incitat. Sed quid plura? Divina ilico non defuit potentia, pannum in silicis mutans duriciam, aciemque forficum velut ligneum hebetavit surculum. Quo miraculo semel ac bis ostenso, Dei ac sanctę martiris virtutem reminiscuntur adesse presentem, quę eas prohibebat raptam incidere sindonem. Cujus prodigii terrore pervasor nimium exterritus, linteamen illud reservavit, atque redeuntibus peregrinis veniam malefacti petiit, ac supplex reddidit. Qui sanctę virginis hac in re virtutem prevaluisse agnoscentes, cum gratiarum actione ad propria redierunt gaudentes.

---

1. *Marciacus*, Marciac, chef-lieu de canton de l'arrond' de Mirande (Gers). S*** Oriens*, Saint-Orens, commune du canton de Mauvezin (arrond' de Lectoure, Gers). Les moines de Conques avaient, dans le voisinage, un prieuré à Saint-Martin-de-Goine, arrond' et canton de Lectoure (Cf. *Cartul.* n° 398). Saint Orens fut évêque d'Auch.

[II]

De flascone vacuo relicto.

Interea dum hęc ita mirabiliter geruntur, occurrit et aliud insigne factum, quod quia laude simul et amiratione invenitur dignum, huic pagine nefas credimus abnegandum. Arve[r]nico ex territorio quidam agricole orationis gratia ad sanctę martiris Fidis concurrebant templum. Qui transmeato amne Holitis [1], dum ad quandam arborem quę vulgo rixiacus vocatur pervenerunt, sub frondosa illius arboris umbra residentes, cadum vini quem secum deferebant ad reprimendos estivos vapores inter se dividunt, flasconemque vacuum in arborem abeuntes sub tutela sanctę virginis suspendunt. Peractis igitur orationum votis, dum de vase illo solliciti retrogrado calle ad eandem devenerunt arborem, deponentes a ramis, mirabile dictu, ita redundans meracissimo falerno repererunt quod dimiserant vacuum, ac si sub autumnali sole recentis musti concretis spumis ab imo fundo ad superiora efferbuisset. Qua visione stupefacti, agnoscunt id divinitus per virtutem sanctę virginis actum, in cujus protectione hunc ynoforum commendarant servandum. Quod munus cęlitus sibi collatum, mox commune omnibus viatoribus necnon et supervenientibus, tamdiu in honore sanctę virginis fecerunt, donec exhausto vase a propinatione prodigas manus continuerunt. Inde pro tanto beneficio congratulantes, Deo ac sanctę martiri inmensa laudum preconia referunt, ceptumque ad propria reditum pulvereo calle lęti peragunt.

[II]. 8.

---

1. *Holitis*, le Lot. Le Cartulaire écrit *Oltis*, (n° 32, 33, 572); dans l'idiome du pays, on dit *Olt*.

[III]

De tereb[r]atis pueri pupillis.

Neque illud silentio supprimendum putamus, in quo divino nutu ammirando sanctitatis virginis Fidis ceteris nequaquam laude inferior enitet virtus. Concacensi vico quidam degebat Hugo, qui jactantia vicarii loci ejusdem cujus erat frater nothus, in improbissimo elationis tumore sese jactitabat cunctis perosus. Qui pro contumaci superbia vicaneum quendam, nomine Benedictum, intolerabili odio insectans, multis eum opprimebat contumeliis, inportunisque frequentissime lacescebat jurgiis. At ille Benedictus, hujus convitia egre ferens, tandem furore victus superatum morti tradidit, metuque parentum cuncta quę habebat fugiens reliquit. Cujus uxor, ne maritali abrumperetur thoro, fuga evasit pari modo. Relictus est ergo domi fere quinquennis filius, qui a profugis nequivit tolli parentibus. Quem parentes perempti cernentes, ut viderunt homicidam pueri patrem fuga lapsum, heu crudele nefas, furiis matricidę Orestis undique agitati, arripuerunt, talemque personam occidere dedignantes, sudibus acutis pupillis oculorum minutim perforatis, seminecem esse dimiserunt. Sed omnipotens Deus, cui miserorum cura relicta est, parentibus destituto non defuit, nec a solito beneficio privavit. Viri enim illius vici eum a solo levantes, ad ęcclesię januam deportaverunt, et ut cum ceteris egenis ab oratoribus elemosinam postulet instruunt. Ubi dum per aliquot menses stipem quesierat, die quadam, solo jam ad ocensum ruente, incolę loci eum ad sanctę virginis usque altare manibus ducunt, et ut ei solitum suę virtutis beneficium nobilissima virgo parare dignetur propensius deposcunt. Sed ne longis immoremur ambagibus, lux cęlitus emissa paulatim extinctos diu palpebras cępit serenare, veluti mortuum carbonem modica ignis scintillula aposita solet usque ad perfectum vigorem ignire. Sicque obpositarum rerum formas quasi lunam per obscuram palpando contractans, cepit puerili levitate clamare se aliquantulum videre. Quo ita clamante, ille ad memoriam reducitur, qui a Salvatore illuminatus homines velut arbores se cernere incedentes testabatur[1]. Cujus ut ita dicamus instar puerulus isto representans, haud mora, crescente lumine ita omnia clare videt, ut que ostensa et visu agnosceret et hominibus denotaret. Unde facti omnes ineffabili gaudio repleti, ludifluis clamoribus magnum aera feriunt, totamque basilicam emulis vocibus in laudum preconia resultare cogunt. Quid plura? Fit concursus populorum, non sexus, non etas ulla a sancte virginis laude cessat. Quorum plausus, quorum tripudia nulli oratorum dantur fando explicanda. Quem juxta Psalmographum dicentem : *Pater meus et mater mea dereliquerunt me, Dominus autem assumpsit me*[2], sanctissimi loci beate virginis fratres tollentes, monastica tandiu foverunt alimonia, donec preripiente debita morte, superna evolavit ad regna.

[IV]

De vinculato qui ab inimicorum manibus liber evasit.

Rutenico in pago Albinoum castrum a Conchacensi vico fere milibus sex distare multis ratum tenetur[3], in quo miles quidam, Deodatus nomine, Rainoldum tenebat captum, quem denique ut penis coactus redemptionem citius tribueret, ad aliud atrocius artandum direxit municipium. Ille vero captus, inter illata sibi supplicia, sancte Fidis continuis clamoribus ciebat patrocinia. Hunc rursus predictus Deodatus

[IV]. s.

1. Marc. viii, 24.
2. Psal., xxvi, 10.
3. Le château d'Aubin. (Cf. lib. I, c. V.)

jussit sibi remitti, malis deteriora adhibiturus. Quem ductores equo impositum, intr. equi phalera canabinis funibus per coxas atque renes constringentes, manibus retro vinctis, pedibus sub ventre sonipedis perinde constrictis, ad eum reducere ceperunt. Ingruente ergo noctis caligine, dum cuidam nemori in proclivio jacenti imminerent, captus ille sanctę Fidis subsidia propensis studuit vocibus sollicitare, atque votis et promissis attentius ut sibi subveniat concitare. Cujus precaminibus piissima virgo exorabiles probens aures, continuo ita dedit omnes corporis ejus habenas exinaniri, ac si litia telę igne aposito viderentur aduri. At ille, ut sanctę virginis persensit auxilium, propeti saltu jumento impiger dissiluit, nemorecque densitati fuga lapsus sese permiscuit. Qui in saltus condenso delitescens virorum canumque odora indagine diligentissime investigatur, sed divina protectione tectus, neque etiam ab irruentibus sepissime super se canibus invenitur. Quem cum inquisitores reperire nequiverunt, putantes fuga lapsum abisse, ab ejus inquisitione quieverunt. Quibus amotis, tedio famis ille confectus post biduum die dominica a latibulo veprium erumpens, huc illucque pavitancia lumina per apertos campos versans neminem videt preter pastorem gregem armenti pascentem. Isdem vero pastor mox ut eum vidit a saltu emergentem, agnovit illum esse qui biduo quesitus remanserat inter vepres delitescens. Cui et dixit : *Tune es ille fugitivus, qui repperiri non potuisti biduo investigatus? Rumpe moras quam citus, iterque percurre velocius.* Cui dum se viam nescire intimasset, pastor ille et locum edocuit et quam ob incursu hominum deviam tenere debeat ostendit. Tali indice domum regressus, modico intervallo ad sanctę virginis basilicam properans, cum immensa gratiarum actione quanta sibi beneficia prestiterat cunctis denunciat, debitaque vota solvens, rursus alachri pectore redit ad propria.

[V]

De ligato rustico.

Et quia huic quem premisimus valde mirandum contigit, restat et aliud nec dispar virtute, nec multum inferius opere. Conchacensi in vicinia latrunculi noctis per opaca silencia irruentes, pluribus a septis sive a stabulis peccora subripuerunt, et secum minantes in vico Goliniacensi antiquitus dicto[1] recon[di]derunt. Cujus furti damnum rusticus quidam Deusdet nomine male ferens, subsequenti nocte sabbati veluti explorandi gratia ad memoratum vicum latenter deveniens, vitulam quam ipse nutriverat invenit, ac furto sublatam ad propria reducere conatus est, ipse fur alter factus raptę bovis. Sed ne voti compos ad plenum efficeretur, ab insequentibus cum preda capitur, retroque ubi furtum malo ominatus perpetraverat cum preda reducitur. Qua ubi perventum est, compedibus crura complicatur, loris brachia post tergum ut aliene rei raptor dure vinctus, ac in conaculi altitudine elevatus. Cui cum ita barbarice constringeretur, sancta Fides ab ore non defuit, nocteque dieque invocata clamoribus attentissimis. At illa, ut semper precibus miserorum in tribulatione extat facilis, die quadam ei nec totum dormienti nec ad plenum vigilanti, sicut raptorum moris esse solet, sancta virgo somno permixta in vultu angelico ac veste preclara astitit, atque talibus eum adhortatur verbis : *Surge, inquam, velocius, quia tibi ven-*

[V]. *S.*

---

1. *Vicus Goliniacensis*, Golinhac (commune du canton d'Entraygues, arrond' d'Espalion, Aveyron). Le Cartulaire nous apprend (n° 215, 355) que *Goliniacum* ou *Goliniach* était, au xi° siècle, le siège d'une vignerie. Vers l'an 1001, Gerbert, archidiacre d'Entraygues, donne à l'abbaye de Conques la moitié de l'église de Golinhac (n° 552); l'autre moitié fut donnée en 1097 par Richard, vicomte de Carlat, de Lodève et de Millau, premier comte de Rodez (n° 527). Le prieuré de Golinhac est mentionné, au xvi° siècle, comme appartenant à l'abbaye de Conques (*Cartul. Introd.*, p. lxix).

dendi per me conceditur locus. Quibus monitis ille a sopore exutus sancte virginis affuisse presentiam ilico reminiscitur, ac sic valido annisu supitatos concutiens lacertos, lora quasi putrefacta fila disrupit, brachiaque soluta recepit, moxque defluentes a cruribus compedes humeris; spectantibus his qui aderant, imponens, et liber et solutus exiit et effecto itinere sancte martiri ferreos nodos devote obtulit, innumeras grates referens Deo omnipotenti et beate virgini, cujus mirabili ope jutus, a vinculorum nexibus meruit liberari. Cui talia contigisse diximus, eo quod nocte sancta Dominice venerationis furis speciem sumpserit illicitoque aliis diebus ausu tam sanctam noctem violaverit.

[VI]

De eo qui a Sarracenis liberatus est.

Orientalem Auxoniam silentes, quid in occidua Auxone territorio per sancte virginis merita preclare ac sepenumero actum sit, res ipsa edere cogit. Hec Ausona diffusa satis pecoribusque habili planicie gaudet, que soli equalitas Segarra a flumine ejusdem nominis ab incolis vocitatur[1]. Hac in gratissima amplitudine oppidum quod vocatur Colonicum[2] longe eminet, quod ecclesiam sancte Fidis

[VI]. *S. C.*

---

1. L'Ausonie est le nom poétique de l'Italie. C'est là sans doute pour notre historien l'Ausonie d'Orient, à laquelle il fait simplement allusion, et qu'il avertit de ne pas confondre avec l'Ausonie ou plutôt l'*Ausona* d'Occident, où il place le théâtre de son récit. Celle-ci est l'Espagne, et, dans l'Espagne, le diocèse d'Ausone ou Vich d'Osona, en Catalogne, non loin de Barcelone, et aussi de Balaguer, dont le château est cité au cours de ce récit. La rivière de Sègre (*Segarra*) arrose ce pays. Le Cartulaire de Conques mentionne (n° 467) le diocèse de Vich d'Osona, *episcopatus Ausonensis*, dans lequel l'abbaye possédait, à la fin du xi° siècle, l'église de Taganament.

2. *Colonicum*, Calonge, Colonico, dans le diocèse de Vich, en Catalogne, Espagne. Cette paroisse reconnaît sainte Foy pour patronne et titulaire. Nous avons sous les yeux un cantique de fête, *Goigs, que en alabança de la gloriosa verge y martyr santa Fe se cantan en sa iglesia parroquial de Calonge del bisbat de Vich*, avec illustration représentant sainte Foy, estampe du xviii° siècle. — Dans le même diocèse, deux autres paroisses, celles de Rauvich et de Montargull, sont dédiées à sainte Foy.

multo ex tempore habet. Ob cujus reverenciam, ut semper sanctę Conchacensi ęcclesię federaretur, majores loci illius legatorias literas Conchacensi abbati cęterisque fratribus per suos veredarios mittere curaverunt *c*, in quibus continebatur scriptum, quod seniores ejusdem castri, metu Sarracenorum multa eis mala frequenti excursu inferentium, ad protegendum sanctę Fidi devoverant jure hereditario possidendum. Et quia longa terrarum intercapedine a loco sanctę virginis distabant, statuerunt pro tributo ei quotannis mittere pondus auri ad componenda ornamenta sacri templi. Quin etiam si prosperum eventum bellorum ejus sacris meritis obtinerent, omnem decimam spoliorum partem a superatis Sarracenis raptam victorię pro triumpho illi mitterent. Monachi vero de tantę patronę laude sub extremo terrę fere axe vernante admodum gaudentes, legationis verba devota mente amplectuntur, et quid ad eorum salutem tuendam congruum eis remittant perscrutantur. Tandem vero accepta melioris arbitrii sententia, cum salutatoriis litteris labarum *d* eis mittunt, cujus gestaminis previo signo ad invocationem sanctę virginis, audacter hostiles acies non abhorreant perrumpere. Hujus vero vexilli consortati fiducia Colonici, ad invocationem sanctę martiris multa cede Sarracenorum exercitus sepe straverunt, spoliisque diremptis onusti, cum palma triumphi ad propria redierunt. Inde votivo debito sese absolventes, de more Abrahę patriarchę predarum decimam sanctę virgini reddunt, quo summi sacerdotis Melchisedech jura retinens, ut ille pro impetrata victoria panis ac vini munera victrici patriarchę obtulit [1], ita virgo hęc sancta ad obtinendam salutem gratiam per invocationem sui nominis, sacerdos et grata victima in ara ferreę cataste super torridum incendium quondam Deo extitit. Hujus in castri suburbio vir laudabilis simplicitatis, Oliba nomine, morabatur, qui juxta loci illius positionem

---

c. Ici commence le Codex Conchensis.
d. Vexillum, add. ult., et, in margine : hoc est bata (?) C.

---

1. Gen., xiv, 18-20.

mediocris vitę sufficientia fruebatur. Hunc quidam Sarracenus qui ex castro Balagario, satis vicino, causa negotiationis advenerat, dum tam quiete ibi eum vivere conspexit, extorquendę redemptionis cupiditate nimium agitatus, sumptis nequitię suę complicibus, occultus insidiator domum irruit, captumque secum violenter rapuit, multoque calibe pedes ac manus oneravit. Denique Thisiphoneis furiis plus tygride raptis catulis stimulatus, dum de penis ejus exsaciari *e* nequiret, in angusto sedile eum retrusit, ferreos sudes circa caput ejus ligno affigens, ut neque cibum capere posset, neque aliquando vel brevi somno adclinis aut resupinus languida membra recrearet. Sed quia captus ille sanctę Fidis miracula sępe audierat, ejus ad invocationem die noctuque conclamat, et se in Conchacensi monasterio suscepto monachali habitu ei serviturum spondet mortis ad extrema. In hoc tam crudeli tormento lamentanti et oranti divina bonitas et inmensa pietas sanctam suam militem, noctis sub umbrosa caligine, cęlorum ab alto culmine direxit, quę eo cernente, dum forte pupillę ejus in somno natarent, omnia ferramenta evellens, in terra projecit, totumque solutum recedens dimisit. Et quia metu horrendę mortis perterritus, fugę se credere minime audebat, mane iterum constringitur, similique penę mancipatur. Sed nutu Dei per sanctam virginem solutus, usque ad terciam vicem catenis constringitur, tercio vero tyrannus a Domino victus, ut vidit se frustra contra cęlestem virtutem conari, pace sequestra Christianorum illum ad propria reduxit. Qui tanti miraculi potentiam ubique diffamans, relicta peculiari substancia, monachalem sicut inter pressuras voverat suscepit vestem, ac citato calle uno contentus socio vicum expetiit Conchacensem. Ibique Domino et sanctę martiri devotum exibens obsequium, tamdiu vixit donec extremo preventus die debitum redderet morti. Isdem vero socius ejus de se solebat referre nomine Vuillelmus, quod in juventute paralisi percussus, sinistram manum a latere cui recurva inextricabiliter inherebat, neque ad os ducere, neque ad aliquod offi-

e. deest C.

cium poterat convertere. Quem tam miserabili debilitate dampnatum parentes ejus ad ecclesiam sanctę virginis Fidis eodem in Colonico castro sitam deportantes, supplices fundunt preces, atque sine dilatione incolomem recipiunt, debitas regi magno ac sanctę ejus gratias referentes.

[VII]

De milite a compedibus soluto.

Sed quoniam multę sunt virtutes, et tot ubique totum per orbem pullulantes, quę etiam didacem possent dilassare Hieronimum, pretermissis multis milibus, sola ea stili eloquio appetere curamus, quorum ipsi testes sunt qui aut sensu aut visu experti fuerunt. Hujus namque miraculi ipse nobis indicator *f* extitit, quem illati mali ruina fari coegit. Contigit enim, ut sepe fit, quendam militem genere ac potestate opinatissimum, vocabulo Adalhelmum *g*, ex castro Roca Dafulgi [h]1 equitem, Arvernorum ex partibus, qui Rotbertus nuncupabatur, capere captumque pro suo libitu constringere. Imminente autem sanctissimę quadragesimę tempore, idem captus fidejussorum credulitati committitur, ac sic statuto termino ad propria regreditur. Sed dum dominicę resurrectionis sollempnitas adpropinquaret, ipse Adalhelmus, junctis sibi sociis, oratorium sanctę Fidis orationis gratia expetiit. Cujus iter captus ille Rotbertus agnoscens, gressum ejus calle citato subsequitur, sperans se amore Dei et

[VIII]. *S. C.*
f. lei reprend C.
g. Adalelmum C.
h. Dagulfi C.

1. *Roca Dafulgi*, et mieux *Dagulfi*, Rochedagoux (commune du canton de Pionsat, arrond' de Riom, Puy-de-Dôme). Il y avait un prieuré à Rochedagoux; il dépendait du monastère de Saint-Genoux, diocèse de Bourges; Simon de Beaulieu, archevêque de Bourges, le visita en 1287, dans sa tournée pastorale. Il était sous le vocable de Saint-Pardoux. Du château de Rochedagoux, il ne reste que de faibles vestiges.

sanctę virginis ab eo aliquam posse impetrare captionis suę remissionem. Sed ille avaricia redemptionis ex diabolico instinctu agitatus, neque pro Deo, neque pro sancta virgine, cum inter missarum sollempnia ante sanctum altare ab abbate et monachis multisque fidelibus suppliciter exoraretur, neque absolvere neque quicquam voluit a summo precii diminuere. Tanta obstinacia infelix obfirmatur, ut Memphitici Pharaonis nefarium maluerit sequi exemplum, quam illud Dominicum : *Si non remiseritis fratribus de cordibus vestris, nec Pater meus dimittet vobis*[1]. Quid igitur captus faceret aliud, nisi ut se pristinę redderet captivitati salva fide, nullam rationem invenit. Igitur domum regressus, carcerali rursum ditioni mancipatur. Quem ille crudelissimo non mitior Achimenio, inmensi ponderis compedibus crura ejus artavit, ciboque ac potu biduo penitus denegato, aridissimi panis mucida crusta in cibum ei tercia nocte prebebat, cui somnus si quando veniret, nuda humus sine ullius stramenti fulcimine atque operimenti tegmine parabatur. At ille miser tamen inter immania supplicia, sanctę Fidis auxilium efflagitare non cessans, evulsis compedum claustris, a pondere ferri non semel exoneratus manebat. Cujus virtutis stupendum miraculum nequissimus ille Adalhelmus flocciferans, illius tyranni sevicia crudescens, qui eneo tauro inclusos vivos concremabat homines, in imo arcis artissimam cellulam tabulato construxit, bodiisque quibus septennis pueri subtiles tibię vix intrarent crura capti insertans, illo in ergastulo retrusit, atque ad tuendam ejus fugam custodes deputavit. Ubi dum retrusus miserabiliter jaceret, ingruentis noctis horrore carceris cecitas ingeminatur. Quibus in teterrimis tenebris tenui sopore dum membra dolore consumpta irrigat, subito allapsu videt sibi gloriosam virginem assistere, quę indicibili rutilans fulgore, hęc veluti pęnis illius conquesta amprosio protulit ore : *Rumpe morarum tedia festinusque fugam accelera, neque vinculorum claustrique hujus obstaculis impediri*

---

1. Cf. Matt., xviii, 35.

paveas, quia soluta sunt omnia corporis tui retinacula. His dictis, dum sancta virgo arcibus ethereis sese reddidit, ille captus ingenti perfusus gaudio, somni habenas ilico rupit, ferreumque pondus pre nimia mole infra ergastulum arce relinquens, ostiolum vectibus ac seris munitum aperuit, ac per custodes ante carcerem sopitos valido saltu excusso, foras ab ategia exilivit. Deinde perforata turris maceria, trabium ac lapidum commissura sine cementi glutinio congesta, pedestri calle alacer domum expetit propriam. Ubi modica statione facta, quam citius ad sancte Fidis devenit oraculum, referens ei, cunctis Deo laudes canentibus, debitum cum gratiarum actione obsequium.

[VIII]

De Raimundo qui a compedibus ac cathena solutus est.

Pene ..... simile adhuc et aliud calami deposcit officium, quod quia prodigialiter invenitur actum, eterna memoria consuimus celebrandum. Raimundum pro impie gestis multi vestrum noverunt, et genealogia satis suspectandum et terreni honoris fastu subnixum. Hic ex castro quod Mons Pensatus dicitur[1] originem ducens, patrem habuit Barnardum, predicti castri primum ac maximum. Et quia Caturcensi urbi contiguus erat, ejusdem civitatis literis inbuendus traditur canonicis, eorum societatem sortiturus succedentibus annis. Qua in disciplina vix sanabili epyleutici morbi egritudine per interlunia misere laborans, tedio cepit magis parentibus haberi quam in ulla spe genialis indolis. Tandem nimirum opinatissimo virtutum favore coactus, sancte virginis propitiatorium aggreditur, cujus propiciante beni-

[VII]. *S. C. B.*

---

1. *Mons Pensatus*, Montpezat, chef-lieu de canton de l'arrond' de Montauban, Tarn-et-Garonne. Étienne de Montpezat signe, au XII° siècle, un acte de donation à l'abbaye de Conques (*Cartul.*, n° 535).

gnitate obtatę salutis remedium assecutus, sanctę medicę Fidis basilicam quotannis revisere studebat, gratias pro inpenso munere relaturus. Quem pro zelo patrimonii parentes atque affines execrabili odio insectantes, voti compotes ceperunt. Tantum [i] denique viro illustrissimo, nomine Gozberto, tradiderunt, qui pro irrogatis sepissime contumeliis gravissime eum habebat infensum [1]. Aderant namque sanctissimi dies Quadragesimę, qui cum frugalis parsimonię observancia mente custoditi sincera, omnem elidunt vitę perperam. Quos iste inter compedum multiplicia volumina omni heremitica austeritate aridius ducens, potius habebat oneri quam promerendę saluti. Cibus enim illius vespertinus panis erat pre vetustate mucida viriditate solidus, qui remoto alius edulii adminiculo, vix etiam aqua viam patente, palati pertransire valebat meatus. Et quia pro efferis viribus illis intolerabilis erat, ita compedibus et triplicibus catenis veluti Getulus leo implicatus jacebat, quod neque pedem neque manum ullo annisu qualibet in parte vertere prevalebat. Quin etiam ipsa catena fortibus hamis intexta, qua numeroso sinuamine crura ac thorosos lacertos dure vinciebatur, a tergo ejus per foramen saxeę turris ad exteriora penetrans, ferreis repagulis ita a foris constringebatur, ut nulla vi, nisi mordacium serrarum edaci limatura, reserari fas erat. Has inter pressuras, tamen sancta Fides ejus ab ore non esse cedebat, neque unius momenti ictum non invocata preteriebat. Quinque igitur ebdomadarum breviori lustro in hac tam lugubri acerbitate finito, dies ille enituit qui ob Dominici triumphi memoriale cum palmarum seu diversa generis flora corda omnium totum per orbem ineffabili tripudio exhilarat. Cujus diei tam commune gaudium diffusa per orbis

i. sic.

---

1. Gausbert I de Gourdon de Castelnau était en guerre avec son voisin Bernard, seigneur de Montpezat. Lorsque Raymond, fils de ce dernier, eut été guéri par sainte Foy, son père et ses frères, désireux de se débarrasser de lui, le livrèrent en otage à Gausbert, en garantie d'un arrangement qu'ils lui avaient proposé. Gausbert jeta le jeune homme en prison dans le château de Castelnau-de-Montratier, voisin de celui de Montpezat, à quelque distance de Cahors (Cf. Périé, *Hist. du Quercy*, I, p. 400).

climata, nullam huic prebebat leticiam. Cernens ergo cunctipotens Deus inmitem sevissimi tortoris predicti Gosberti pervicaciam, subsequenti nocte per sanctę virginis intercessionem tactus misericordia ut semper est vita desperatis facilis pietas, juvenem splendore ammirabili choruschum illi, misero sopore dolores lenienti, cęlitus direxit, qui eum talibus affatur verbis : *Vigilasne an sopore deprimeris, Rajemunde?* At ille, inter somni dulcedinem, ita videbatur sibi respondisse : *Quis, inquam, es, domine ?* Cui ille : *Ego ille sum Stephanus, qui dudum a Judeis lapidatus, civium supernorum promerui asciri cętibus. Qui ideo ad te veni missus, ut ad sanctam Fidem te ducam velocius.* Quem cum interrogasset ubinam magnifica virgo adesset : *Surge, inquit martir precipuus, quia non ludificaris a somno, sed incunctanter me sequens, videbis eam de qua ad te loquor.* At ille, ut sibi ostensa suadebat visio, videbatur sibi sanctum martirem sequi previum, qui super pontem Conchacensis Dordonis eum statuens, ita mellifluis prosequitur alloquiis : *Dirige, inquam, o fili, oculorum aciem super hujus nubiferi montis cacumen, et divinam intuere claritatem, cujus inmensi splendoris media hyri* (sic) *sanctissima virgo Fides ac martir insignis angelorum inter manus emicans, quis suis meritis debeatur honor, evidentissime indicat. Hęc est de qua illud Cantici canticorum veraciter credi potest premissum, ista est speciosa inter filias Hierusalem, plena caritate et dilectione, quam reginę videntes laudaverunt* [1] *cęli in arce. De cujus sanctitatis mirifico nitore cives superni, dum cęlos triumphali laurea redimita scanderet, ammirantes ita dixisse manifestum est : Quęnam est ista quę ascendit sicut aurora choruscans, pulchra ut luna, electa ut sol, terribilis ut castrorum acies ordinata* [2] *? Vere electa, vere sanctificata, vere in capite virginum post illam Dei genitricem, quę sola sine exemplo rite manet constituta* [j].

j. Hec est de qua.... constituta *deest B.*

---

1. Cant., vi, 8.
2. Cant., vi, 3, 9.

Quibus ille auditis, lętus de sacrę virginis laude precęlsa, oculos in visione vigiles in sublime tollens, vidit igneum globum ingenti fulgore micantem, cujus in medio speciosa virgo coruschans, astantibus sibi angelis, dicebat : *Locum illum quem cernitis ossibus decoratur meis, de quo vos rogo ut vestris sanctificetur dextris.* Cives vero angelici, monitis animo libenti adquiescentes virginis, elevatis prefulgidis dextris, signum dant adorandę crucis, cujus signaculi virtute sacratus, omnis sanctitatis gratia repletur. Dum hęc igitur tam mira tamque precelsa gererentur opera, ecce subito nimbosa caligo ab ipsius amnis imo nimbosusque turbo ascendens, illum super pontem stantem texit, quę deciduo rore ejus indumenta largissime humectavit. Qua visione attonitus, lumina a somno vix abrupit, ac mox vestes manibus contrectans, sicut in visu senserat defluo imbre reperit humida. Inde circa se palpando manus ducens, omnia vinculorum volumina a se dissoluta sensit, ostiolum etiam nocte seris ac vectibus satis munitum patens invenit. At ille verum sibi horoma fuisse ostensum liquidum agnoscens, continuo multa animo ejus cura exeundi necne recursabat moxque obfirma audacia cum precipiti evolatu custodum munimina transilit, gradusque scalarum rapido impetu superans, per medios custodes ibidem jacentes ad exedras usque devenit. Ubi dum astans multa corde in dubio agitaret, tandem ei menti succurrit ut quia, pre nimio pondere vinculorum machinamenta ad sanctę virginis basilicam vehere nequibat, saltem tabulam scachorum ibi pendentem in testimonium suę evasionis ferre debeat. Qua assumpta, murum qua altius insurgebat preceps elusit, expersque lesionis fugam nudus pedes properavit. Cui inter scrupulosum callem pedibus labanti mox quędam mulieris forma obvia fuit, quę expositis a dextrali calcimentis, ita eum prior compellavit : *Tune es, inquam, Raimundus ille, quem modo sancta Fides a carceralibus vinculis solvit?* Cui dum illum esse fateretur, confestim calciamentorum vię solamen ei detulit, dicens : *Tolle hęc, et quam citius ab his elabere partibus, dum tibi evadendi patet locus.* Cujus beneficii munus et solaminis monitus, ille attentius perpendens, nichil eam aliud fuisse intelligit, quam presentiam sancte virginis. Sed dum hec mente pertractaret, subito nusquam evanescens comparuit. Tante ergo patrone exhortationibus ille roboratus, ceptam peragit fugam, neque ab insequentibus attingi potest, quia eum sancta tuebatur Fides. Sicque per medios invisus ruens hostes, Caturceam adiit urbem, ubi protomartiri Stephano, quasi vie sue previo, meritas rependere studuit grates. Et quia longo inedie ac fuge conficiebatur tedio, sancte Fidi, ob prestite sibi salutis gratiam, quam potuit misit candelam. Denique nocte illa in qua Dominica proditione et nostra salus et Judeorum processit interitus, dum impositam sibi lectionem mane legendam in vestiario sancti martyris [1] provideret, somno demitur, atque ibidem quiete pascitur. Cujus somni nubilo sancta Fides tamquam matutine nebule interpollens sol permixta, ita cum subiratis, ut putabatur, visa est arguere alloquiis : *Itane desidia, o omnium stolidissime, torqueris, ut solitas michi gratiarum sollempnitates his sanctis Pasche diebus ante sacrarium artuum meorum persolvere desinas? Quid moraris? Dijice morarum nodos, et cum scachorum tabulato, tue videlicet liberationis credibili monimento, Conchacensem valle pedestri velocius expete locum, Paschalisque gaudii ibi celebra sacramentum.* Hujus visionis gratia ille permotus, et somni tedia rupit, ac Geraldo Petragoricensis ecclesie sub primis tirocinii auspiciis episcopo, qui tum Tholosane urbis menia forte aggrediebatur, simulque ejusdem Caturcine urbis presuli Barnardo [2] que sibi somnitus imperata fuerant, territus intimavit. Qui ut sancte Fidis monita audie-

---

1. *Vestiario sancti martyris (Stephani)* ; il s'agit de la sacristie de la cathédrale de Cahors ; cette église, consacrée en 1119, mais fortement remaniée au XIII° siècle, était dédiée au premier martyr saint Étienne.

2. Bernard II, évêque de Cahors vers 997, avait un successeur en 1028. (Cf. l. I, c. XVI). Gérald de Gourdon, qui ne monta sur le siège de Périgueux qu'en 1037, ne put donc se trouver, cette année-là, à Cahors avec l'évêque Bernard, qui avait un successeur. Les mots de notre récit : *Geraldo sub primis tirocinii auspiciis episcopo,* pourraient laisser supposer que Gérald était coadjuteur de l'évêque de Périgueux, dix années avant de devenir titulaire de son siège. S'il en était ainsi, la concordance serait établie. (Cf. *Gallia christ.,* II, 1459).

rant, jubent jussa factis implere, nec qualibet inveniendo dilatione differre. Quid igitur? Uno tantum contentus famulo, iter arripit ac imperiosę virginis *a* mandata facit. Cepti vero itineris victor, ubi scachea tabula onustus ad sepe dictum locum pervenit, orationi incubuit, ac supplici murmure quęque excogitata protulit. Qua expleta, post sanctę crucis fronti locoque cordis impressionem, quę sibi inter catenarum pressuras per sanctam virginem mirabiliter acta fuerant, cunctis qui aderant ora in silentio tenentibus, filio (*sic*) expedit. Neque hęc parva audivit utriusque sexus caterva, sed ejusdem memorati Gosberti filius, qui tunc forte inter commilitones causa orationis ibidem aderat, incredibili stupore totus visu in medio diriguit, admirans qualiter a tot vinculorum conexione solvi potuit. Neque minori ammiratione Gozfredus sub hoc aspectu corripitur, cujus jocosa scachorum tabula fuerat, quam ille ereptus propriis illic humeris in testimonium sanctę virgini obtulerat. Tandem agnita virtute divina, in laudum preconia convertuntur, sanctę martiris Fidis glorificantes potentiam, a Domino sibi sacris exigentibus meritis in omni miraculorum facultate collatum.

[IX]

Item de milite ab inimicis capto et mirabiliter liberato.

Restat adhuc unum premissis rite addendum, cujus in facto non minor laus gloriosę virgini canenda nobis videtur, licet opere dispar habeatur. Petragorico in pago castrum Saliniacum [1] multi vestrum norunt, unde miles quidam nomine Barnardus, amore virtutum sanctę Fidis succensus, ipsius ad propiciatorium quotannis erat recurrere

[IX]. *a.*
b. Ici le chapitre est interrompu. C.

---

1. Le château de Salignac, non loin de Sarlat (Dordogne).

solitus. Hic ergo dum iter institutum celebrare festinaret, die quadam lateri peram signum videlicet peregrinationis accommodans, nemine comitante, ad comperegrinorum tendebat hospitia, cum quibus crastina luce iter dispositum teneat. Sole vero jam oceanas caput recondente sub undas, ecce Archenbaldum cui ad mortem injurius erat obiter cum quinque militibus solus offendit, a quo captus pro clamore sanctę Fidis abeundi remissionem non impetravit. Qui dum captus duceretur, ne in ventum preces fudisse videretur, mox ei ad copiam evasionis sanctę Fidis virtus, ex diverso errore viarum per condensa noctis latibula, fratrem suum uno tantum comitatum armigero adduxit. Quo super ille repentino illapsu veluti noctis caligine obsitus irruens, attonitis vocibus quinam essent increpitat. Frater vero ejus Barnardus vocem illius agnoscens, inter manus hostium ut sibi auxilium ferat concitus exclamat. At ille ob fratris liberationem efferatis viribus bellum iniens, se solum contra quinque, sui suorumque oblitus, morti opponere non obhorruit, neque etiam qui quantive essent animo perpendit. Barnardus vero inermis audaci spiritu in Archembaldum ruens, ut ad eum tenendum manus injecit, mox mira Dei virtute per invocationem sanctę virginis hostilis lancea ei in dextra prosiliit, quo ille armatus non inferior Jonatha quondam in Philisteos[1] pugnam commisit. Sicque sociali fratris strenuitate jutus, in fugam vertit adversarios, medioque in campo cum fratre restitit victor. Cujus pugnę bene auspicato successu hylaris factus, non multo post sociis rejungitur, ac sanctę Fidis basilicam de collato beneficio grates redditurus aggreditur. In cujus lanceę munimine multociens postea fisus, cum paucis contra plurimos pugnare non expavit, sciens sibi auxilio semper fore sanctam Fidem cujus mira virtute eam accepit de manu hostili. Hanc vero longo post tempore sanctę virgini in testimonio miraculi detulit, quę usque in hodiernum diem signis inseritur quolibet vehendis. Hęc de captorum absolutione jam nunc dicta

---

1. Cf. I Reg., xiv, 13.

Abbé Bouillet. — *Liber miraculorum sanctę Fidis.*

sufficient. Et quia constipata diversorum insignium phalanx in inmensum crescere videtur, opere precium est ad ea defloranda usum sermonis torquere, non ut numero per singula claudere quantula vite nostre portio sufficiat, sed more haurientis aque de magno gurgite anhelam sicientum aviditatem dulci poculo permulceat. Sint tamen in laude Cunctipotentis semper resonantia, qui in sanctis suis mirabilis per sancte martyris sue Fidis preclara merita tanta mortalibus conferre dignatur beneficia.

[X]

De milite vulnerato.

Hec et inter stupenda ereptionum magnalia, quod consequenter mirabile actum sit, ordo narrationis intimandum expostulat. Albiensium in pago gravo bellum inter duos milites committitur, in quo mutuis cedibus pugna crudescens, alios ad palmam, alios dimittit ad Leucaton ostia. Ibi viam virtus parat, cedit loco inundatia. Ut enim propius ventum est, et admovetur dextera dextre, resque bellica potuit fero ense geri, fert miles multa vulnera, et rursus facit multa. Quod inter, miles quidam nomine Rigaldus consertus, post innumera hostium funera, ex inproviso dextro in brachio telo configitur, ferrumque adactum intra costarum abdita reconditur. Cujus brachium post validum vulnus ita paralisi obstupuit, ut sepius pro experimento candens ferrum in manu addictum nullo sensu poterat sentiri. Unde nimio merore correptus, potius mortis cupiebat extrema pati, quam inutilia vite tedia protrahere in tanto corporis sui dedecore. Omni enim militia relicta, equitandi etiam usum penitus amiserat. Sed dum forte ita res aberet[1], quidam seniorum ejus, qui eum sub primis tirocinii auspiciis ad militare cin-

---

[X]. 8. — *Le titre de ce chapitre conviendrait mieux au ch. XVII, et réciproquement.*

[1]. *Sic.* Cf. p. 125, 53, 63.

gulum suo munere promoverat, tantum malum graue ferens, qualiter ei proficere posset, anhelis estuabat suspiriis. Contigit namque solito more eum ad sancte virginis propiciatorium accedere, ubi vespere, cum ab hospitio junctis sibi comitibus quamplurimis ad ecclesiam in cereis accensis ire disponeret, valido ventorum impetu omnes candele flammis privantur ac in fumi horrore resolvuntur. Quibus denuo accensis, ita senior ille quasi omem reparande salutis captatus ait : *Fiat, inquam, nobis hoc evidentissimum indicium promerende incolumitatis super nostrum Rigaldum, dum ceteris luminaribus a venti flammine mortificatis, huic dumtaxat pro eo facte usque ad sancte virginis basilicam flamma remanserit.* Quod et factum est. Sic vero expletis orationum votis, mox ut ad propria pervenit, ostensum sibi indicium Rigaldo intimavit, et ut sancte virginis oratorium saluti indubius expetat, ilico suggessit. At ille, suspenso licet animo, iter instituit sancteque martiris clementiam expetivit. Qui dum ante sacri corporis ejus mausoleum sacras vigilias celebraret, somno depressus palpebris lumina texit, totusque in sopore elanguit. Cui ita quiescenti, vox auditur hujusmodi sine persona loquentis : *Cur, inquam, tanto sopore debriaris? Surge quam citius, ac crucis signo te muni festinus.* Ad quam vocem tercio monitus, propriis erigitur attonitus in pedibus. Oblitusque veri languoris, immobilem ante dextram in sublime tulit, et que sibi audita vox imperaverat agere studuit. Inde ad se reversus, ut se Dei clemencia per virtutem sancte Fidis pristine saluti redditum agnovit, letus de inopino munere socios excitat, et in magnum gaudium omnes vertit pro reparata dextera.

[XI]

De condensis frondicomę sylvę arboribus.

Illud etiam memorię credimus commendandum, quod

[XI]. s.

valde mirum adhuc cunctis illius vicinię accolis stat in testimonium. Quodam tempore beatę memorię Arnaldus, Rotenensis ęcclesię presul, concilium aggregare decrevit [1], ad cujus corroborationem multa sanctorum pignora ex diversis suę diocesis partibus convertenda indixit. Unde factum est [ut] venerandę recordationis Adalgerius, loci Sanctę Fidis abbas magnificus [2], ad quendam militem Barnardum cognomento Astrinum [3] legatos mitteret, rogans eum frondea sibi dare silvę robora, quibus sanctę Fidi competencia instruerentur mappalia. Qui in avaricię facibus exestuans, respondit se plurimis sanctis jam dedisse gratis multa robora, sanctę vero Fidi, quia cęteris innumerum eminebat opulentia, nisi cum precio quidlibet minime se daturum ad hęc construenda. Quibus predictus abbas auditis, convenit ei se septem solidos concessu[rum] ad opus umbraculorum statuendum. Sic cesores arborum parte in ostensa frondea ligna succidentes, umbriferam illam scenam contexunt, ubi sancta Dei virgo Fides posita in multarum refulsit luce virtutum. Quę ut ostenderet quam pessima sit corporibus sive animabus rapax pecuniarum cupiditas, post hiemis asperitatem, ubi vere novo dampna arborum reparantur et silvę frondosis comis vestiuntur, partem illam quam precio emit sine restitutione succisarum arborum adhuc stare fecit, cum cęterę arbores undique per condensa virgultorum brachia in pristinum statum reformari videantur. Quo in opere nichil aliud nobis perpendendum colligitur, nisi quia sancta virgo arbores quas emit in sua venditione absque restitutione permanere cogit. Res enim quę venduntur sine reditu ab emptoribus jure possidentur. Quę vero amicorum benivolentia mutuandi gratia ad alium transeunt, jus redeundi merito habebunt. Hęc namque sancta negociatrix ligna in

---

1. Il a été question de ce synode au ch. xxviii du livre I*er*. L'évêque Arnaud, *d'heureuse mémoire*, étant mort en 1031, l'auteur de ce récit écrivait après cette date.
2. Pour l'abbé Adalgerius, voir le ch. xiii du livre I*er*.
3. Bernard surnommé *Astrinus* est peut-être le même que le riche seigneur dont il a été question au ch. xxii du I*er* livre, sous le nom d'Austrinus.

negotio posito, data pecunia, in proprios usus adquisivit, adquisita nullius criminis debetur, si reddere nolit. Que licet illius non videatur egere, precipue tamen id agere deprehenditur, ut et in omnibus seva cupiditas radicitus extirpetur et causa Dei cunctis opibus proponatur.

[XII]

De puella contracta.

Alio quoque tempore, ad promerenda per sancte Fidis inclita merita divinę pietatis [beneficia], puella omnium membrorum offitiis dissoluta, Cassiaco ex vico[1] advehitur, quę incurię bajulorum trans ripam fluminis littore[a]s scopulos Conchacensis vici lambentis[2] dimissa, a' pretereuntibus elemosinam petebat. Cujus inhospitia facies et membra, quia eas manu neque baculo arcere valebat, de nocte a feris sepissime, ut ipsa postea testata est, lambebatur. Nullius sane miseratu ad monasterium sublata, plurimis diebus in tali mansit miseria. Nutu tandem Dei seniores loci, misericordia moti, ad monasterium jubent eam in grabato deferri. Ante cujus primum vestibulum diu excubans videbatur ad speciosam portam templi, ut clodus quondam Petri[3], elemosinam petere ab introeuntibus gratia orationis. Tandem vero sancta Dei virgo Fides, alter cęlo facta Petrus, advesperascente die quam frondicomorum gloria ramorum ac palmarum decoraverat[4], ab humo erigitur et ad sacratissimę virginis mausoleum, consolidatis plantis, tota incolomis progreditur. Ob quod mire factum

[XII]. S. C. V.

---

1. Caysaac, chef-lieu de paroisse (commune de La Loubière, canton de Bozouls), à 9 kilom. N.-E. de Rodez, était le siège d'un prieuré de la manse de l'abbesse de Nonenque (Pouillé de 1510).
2. Ce cours d'eau était ou bien le Dourdou (*Dordo* ou *Dordonius*) ou bien la Louche (*Latacia* d'après le Cartulaire, n° 108). La Louche est un torrent qui se déverse dans le Dourdou, sous Conques.
3. Act. III, 2.
4. Le dimanche des Rameaux.

astantes ingenti gaudio perfusi, Deum cunctipotentem unanimes conlaudant, qui tantam suę militi Fidi conferre est dignatus in omni virtutum splendore potenciam.

[XIII]

De contracto directo.

Non multum huic dissimile aliud restat miraculum, quod expectanti paginę nobis videtur inserendum. Ad sanctę virginis promerenda beneficia quidam ex territorio Agennensium, nomine Humbertus, ope parentum advehitur, quem a renibus usque deorsum livida natura matris ab alvo exposuerat premortuum. Qui cum devotorum misericordia plurimis annis ibi sustentaretur, tandem divina pietate visitatus est post celeberrimum sanctę Dei genitricis Assumptionis diem. Subsequuta nocte, dum ante gloriosę martyris propiciatorium in vigiliis cum multis aliis pernoctaret, dolore nimio per languida membra corripitur, atque cum ingentibus cępit clamoribus emittere planctus. Quos inter dolores, sanctę Fidis non desinit cum clamore suffragia, et ut ei propicietur cum lacrimis exorat. Inde subito fragore contracta in directum extenduntur membra, et quę maternis a visceribus traxerat debilia, per sanctę virginis invocationem suscipit valida. Sicque spretis scabellis, quibus locusteos saltus, si quando alias tenderet, per terram emittere solebat, solidis gressibus inter ceteras turbas discurrere congaudet.

[XIV]

De milite semel ac secundo inluminato.

Quidam Vuillelmus ex castro quod Carlatum dicitur[1]

[XIII]. *S. C. V.*
[XIV]. *S. C.*

---

1. *Carlatum.* Carlat, commune du Cantal (canton de Vic, arrond'

genere clarus et milicia strennus, capitis vulnere post lippam caliginem oculorum luce privatur, sed per sancte Fidis invocationem reparancia lucem colliria promeretur. Denique processu dierum quodam milite jurgia cum aliquo domesticorum suorum conferente, dum ei baculum niteretur in oculum figere, idem Vuillelmus periculo medium se obponit, atque ita in oculum accipiens, pro benefacto malum cogitur pati. Sicque a vulnere erumpente cruore, dolor etiam vitale cerebrum tantum obsedit, ut vix caput a lecto posset erigere, nec oculos aperire. Anxius ergo nimium factus, post desperatam salutem ad solita reducitur presidia, et sic sanctam Fidem ut sibi subveniat cum suspiriis validis sollicitat. *O, inquam, virgo sanctissima Fides, omnium peritissimorum sintheses [m] medicorum excedens [n], quid in me tam dirum nefas cadere voluisti? Luminis per te facti debuisses ab omni infestatione tueri. Quid michi recepisse, quod crudele nunc potuit michi infortunium auferre? Esto. Si dedisti, restitue. O felix virgo et omni laude predicanda, cujus pietas multimoda tribulatorum attendit miserias, ne desere tuum cui sine te irrevocabile patet precipitium. Flecte piissima lumina, et patulas precibus aures inclina, ac hujus miseri iterum atque iterum angustiis compassa, extinctas unguine tue pietatis fove lucernas.* Quibus querelis dum finem imposuisset, fatetur se non prius cibi vel potus alicujus aminiculum tangere, quam aqua benedicta et sancte Fidis majestate sacrata possit oculos madere. Quo audito, unus ex domesticis basilicam sancte virginis a castro illo via diei unius distantem celeriter aggreditur, et jussa factis equans, ad dominum regreditur. Cujus aque perfusione capitis dolor obstupescit, sed caligo adhuc oculos contenebrascit. Inminente ergo tante virgi-

m. compositiones *add. ult. C.*
n. excedens, omnium cirurgorum malagmatibus precellens *quid... C.*

d'Aurillac). Le château de Carlat appartint longtemps aux comtes de Rodez (Boso, *Mém.,* p. 150). Il a donné le nom de Carladès à la région qui l'environne, et qui était à cheval sur le *pagus Rutenicus* et le *pagus Arvernicus*: elle est mentionnée dans le Cartulaire (n⁰˟ 341, 545).

nis sollempnitate, idem miles ad sacras vigilias cęlebrandas, septimo die ante festum anticipans, adiit, et in Dei laudibus coram mausoleo pernoctavit. Die namque sacrę venerationis post missarum sollemnia, dum ab ecclesia duceretur, visum est ei tanquam sub aurore crepero*ᵃ* lumine hominum formas cernere, sed non ad plenum qui essent discernere. Inde regressus ante altare, procidit ad pedes sacrę majestatis, et ita gradatim fabos pupillarum ignientes, clare conspicit omnia rerum corpora. Cujus virtutis preclaro muneri plebs universa congratulans, Domini ac sanctę Fidis intonat magnalia, cujus stupenda cernere meretur miracula.

[XV]

De vidua ceca.

Maxime pontificum Fronto [1], decus et caput omnis
  Orbis Aquitanici jure vocandus eris.
Nam vir apostolicus Petri documenta magistri
  Primus ad Hesperium noscere ferre solum.
Te precone sacrę radiantur dogmata legis,
  Per quę fana vacant templaque sancta micant.
Virginis in sacrę claris toto orbe libellis
  Non decet egregium nomen abesse tuum,
Quos virtute potens signis spectabilis atque
  Dignaris proprio nobilitare dono.
Astruis, tua namque domus dinoscitur esse,
  Quam sacra virgo suis irradiat meritis.

[XV]. *S. C.*
a. dubio *add. ult. C.*

---

1. La tradition locale, constatée dès le ɪxᵉ siècle, réclame pour fondateur du siège de Périgueux, saint Front, dont l'âge est indéterminé (Cf. L. Duchesne, *L'origine des diocèses épiscopaux dans l'ancienne Gaule*, ap. *Mém. de la Soc. des Antiq. de France*, 1889, p. 366). Notre auteur admet cette tradition, et aussi la légende qui fait de saint Front l'un des soixante-douze disciples du Christ, attaché ensuite à saint Pierre, puis envoyé en Gaule par le chef des apôtres ou par saint Clément.

LIBER QUARTUS

Inde enim oriunda pro amisso conjuge mulier quędam insolabiliter lugens, diurnis fletuum vadis putres oculos jam factos in cecitatis nubilo clausit. Ob quam rem plurima sanctorum pignora perlustrans et nichil proficiens, jam nonum ceca peregerat annum. Cui dum nulla valerent mortariola, nocte inter vastas soporis sannas ad sanctę Fidis oracula properare admonitum est, quia ibi donum quod aliunde petebat, sine dilatione erat perceptura. At illa somno elapso verbis monitoriis fidem adhibens, jussa capescit, ac junctis vię sociis Conchas devenit. Cui in hospitiolo pernoctanti, sanctęque Fidis presidia attencius efflagitanti, primum dolor intolerabilis migraneoque similis caput quassare cepit, ac more bistodinum pro inmoderato licoᵖ timpora ac frontem per lectulum rotabat irremediabilis. Ad manum denique pueri sacratissimę virginis oratorio introducta, ubi scatentibus lacrimarum fluentis pulverem humectaret, mirabile visu, pro lacrimis, variante vices natura, unda sanguinis profluit ac terram rubere coegit. Post cujus fluxum paulatim luminis scintillula igniri cepit, ac rerum forme ei deteguntur per aulam templi. Sicque contigit ut ante solis occasum cuncta clare cernens, Domino ac sanctę virgini suis laudibus plures in laudum preconia excitaret, et collati sibi muneris gaudium in cunctorum verteret gaudium.

 Sic tibi, magne Pater, sacra virgo remisit alumpnam,
  Lumina cui meror clausit et asper amor.
 Tu quoque, gemma sacerdotum, pro munere tanto
  Astra super socię dic, age, presul, ave.
 Ut fulvo decori est chorique topazius auro,
  Mentio Panaretosᵠ sic tua fulget in hoc,
 Cui comes insignis super ethera virginis alme
  Cum Domino regnas secla per innumera.

p. vino *add. ult. C.*
q. liber miraculorum *add. ult. C.*

[XVI]

De milite qui sanctę virgini in multis contrarius extitit.

Quam sepe fiat Christi miles et adhleta nobilis in hostes mitis, quamve nonnumquam terribilis, non precedentium librorum paginis plena relatione didicimus, cujus ultionis temperamentum plerisque profuit ad correptionem, nonnullis vero ad severiorem sera licet venit dampnationem. Celesti enim doctrina illa jam supernis civibus conformis edocta, utrorumque preceptorum bene norit observare instituta quorum alterum dicit : *Non semper sis paratus ad vindictam*, alterum vero : *Redde retributionem superbis*[1], intonat. Inter utraque mediam sapiens virgo currens viam, manus sepe placabiles penitentibus ab ultione continet, indulto quidem venie tempore abutentibus ad feriendum laxat inremediabiliter. Et quos parcendo foverat, neglegentes feriendo acrius dampnat. Quorsum hęc actenus paucis advertite docebimus. Belloforte municipium[2] multis fit notum, cujus ferus incumbator nomine Hector, quia Conchacensi vico nimis inheret et sanctę virginis terras corrodit usque ad radices, et majoris temeritatis conamine ausus, monachorum famulos gladio dimittit ad necem. Aderat namque dies illa sanctissima, quę gloriosę martiris triumphum referens, cunctis refulget veneranda. Ad hujus diei sollempnitatem ex diversis partibus multorum fit concursus populorum. Inter quos hunc etiam tyrannum contigit venire, non desiderio feriandę sollempnitatis, sed potius dominę suę, cujus incestuoso plus nimio ardens amore, eam sequebatur ubique. Quam, ut lenociniis cum ea posset frui colloquiis, in remotiori parte cęnobii duxit, ibique residere

[XVI]. *S. C.*

---

1. Psal. xcii, 2.
2. L'abbaye de Conques avait, depuis 838, d'importantes possessions à Flagnac et dans d'autres territoires voisins de Belfort.

fecit. Verum quia ad tantę sollempnitatis gaudia innumera populorum copia confluxerat, matronarum multa persona crevit quibus cedere oportebat omnimodis, presertim cum et genere forent clariores et honore potenciores. Quas ille cecus amore et manibus procul arcebat et interdum pugnis redebat. Cujus improbam arroganciam milites excubias celebraturi indigne ferentes, ad ei resistendum facto agmine ruunt, pugnisque in eum deseviunt, ac mutuis colaphis vicissitudinem injuriarum reddunt. Hanc inter seditionem nefariam tumultus exoritur populi, edesque sacrę clamoribus confunduntur attonitis. Ad hęc tam crudelia mala reprimenda, monachis menti succurrit sanctę virginis majestatem a sacrario exponere, et graviori pugna Erinis, quę maxima est Furiarum, deseviebat (sic) inferre. Quod dum factum fuisset, virtutę sanctę martiris ille furor concidit, ac sine mortis periculo membrorumque detrimento congressus ille quievit. At ille sceleratissimus Janio videns suam retroferri nequitiam, viperea bile tortus et ira, clanculum cum suis monasterium egreditur, equosque adversariorum a stabulis furtim extrahens, ad sua fugiendo duxit, quos postea licet invitus reddidit. Inter hujus igitur tumultuosę seditionis pugnam, quod mirum acciderit oportunum nobis videtur memorandum. Ad sedandum tanti mali nefas, sanctę virginis, ut diximus, delata fuit aurea efigies, cui de collo Dominica icona*r* auro eboreque eleganter celata pendet. Quam impulsu irruentium in sese pugnatorum quidam manum super sanctam effigiem iniciens, ipsam iconam nescius arripuit, et a collo imaginis in terram projecit. Nec mora, ut ad noticiam bajulorum venit, nimium merentes onus sanctum sacrario recondunt. Deinde pucato tumultu accensisque luminaribus loca omnia evertunt, ac membratim discerptum Dominicum vultum per pavimentum legunt, ac in conclavi reponunt. Peractis vero sollempnibus misteriis, ante mensę refectionem rursus discerptę iconę membra revisunt, totum hujus infortunii crimen in sanctę Fidis obicientes incuriam neglegentem. Tamen convulsa membra

r. Imago crucis *add. alt. S, C.*

anxiis mentibus accipiunt, ac super ipsam crucem opere polito consertam reverenter ponunt. Cujus figure fabricam ille conjungere post eorum discessum non distulit, qui templum corporis sui jussit frementes Judęos solvere, quod ipse poterat post triduum reedificare¹. Hac potestate preditus supernus artifex, per merita suę militis Fidis diruta membra ita corpori compegit, ut nulla impositione potuerit inveniri male choerens cicatrix. Sed quia ut nobis visum est, cum de reedificatione sui corporis Salvator noster loquęretur, nullam clavorum mentionem fecerit, ideo fortassis in hujus suę imaginis reformationem clavellorum quibus crux heret redintegrationem pretermisit. Scimus namque quia per inpotenciam non contigerit, cum majora agere potuit. Quo postmodum comperto, seniores inmenso perfunduntur gaudio, tantoque lęti de munere, epulis vacant cum gratiarum actione.

Si quis vero nosse studuerit quid de eo actum sit, cujus fastuosa arrogantia hoc acciderit, sciat illum in illicito incestu deprehensum, a propria uxore natisque turpiter abjectum, ac per diversa regionum lustra vagum more Caïn ac profugum, infelicem per multas miserias et obprobria egisse vitam. Tale conmertium nequitię suę ei sancta Fides restituit, cui non solum in hoc celesti opere, verum etiam in multis offensionibus injurius semper extitit.

[XVII]

De milite qui casu vulneris manum habebat aridam.

Superius cujusdam militis in bello vulnerati et per sanctę Fidis virtutem sanati meminimus², nunc diverso modo alius

[XVII]. S. C.

---

1. Matth. xxvi, 61.
2. Cf. *suprà*, c. X.

occurrit sanatus *, qui cum quodam genere Rutenensium clarissimo vocitamine Geraldo, in Caturcinensium *t* bello, ad dirimendum tumultum medium sese ingerens, gravi vulnere teli in latus perfoditur. Quem imperita manus medentium fallens, obducta desuper inmatura plaga intus obstruxit sinuosas morbi lacunas, in quibus putris sanies concreta interna corrumpebat precordia. Sicque inclusus humor strictis meatibus intus latens sevit interius, atque intumescit exterius. Quo dolore ille juvenis anxius, sanctę Fidis auxilium continuis invocat clamoribus. Tandem vero nocte quadam, dum sopore blandiendo tabida membra quieti deponeret, visum est quasi ante sanctę virginis altare apud Conchas in pavimento jacere, sanctamque Fidem ut sibi auxilio subeat ciere, cui oranti, ipsam Christi athletam, ut putabatur, virgam manu gestantem, assistere, seque nihilominus lacrimosis querimoniis insistere, ac dicere : *Piissima patrona ac omnis misericordię gratia predita, dum adhuc vitalis calor tabentes pererrat artus, suppremoque in pectore tenuis palpitat spiritus, fer opem misero, antequam presentem fugiam lucem fine sub ultimo. Scio enim te posse vias inferni claudere et reserare ad liberandum tuos.* At illa, sereno ut semper est vultu, ad eum paulisper conversa, virga quam manu gerebat lenissimo tactu ulcus ejus tangebat, ad cujus tam salutiferum tactum, mox veluti ad novaculi incisionem sanies erumpens, strata pavimenti obscena putredine sedabat. Cujus ob rancidum fetorem illum nares corrugentem pacientissima medica blandis alloquitur verbis : *Ne timeas*, inquit, *fili, neque formides, quia nobis medicorum offitio fungentibus, non sordent humanę carnis putredines, sed potius facinorosarum animarum fetores. Ad hoc enim veni, ut tibi dona conferam salutis. Et ideo moneo te, ut cum tuę grataveris saluti, continuo Conchas aggrediaris, sanctoque Salvatori grates pro concesso beneficio exibe, michique quas mereor ante mei corporis mausoleum laudes persolve.* His dictis, cęlestibus sese permiscuit auris. At ille

s. sauclus C.
t. Caturcensium C.

excussus a visione, somno eripitur, sanctęque medicę verba
retractat attentus. Hinc erumpente sanie per apertum ulcus
quod de vulnere erat tumefactum, densa coagula sentiens,
manu palpando explorat, quid in se facti res gesta contineat.
Qui dum manum circa se duceret, rei veritatem agnoscit,
ac sic aperto ad expurgandum virus latens vulnere, et eva-
cuato dolore, incolomitati restituitur, sanctęque Fidis basilicam deinceps expetit debitas laudes redditurus.

[XVIII]

De mulo resuscitato.

Nunc vero quid in itinere sancti Petri apostolorum principis moderno tempore per gloriosissimam Christi famulam
mirabiliter gestum sit, paucis absolvere curabimus vestrę
attentioni. Italię in partibus quę Langobardia nuncupantur,
miles quidam Rutenici pagi, Garbertus nomine, precedentem Pictavensem genere ac militari strennuitate satis illustrem
assequitur, ac post salutationum mutuam gratiam iter institutum celebrat, ejus familiaritati sociatus. Qui de multis
simul sermonem ad invicem conferentes, tandem ad sanctę
Fidis magnalia conserta sermocinatio pervenit, ubi non
parva laus a Rutenico suis attribuitur miraculis. Ille vero
Pictavensis ingenti cum admiratione narrationem illius
adplaudens excipit. Ubi ad hospitium in vico sancti
Domini [a] [1] perventum est, Pictavensis mulus qui ei carior
habebatur gravissimo morbo correptus, vix ad crastinum

[XVIII]. *S. C. B.*

a. Domini *S.*

---

1. « Inter Parmam, Placentiamque, via AEmilia, in Gallia Cisalpina, sive
Cispadana Lombardia, S. Domini civitas sita est, quae a S. Domino, qui
ibi desaevientis Maximiliani persecutionem declinans, nobilem tulerat
palmam martyrii, nomen traxit. Hanc arbitrantur nonnulli antiquam
Juliam Fidentiam esse, cui hic inclytus martyr deinde nomen fuerit... »
(Ughelli, *Italia Sacra*, II, p. 62). Aujourd'hui *Borgo-San-Donino*, chef-lieu de
circonscription, à 2½ kilom. de Parme.

diem vitam pertraxit moribundus. Garbertus vero, quanta in talibus quondam animalibus sancta Fides operata est magnalia non inmemor, interrogat utrum aliquam medelam fecerit ad muli hujus supplementum. Cui nequaquam respondenti, mox adjecit : *Numquid audisti que tibi de sancta Fide heri per me exposita sunt? Mitte ei devotus aureum, et statim tuum animal recipies sanum.* At ille, nil contatus, bisantem de marsupio protulit, quem ei ad deferendum sancte virgini concessit. Sancta vero Fides ad majorem virtutis sue gloriam manum reservans, viventi mulo nichil profuit, nec quicquam valitudinis impertivit. Quid plura? Surgit aurora, monetque cunctos ut ceptam properent viam. Exponitur mulus vite termino functus a stabulo, et datur inde tantummodo precium pro corio. Iter corripiunt mesti, et qui aureum vite arraboni recepit, et qui amisso animale, dampnum cogebatur pati. Rutenicus ergo de jactatione virtutum sancte Fidis nimio rubore anxius, aureum quod acceperat volebat verecunde reddere. Quod cum tetendisset datori, ecce repente post tergum audit sonitum subsequentium, et quasi fugientis animalis et agitantis equitis strepitum. Sicque vultum in terga retorquens, prospicit eminus hospitem mulum fugientem cursu fatigantem, et, ut eum comprehenderet, multo conamine enitentem. Quo viso, sanctam Fidem attonitis exclamat vocibus, aureumque retinet quod volebat reddere verecundus. Recepto denique mulo, interrogant hospitem qualiter actum fuerit in reparatione animalis. At ille admirando exclamans, ait : *O vos felices, quibus tantam virginem contigit habere patronam, cujus omnipotentibus meritis non solum vobis salus tribuitur animarum, verum etiam magna procurantur medicamina corporum. Hec sancta virgo in opere et virtute non sinit vestris amminiculari incommodis, etiam in animalium resurrectione. Hoc quod videtis animal, in platea projectum dentibusque retectis omni anima relictum, inter decoriantium manus animavit, concitoque saltu a solo exturbavit, ac ita a manibus nostris elapsum, vestris usibus preparatum reformavit.* Quo audito, omnis peregrinorum caterva in laudum preconia erupit, totumque aerem emulis vocibus sanctam Fidem reboare compellit. Deinde reddito hospiti tergoris precio, scilicet argenteos octo, sancta limina Apostolorum leti expetunt, regressique ad propria votivum aurum cum ingenti gratiarum actione persolvunt.

[XIX]

Item de pauperis asello.

Et quia de animalium vivificatione sermo incidit, restat ut illud paginę merito inseratur, quod in predicto fere consimili animali sanctę Fidis preciosissimis meritis Dominus in ejusdem Conchacensis vico mirabiliter operari est dignatus. Ex servitoribus fratrum ibi Deo digne famulantium, matrimonio jugatus, asellum [habebat] domesticum". Contigit sane illud servum pecus gravissimi morbi peste laborare, dampnumque domino minitari ex vicina morte. Unde ille valde mestus, quia unicum solamen ejus inopię fuerat, sanctę martyri ob vitę tutelam obtulit candelam, et pro ejus salute, multa ante sacratum corpus ejusdem virginis tenui susurro perlegit. Sed casso murmure, quod non valuere preces, mors obtinuit. Habet ultima mors animal, omnis prosence facturum ruinam. Extraitur in platea, feris ac avibus futura esca. Sed dum pellis a posteriore crurę diriperetur, alterum mucrone proscinditur. Ille autem exiguitatis suę non immemor, sanctam Fidem querulis vocibus ingeminat, quam, ut suo infortunio citius subveniat, nonnumquam blandis demulcet verbis, plerumque duris arguit jurgiis : *Auxiliatrix, inquam, validissima miserorum, domina et sancta virgo benedicta Fides, hactenus fomes et patrona mea plissima, audi et de miserrimę penurię precipitio erige hunc omnium infelicissimum, quem a beneficiorum tuorum*

[XIX]. *S. C.*

v : habebat cujus opę subnisus per diversa mercimonia vitam tuebatur *domesticam C.*

sacris uberibus adultum, sub tuę miserationis tegumento fovisti actenus, et a multis erumpnę defensare dignata es calamitatibus. In te unica spes mea, in te salus mea, in te tutissimus michi assilus [x] contra omnes adversitatum mearum jacturas. Inclita Domina, si divitum magna atria curas, si eos sepenumero importunitate allevas, si eis te libens offers invocata, quanto magis pauperum et maxime tuorum frigola [y] tua non debet tutari dextera? Scio quidem te vere posse ad vitam reformare utensile animal, quę in multorum predicaris restitutione opifex mirifica. His vero et quam plurimis interfluentibus lacrimis ejectis, cadaver relinquit, sanctęque martiris ęcclesiam cum luminari rapido impetu rursus expetit. Quo accenso, iterum algida extincti aselli membra proprio aut alio consimili spiritu confestim recalescunt, et in renovatis plantis, mirabile dictu, eriguntur. Sed, o quisquis es, lector, quo stupore exanimatus, qui admiratione captus, cerneres astantem quadrupedem, et simul mortis signa preferentem, de clunibus pendentem pellem? Quis tam inaquosa rupe aridior, sub hos aspectus se temperet a lacrimis pro gaudio? Solatur sancta virgo mestum, et exercendis negotiis reddit mancipium. Nec in angustia deserit alumpnum quem suorum ab uberibus stipendiorum noverat adultum. Succurrit ergo, sancta Fides, tua propitiatio, te in suis incommodis invocantem [z], quę ad laudem tui nominis sepe in tantis clarificata est virtutibus. Ac ne quemquam pendula illa pellicula scrupulum moveat, sancta Fides non bitanici voluminis medicaminibus sagax, sed cęlesti virtute efficax, ut in majori ope floruit, ita et in minori beneficio nomen suum sublimavit.

x. refugium *add. alt. C.*
y. parva substantia *add. alt. C.*
z. *Cod.* invocationibus.

[XX]

De muliere ab injuriosis nevorum maculis sanata.

Quantum vero sancte Fidis omni laude predicanda virtus et in maximis et in minimis rebus valeat, multorum approbatur testimonio operum, quorum multiplici auctoritate fulti fideli relatione nobis coram positis exponere non ambigimus, quod future prosit aliquando posteritati. Qui licet magna et facundioribus congrua oratoribus compendiosa brevitate perstrinxisse hactenus prolata objurgemur, tamen ne numero surgentium prodigiorum obruti, omnino indiscussa fugiamus, maluimus in transitu summatim plura ad edificationem auditorum tangere, quam garrula prolixitate per singula herendo, parva pro magnis proferre. Hęc enim tali temperamento prelibata videntur, ut habeat in his lector unde succincto sermone delectetur et fiat ex his unde virgo sacra et martir inclita mirabilis toto orbe predicetur. Neque etiam, ut arbitramur, ea sunt, quę legentibus apposita fastidium inmoderato syrmate moveant, ne obscuritate brevitatis ignaros repellant. Quomodo namque attentio narrationis auditorum animos pariet benivolos, si docilitas ceco ignorantię interpolatur nubilo? Si *fides ex auditu*[1], auditus autem per verba eruditur, opere precium est verba ita apposite ab ore narrantis descendere, ut et corda auditorum melliflua dulcedine demulceat, et rerum gestarum docilia reddat. Atque hęc actenus. Nunc vero ad sanctissimę virginis insignia gesta stili promulgatione retorquenda movemur.

Ab ineunte etate adulescentula quędam, generis ingenuitate subnixa uberibus, dextram habebat bacatam quę nec

[XX]. *S. C.*

---

1. Rom. x, 17.

juniperi decussu, nec titimalli[a][1] poterat lacteo humore curari. Et quia pubente corpore jugali tempestiva foret thoro, nuptum traditur non degeneri viro. Constipatione quidem nevorum manum mensę accubans tegebat velaminis operimento. Et quia sanctę virginis oratorio erat contigua, orationum eo deduci gratia cum proprio domino impetrat. Ubi perventum est, inter cętera precamina verrucarum maxima cura mente recursat, atque in hoc tota orationis instat vigilantia. Fit mane, orationumque expletis votis, retrogradum arripiunt callem. Qui ubi nubiferum montis exuperant jugum, flexis genibus rursus beatam et gloriosam virginem blandis verbis salutant, et ut petitionum suarum memor fiat, obnixis precibus iterant. Surgentes vero ab oratione sanctę crucis triumphale signum fronti cordisque loco effigiant, et sic redeundi deposcunt licentiam. Puella vero nevosam intuens dextram, ita, mirabile dictu, invenit planam ac si ea numquam talibus scrupulis fuisset exasperata. Ibi cernere fuit, si dici fas est, altera manus Moysi, ad precepta Domini credenda prius elephantico tumore sedata, postmodum divino nutu in priori planicie coęquata[2]. Sed miro in modo tenuissima atque rosea superficies manus apparuit, veluti post emundationem cujuslibet medicaminis pristini adhuc signa inhesissent morbi. At illa stupore simul et gaudio correpta, percepta salutis viro occultavit dona. Domo ergo reddita, ut manum a sinu exemit, mox ita sanam invenit, ac si nulla inherente macula semper esset incolomis. Quo viso, vir ejus simulque affines ceteri, collato beneficio congratulantes, sanctam Fidem vocibus attonitis collaudant, cujus virtus in tanta diffunditur miracula. Sed, o inscrutabilis superni artificis prudentia, alta cęlorum elimans cornunia terręque disparibus montium acervis exasperans intersticia, quę causa fuit queve oportunitas, ut

a. herba lacte defluens *add. ult. C.*

1. C'est l'euphorbe, que les botanistes nomment encore *tithymale.*
2. Exod. iv, 6, 7.

tubera ^{b} dextrę manui adempta, eadem in parte dextro pedi insererentur transplantata? Scimus quidem nichil te sine re fecisse, cum tua inefragabilis providentia falli non potest in sui dispositione. Sed quicquid id est, tuam noticiam non latet. Sublata enim palla, dum cubicularia ^{c} ei detraheret periscelides ^{d}, apparuit montuosa nevorum seges quas a manu penitus extirpaverat, Domino permittente, sancta Fides. Quod cum viro suo innuisset, rursus ad sanctam virginem luce crastina gavisi redeunt, vota et laudum preconia pro emundatione persolvunt. Hec vero Avigerna [1], sic enim vocabatur, verrucosum pedem in testimonio conlate ^{e} gratię semper habuit, ut ex corporis sui experimento, in reliquum vitę suę tempus virtutes predicaret sanctę Fidis.

[XXI]

De improbo rustico

Sanctę Fidis in honore monachus nomine ^{f} Deusdet [2] ecclesiam quę Sardanum dicitur, ligneo edificio in pago Basatensi prius construxit, et in humili machina tabulatis

[XXI]. *S. C.*
b. verrucarum maculę *add. ult. C.*
c. cosmeta, et au-dessus : cubicularia *C.*
d. calciamenta *add. ult. C.*
e. velate *S.*
f. predictus *C.*

---

1. Cette Avigerne ou Avierne est la même que celle dont il a été question au chap. XXII du liv. I, et qui était la seconde femme d'Austrin de Conques. Ce récit nous présente son domicile comme *contigu* à Conques. D'autre part, il nous la montre, au retour de son pèlerinage, franchissant la colline sourcilleuse — la côte de Sainte-Foy — qui fait face au monastère, au delà du Dourdou, et, du haut de son sommet, saluant une dernière fois la patronne de Conques.
2. Ce moine est, en effet, désigné sous le nom de Deodatus au chapitre précédent du *Codex Conchensis*. (V. Append. I, 2.) Il est intéressant de rapprocher de ce moine constructeur le religieux du même nom que mentionne le Cartulaire (n° 50). On y voit que, vers l'an 1070, un bienfaiteur donne à l'abbaye de Conques, aussi dans le Bazadais, deux manses, à la condition que Deusdet, moine, ou deux autres désignés expressément, y construiront une église en l'honneur de sainte Foy.

intexuit. Vili quidem stabat scemate, sed celesti replebatur virtute. Hujus enim ante faciem, dum sepius rustici quidam succisuri silvam ad excolenda novalia transitum facerent, et sancto loco cervices suppliciter curvarent, unus[g] profano captus errore cępit eos arguere ac dicere: *Miror vos ad hanc devenisse stulticiam, ut cotidie huic presenc supplicantes, rogatis inde vobis conferre salutem, quam ego equo judicio censeo utpote canum[h] allegiam[i] forensem.* Hanc (sic) infelix qui divinam in ea non intellexerat vigere claritatem per dedicationis sanctificationem ac sanctę virginis invocationem. Huic non dissimile videtur illud hereticorum, qui sacramentum spiritalis gracię non intelligentes, fontem lavacri a naturali posse mutare origine denegant, et in aquę statum ipsam undam semper consistere autumant. Quos scire et credere oporteret duo in hoc esse opere, fontem videlicet ac sanctificationem, quorum mutua conjunctione fit sacramentum salutare. Sic ex materiali instrumento et spirituali sacramento unum corpus efficitur in sanctę matris Ecclesię edificio. A quo iste miserabiliter oberrans, cogitur supplicio credere, cui validus ausus est detraere. Nefario enim dicto superna non defuit ultio, que arroganter contra divinum opus elatum humi dejecit prostratum, genibusque ac pedibus contractum per squalidam arenam volutatum insanum. Quod adstantes, attonitis mentibus conspicientes, pugnis nuda pectora tundunt, Deumque voce et ore collaudantes, inter manus miserum in ecclesię penetralia evehunt, ac unanimes ejus pro reparatione orationibus incumbunt. Sequenti denique nocte, vigiliarum exequias cum eo celebrantes, facilem sanctę Fidis benignitatem votis suis adesse sentiunt, quę veluti superbe locutura ab alto ad ima deturbavit, ita nunc versa vice humiliter jacentem ab imo ad altum erexit. Quo viso, veneratius locum illum omnes circumquaque habere ceperunt, ac sanctę Fidis potentiam ibi florere sine ambiguo crediderunt.

g. corum *C.*
h. camini *C.*
i. furno patenti *add. ult. C.*

[XXII]

De eo cujus familiam ac peccora sancta virgo a diversis languoribus sanavit.

Bellicosissimus *j* [1] locus territorio in Tolosano habetur, cujus glebas agricola quidam nomine Arnaldus boum labore exercere solebat. Cujus ab ore didicimus sanctam Fidem sepe in reprobos casus, si quando ei contigissent, versos in partem meliorem prosperare, atque ab infortuniis multis eum protegere. Hujus domus inquilinus quidam, dum gravi labore [A] usque ad exitum vexaretur, ad solita sancte Fidis presidia que multis in incommodis expertus erat, recurrit, et que sibi actenus bona ab ea perceperit commemorando relegit. *O inclita virgo, inquam, o exorabile numen Fides, qua semper certus ad impetranda vota habui et in nullo me aversum sensi, que potes queque assoles tribue mihi tua celitus beneficia super hujus clientuli mei corporali egrimonia qua graviter excruciatur, jam pene tenues cogitur fugere in auras. Prohibe, Domina, habire vitam, et altius refunde per conlapsa membra ut ejus restauratione nobis quam petimus crescat jocunditas et tuę virtuti laudum eternitas.* Necdum sermonem finierat, Fides sancta fidem ejus perspexerat, et mox languenti salutem prestat. Nec mora, conjux ejusdem gravi febrium estu laborans, lecto decubuit egra, pro qua dum ipse sanctę Fidis exoraret solitam clementiam, per sudoris ubertatem tremuli febres extinguntur vapores. Illis denique in partibus, dum ex corruptione aeris gramina fontesque letali tabo inficerentur, misera lues pas-

[XXII]. *S. C.*
j. Bellocossinus *C.*
A. languore *C.*

---

1. Saint-Martin-de-Belcassé, dans la commune de Castel-Sarrasin (ch.-l. d'arrond[t], Tarn-et-Garonne.) Avant 1318, cette région faisait partie du diocèse de Toulouse. — On lit dans le Cartulaire de Saint-Sernin : *Belquassé.*

cuis ejusdem agricolę incubuit, vicinorumque pinguia armenta cum spumanti anhelitu suffocavit. Ilic namque inter reliqua pecora prestantis corpus bovis habens, ut eum predicto morbo conspicit, inter palearia ¹ propenso pectore turgescere, jubet mancipium ferro corium dorso eximere, quia ita contigerat omnibus in illa regione. Interea animal, invalescente morbo, fumum exalat, accinctique operi decoriatores festinant. Quibus tamen aliquam moram facientibus, evocata rusticus uxore, dixit : *Ha! quo mens animusque abiit?*
 Crede mihi, miseros prudentia prima reliquit,
  Et sensus cum re consiliumque fugit.
 Nec quid agam invenio, nec quid nolimve velimve,
  Nec satis utilitas est mihi nota mea.
Unum tamen quia hinc minime prodesse erit, ad tuenda residua pecora agendum mihi videtur, si candela ad hujus mortui facta fuerit et in honore sanctę Fidis lumen ante ejus altare aliquando reddiderit. Sic muliercula lichnum eo modo auctutum ᵐ ut super exanime corpus decoriandi bovis fideliter extendit, vitalis calor ab aere gelidis infunditur menbris. Qui deinceps caput paululum attollens, sospes in pedibus erigitur, concussoque corpore, omni morbo relinquitur. Sicque contigit ut hujus medela in reliqui armenti salutem continuo profluxit, nec in toto grege ulterius dampnum protulit.

[XXIII]

De milite qui ab intestinorum inordinatis motibus fatigabatur.

Nec genus hoc clari medicaminis ecce silendum,
Credo quod insigni dignata est ludere facto.

[XXIII]. *S. C.*
l. pellis guturis pendula *add. ult. C.*
m. continuo *add. ult. C.*

Alma Fides, prebens celestia medicamina " cunctis,
Debilitas variis quos torquet amara figuris,
Et plausu dignas signat quandoque medelas,
Quales nec Phebo genitus, neque Pontica tellus,
Miscuit egentibus Chiron nec dextra biformis.
Hęc quoque non ferro morbos abradit adunco,
Carmina nec tetricis frigultat anilia menbris,
Cuncta sed imperio prebet virtute potenti.
Carceris antra patent, ergastula fracta dehiscunt,
Ferrea vincla velut glacies sub sole liquescunt
Virginis adventu, nec habent vim lora nocendi.
Quin etiam, profugo fera mors exterrita lapsu
Faucibus arreptam suspirat perdere predam,
Et vitę reddi priscosque redire sub ortus
Ultimus extulerat quos justo tempore finis.
Ipse nec his lacrimis credo sine fine carebit
Tartarus invitas patiens persepe rapinas,
Quas virgo eluens adimit et ad ethera ducit,
Ascribitque " poli cives quos noxia sontes
Vita per obscenos jampridem fecerat actus.
Hunc quoque supplicibus votis cuncta piorum,
Aut memor obsequium, si quid sibi venerit olim,
Sospite dum vita licuit, res atque poposcit.
Hoc pia virgo jugi meditamine mente retractans,
Audet adire tronum cui proxima semper aderet,
In quo celsitonans residet rex denique regum,
Mitibus alloquiis meritas et temperat iras
Conciliatque reos, et celo subveit alto,
Annotat et sacro cives concivis in albo,
Et facit eternę patrię super astra colonos.

Et quia de sanctę martiris excellentia celo terraque clarissima pauca Meonio modo cecinimus, causa monet ut ad ea quę restant sermonem convertamus.

p Arvernico in pago miles erat strenuus, cui insidiante

---

n. machona *S.*
o. asseribusque *C.*
p. Ce qui suit se trouve dans *S, C, B, A.*

LIBER QUARTUS

infortunio, interiora, statum suum per interlunia deserentia, cum magno intestinorum murmure in verenda usque erumpebant. Unde nimio merore attritus, mortem sepe orabat, ne hec pateretur diutius. Post multum vero tempus, de milite pedes factus, consciam morbi uxorem alloquitur, consilio cujus fretus, sancte Fidis super hoc deliberat expetendum beneficium. Muliere quidem reluctante et multa obiciente, ille conceptam peragit voluntatem, ac ita sanctam adit virginem. Cujus ante sacratissimum corpus devolutus, pro quo venerat cum lacrimis sepius ingeminat, ac pro salute obtinenda propensiora fundit precamina. Sequenti vero nocte ante sanctum mausoleum virginis, post orationum studia sonno depressus, videt sibi sanctam martirem assistere, et quasi subverecundo, ut mos est virginibus, cum alloqui sermone : *Dormisne? inquam*. Qui cum se dormire respondisset, beata virgo ita fando cum prosequitur : *Scias me, inquam, hactenus minime fuisse interpellatam pro hujuscemodi causa, ut ista est pro qua nostra sollicitas suffragia, cum ex diversis morbis valida contulerim agridia. Sed ne omnino hinc inconsultus abeas, que tibi fient salubriora paucis adverte expediam. Nosti illum qui tuam incolit viciniam, fabrum ferrarium?* Qui cum sibi nomine et facie bene notum esse subintulisset, rursus eadem virgo : *Illum, inquam, nil cunctatus aggredere, et ut cum malleo, ex quo candens massa a fornace fervefacta contuditur, adnisis viribus roga super illam passionem in incude positam, tibi validissimum ictum iniciat, qua celeriter tibi salutem conferet optatam*. His ille verbis, cachinno simillimis, stupore simul et admiratione permotus, sonno abrumpitur, et quid sibi talis visio velit alto corde versat diutius. Tandem vero domum regressus, obfirmato in mortem pectore, fabrum predictum nemine conscio aggreditur, et que per sanctam Fidem imperata fuerant indicat secretius. Quibus ille auditis, toto corde collabitur, neque se hanc fantasticam ludificationem jam acturum jurejurando testatur. *Crede, inquam, mihi, domine, quia non medentis, sed potius ludificantis verba hec sunt, quorum monita si credulus prosequi volueris, mortis tuę reus argui poteris. Ego tamen nequaquam hujus criminis ero actor tam pessimi. Novi enim procul ambiguo presentem te incurrere mortem ex hoc.* Cui ut excusatus abisset multa conjectanti, et multa metu parentum si verbere suo vitam cum dolore finiret, in faciem ei obiceret, mox eques illi fidem facit nihil horum sibi eveniendum. Quid plura? Sternuntur super incudem genitalium turgida palearia, atque ad ictum preparantur morbida verenda. Sed mox ut adductis lacertis sublatum in aera cernit immensum mallei pondus, incredibili pavore concussus, retro resupinus labitur, ac velut exanimis cum gravi fragore membrorum resupinatur. Qua in precipiti ruina, mirabile dictu, confestim omnis illa intestinorum ebullitio ita interius resorbetur, ut numquam ulterius in vita sua foris erumpere videretur. Sic ille nec cauterio adustus nec ullius antidoti potione *q* curatur, incolomis evasit, sanctę Fidis, ut ita dicam, ludus omni posteritati cum alacritate satis admirandum spectaculum facturus. Sic illa ponderosa allevatur sarcina, sic dura reprimitur ignominia. Sic pro terribili mortis horrore ad laudem et gloriam sanctę martiris ineffabilis gaudii curatus perfunditur inmensitate. Quę res ne cuiquam ridiculo similis facta videatur, ac per hoc veluti a nobis conficta videatur, non absurdum ducimus Robertum, Cantojolensis monasterii [1] abbatem, virum reverendo canicie satis honestum, in publicum advocare, cujus testimonio hoc nobis manifestatum est quod referimus, quia ille qui passus est longe positus, nostris postmodum non apparuit obtutibus. Illius ergo ab ore didicimus *r*, qui non inepta adulatione, non ficta scurrilitate aures populi palpat, sed veritate quicquid ore profert commendat. Denique si de tali relatore dubitatur, de beneficiis Dei diffiditur.

q. umistide, *et au-dessus :* potione *C.*
r. Ici s'arrête *C.*

---

1. *Cantojolense monasterium*, le monastère de Chanteuge, dans le diocèse de Clermont, puis de Saint-Flour. Le *Gallia christiana* mentionne un abbé du nom de Robert, qui fut ensuite abbé d'Issoire sous le règne de Lothaire — *regnante Lothario*, — c'est-à-dire entre 954 et 986. (*Gall. christ.*, II, col. 437).

[XXIV]

De artifice ecclesie ab ingenti mole lapidis mirabiliter exempto.

Multo namque tempore res que narro silentio obsoleta, scabra, ut ita dicamus, rubigine velut positum ferrum reditur. Qui ideo posthabita videtur, quia novis emergentibus ad altiora elugubranda stili officium exercebatur. Sed qualicumque modo id actum sit, ne omnino res prodigialiter gesta per incuriam nostram depereat, nunc ordinem precedentium rite supplere videtur, et quasi agrorum normalis lapis secundo libello, quia non parvarum est literarum, et jam finem poscit meta statuetur. Hoc tamen miraculum licet posteriorem occupet locum, non tamen ceteris inferiori laude est predicandum, quia post grave luctum inopine salutis nobis reddidit gaudium. Hujus rei testis est adhuc noster monachus nomine Salustius[1], vir vite et morum honestate conspicuus. Hic namque precepto patris cenobii parens, montem in quo lapidum cesores ad opus edificandi monasterii operi instabant[2], cum viginti et sex jugis boum expetiit, ut de vehiculo epistilia deduceret, necnon et ingentes basium moles. Sicque onusto hermis plaustro, dum per devexum montis latus descendunt, dumeta quedam offendunt, que nuper precisis ramis a terra acutissimos sudes porrigebat. In hoc periculosum discrimen lapsi tribulorum prominentes stirpes cursum rotarum impediunt, ac inter cautas se mittentes, bubus virisque impedimento

[XXIV]. *S.*

1. Dans le Cartulaire, il est question de plusieurs moines du nom de *Salustier*, qui ont vécu dans la première moitié du XIe siècle.
2. D'après le titre de ce chapitre et d'après quelques indications ultérieures (*ad basilicam saxeum deduxit onus*), il s'agit plutôt de la construction de l'église que de celle du monastère. Du reste, le monastère fut reconstruit par le même abbé qui avait rebâti la basilique; il s'appelait Odolric (1030-1065). La chronique de Conques lui attribue les deux constructions : *basilicam ex maxima parte consummavit... ac etiam monasterium fecisse creditur.*

fiunt. Ad quem laborem sublevandum omnes qui aderant humeris lacertisque axi pro gravi pondere inter modiolos fumiganti nituntur, et quibuscumque possunt ingeniis auxilio ruunt. Quos inter Hugo, qui huic negotio preerat, cum magno assere medium sese infert, ac dum vi valida herentem inter radices fruticum rotam enititur eruere, ipse lapso pede sub plaustro ruit, cujus supra crura tota illa machina transiens, post se fere sex passibus per arbusta eum rapuit. Quo viso, omnes laborem abicientes ad eum attoniti currunt, sanctęque Fidis unanimiter auxilium invocantes, stupore simul et admiratione mentibus contabescunt. Moxque a periculo exempto, calciamenta cum detrahunt, cujus cruris os falcis in modum recurvum inveniunt. Unde valde cunctis merentibus sanctęque Fidis medicabile subsidium cientibus, ipse debilis magister arcuatum crus amplexans, inter utrasque manus ita ad pristinum redegit rigorem, veluti tepida cera compactum fuisset. Ibi meror in gaudium vertitur, ibi lacrimę pre nimia leticia sparguntur. Denique sanctę virginis virtute medicatus, alacri mente ad ceptum prosilit opus et usque ad jam dictę gloriosę martiris basilicam saxeum deduxit onus. Quo terrę deposito, inclitę virgini debitas decantat gratiarum actiones, cujus potenti virtute tantum evasit corporis sui discrimen. Quod miraculum, tam prodigialiter a Domino per sanctam Fidem patratum, ideo longo incanuit taciturnitatis silentio, quia opus his ex lapidibus erectum, hiantibus rimis fornicatum, ruinam pendet minitans sese facturum. Quod qualiter contigerit nobis indefinitum manet, nisi fortassis ad ea respicit quę dudum sancti Antoliani, Arvernę urbis ęcclesię martiris, contigisse didicimus ex relatu sancti Gregorii Turonorum antistitis [1]. Hęc enim predicti martiris ęcclesia quia, sicut isdem cuidam fideli per visum revelavit, effossis multorum pignoribus loca eorum tenebat, rimis dehiscens solo equatur funditusque, Domino rogante, deicitur. Cujus formam quia hanc nostram ecclesiam pene sequi cernimus, quid mirum in convecta-

---

1. *Liber in gloria martyrum*, cap. 64.

cione lapidum gestum fuerit, negligendo actenus preterivimus. Sed hec actenus.

Nunc enim post tot miraculorum opulentissimam congeriem, que divina favente gratia per preclara gloriosissimę virginis et admirandę sanctitatis Christi martiris Fidis merita toto orbe diffusa est, hic supersedendum numerositas monet, non quod virtutum copia quę semper in inmensum crescit cumulum deficiat, sed ut ea quę huic volumini detrauntur, tercius, si forte etatula nostra illis exponendis suffecerit, latius expediat. *Sunt namque hujus virginis tanta virtutum insignia, ut nec sparsa per quadrifidi orbis cardines colligi possint verbis, nec tam infinita recondi paginis. Hec enim equora omnia velificante Deo permeat, hec regiones universas lustrat, hęc se sanctorum omnium meritis in admirabili virtutum claritate comparat. Hanc deciduo jam mundo splendidum sub ambobus polis solem Dominus ad ortum perduxit, de cujus presulgidis radiis per signorum incrementa tellus omnis irradiatur, plebs immensa cotidianis beneficiis attollitur, Herebi etiam egredientibus ea duce animabus patent recessus. Hujus largissima beneficia diversis crebrescunt in patriis, uberiora quam illo in loco ubi sanctissima ejus corporis celebrantur pignora. Ad cujus tamen sacrum oratorium frequentius egri venientes optatam promerentur salutem, ecęi lumen, vexati liberationem, aridi quietem, sciatici erectionem, ciliaci medicamen, epileutici salutem, vitęque desperati celerem reparationem. Hęc invocata bellorum frangit vires, sibi devotis triumphos parat insignes, armis melius pugnat, viribus fortius dimicat. Hęc, si quando culpis exigentibus celum clauditur, ut Helias reserat, claudos a grabato ut Petrus elevat, tetra maris nubila ut Paulus serenat, turbidas procellas ut Nicholaus tranquillat, mortuos ut Martinus Sabariensis suscitat. Hęc in nulla virtutum potentia cuiquam supernorum civium dinoscitur impar, in qua tocius sanctitatis summa choruscat. Hęc sine ambiguo Dei genitrici familiariter assistit, quia et virginitatis candore preminet, et passionis gloria

---

s. *Ce qui suit se trouve dans S et V.*

inter martirum choros laureata eminet. Felix et potens virgo preciosa, paradisi margarita, cęlestis sponsi talamo casto corpore juncta, clara mundi lucerna, tutissima populi patronan, decus virginum, flos martirum, laus angelorum, ornamentum cęlorum, salus patrię, vigor ęcclesię, predo gehennę et janua supernorum claustrorum, curandorum corporum validissimum agridium, suavissimum languentium antidotum, tribulatorum invictissimum presidium. Hec non solum membra debilia roborat, sed quod his omnibus precellit, culparum sordes tergit, veniam reatuum a Domino cęlitus impetrat, precesque supplicum fida interpres auribus divinę pietatis intimat. Cujus virtutes gloriosissimas devotis mentibus exoramus ut quę talia prestat ex terreno beneficio, nos jam pene pro peccatis Deo mortuos suscitare dignetur a vitiorum sepulcro, ut in illo resurrectionis tremendo articulo, exutos miserorum sagulis hircorum, de leva in albo vellere mutet ad dexteram, ubi illa provehetur ad coronam, faciatque nos in veste nuptiali illius cenę ascribi convivio, ad cujus epulas ipsa prudens virgo cum oleo exultationis intrabit regnatura cum Christo[1], cui cum Patre et Spiritu Sancto est honor et imperium in secula seculorum. Amen.

1. ad cujus epulas....cum Christo. *fin. N.*

APPENDIX

1° RÉCITS SPÉCIAUX AU *CODEX CONCHENSIS*

[1]

... betur malefactis, multos retraheret a laqueo juste dampnationis. Sicubi per sanctam virginem indulta venia ad hunc nostrum feris hominibus communem reductus est aerem, oculos in morte obstructos aperit, viribusque resumptis, non sine lacrimoso suspirio has in voces confestim erupit : *Quid infelices agimus? Quid hujus mundi miseris blandimentis palpamur? Quç videntur, nihil est, quç autem non videntur, veritas est. Ecce rerum transitorarium appetitus laqueos nostris abscondit pedibus, ecce gloria nostra detrimentum nobis parat, nihil aliud quam opera iter nostrum comitatur! Ceca cupiditas quç per rerum omnium precipicia currit effrena, quam miseris flammis cruciatur inter acerba supplicia! Abicite, o karissimi, hanc pestem mortiferam, ne ejus suggestione illecebrosa hic ignoranter illecti, vite premia amittatis, quç solis inhabitatur justis. Succurrite mihi, obsecro, pene eterno demerso baratro, in quod me precipitare voluit sancta Fides gloriosa virgo, nisi piissimo sanctorum procerum Michaelis archangeli ac Petri apostoli tutarer subsidio. Hçc enim rustici cujusdam, cui juvenculam nudiusterclus abstuli, causam defendens, et in acusationis litem constituens,*

[1]. C. — Ce chapitre incomplet pourrait s'intituler : *De fure resuscitato.*

nemine controversiam pro me ferente, ut me causa cadentem vidit pene tartareo exilio relegavit, adiciens etiam nummos quos a parentibus defuncti injuste rapui. Pro quibus ut satisfaciam dampnatis et contumeliam passis, vix obtentu predictorum procerum ad vestrum remittor intuitum. Et ne incurię mala nostra commendetis, vestramque a primis evi annis supplex exoro clemenciam, quia nisi mihi miserti fueritis ęternę ruinę patebo irrevocabilis. Deinde a talibus vos retrahere moneo, ne superveniat in vos laqueus mortis, laqueus perditionis, in quem qui neglegens ceciderit, illum precipitabitur in sulphureum opertum, in quo nullum est remedium. Diligite justiciam, fugite avariciam, loquimini veritatem, habete pacem, et nullus contra proximum suum operetur malum. Si hec feceritis, beati eritis. Deindo ut eis quanto corripiatur terrore innotescat, visionem sibi ostensam ab integro denotavit, dans manifesta indicia illatę formidinis per inmensa suspiria anheli pectoris. Semperque a mundi hujus ambitione fugere non cessabat ammonere, et ut propriis stipendiis contenti aliena desinant rapere exortatur, fletu ora rigante. Neque se ob aliud ad hunc mundum regressum, nisi ut, a pravis eos actibus corripiens, in seipsum grave probet exemplum. Post quę verba et plurima exortationum documenta, sanctę virgini ad impetrandam commissorum veniam partem hereditatis suę in eternum fundum sub amicorum astipulatione cessit, ac rustici pro crudeli funere parentumque injusta redemptione, juxta sacerdotum decreta, de sua substancia pro posse premia constitui reddenda, ut ex improperatis criminibus expeditus, tormentorum evaderet cruciatus. Qui ne rursus deteriora commiteret flagitia, post hujus absolutionis gratiam, carnis exutus trabea, liber Domino jubente mox evolavit ad ethera. Quę res, ne cui scrupulum ambigui quandoque moveat, sciat nos his testibus didicisse, qui se asserebant interfuisse.

[II]

XXVI. *De milite qui terram sanctae virginis devastans gladio occubuit.*

Nunc quoque, quia martyr gloriosissima multifarię mira facere non desinit, licet amor tantę virginis ab ariditate nostri ingenioli vix tenuem guttam elicere possit, ejus innixi suffragiis ad officium enitimur consurgere scriptoris. Tanta enim dulcedo inest operibus ejus, ut velati summis deliciis interior animus auditu delectatur, et quo magis capiuntur, eo tantum avidius pro dignitate facti appetuntur. Refulget enim in ejus actibus et ammirabilis virtutum splendor, et magnę sanctitatis celsitudo, necnon et plurimorum evidentissima correptio.

Quis enim tam obtusi pectoris quem non moveant ad penitudinem malorum hęc quę narro? Raptor illicita perpetrans, districto punitur judicio, quem nisi clarissimorum principum, ut duximus, redimeret obsecratio, sancta virgo eternę voraginis detruderet in baratro[1]. Sed quia hic quem narratio expectat nullius suffragii ope exigentibus meritis protegitur, paenas quas meruit crudeliter luere cogitur. Hunc namque Arnaldum, de quo nobis sermo oritur, in pago Agenensium degere certum multis tenetur, qui terras a nuru sua sanctę Fidi traditas proprię ditioni sevus pervasor vendicare non obhorruerat. Et ut tantę perfidię cumulum aggereret, quicquid sancta virgo circa eum possidebat hostiliter diripiebat, predamque ducens omni subpellectili spoliabat. Quin etiam Sancti Micahelis ecclesiam in colle Caliaco sitam sanctęque virgini propriam[2], fastu superbiae tumens,

[II]. C.

---

1. Allusion au récit qui fait l'objet du fragment précédent. (Cf. l. IV, c. vIII).
2. Le Cartulaire fait mention (n° 49) d'une église de Sainte-Foy-les-Cailles, qui existe encore auprès du château de Penne (commune et canton de Penne, arrond[t] de Villeneuve, Lot-et-Garonne).

temerarie intrans, congesta ibi sub tutela sanctę virginis vina invadit, et suis in promptuariis sacrilegus infundit. Unde frater nomine Deodatus[1], qui locum illum gratia oboedientię servabat, nimium mestus, abbati ceterisque senioribus innuit et ut inde sanctam Fidem invocent blande suggerit. Et quia ei instantior cura circa sollicitum pectus incumbebat, sequenti nocte per soporem vidit sibi sanctam patronam assistere, ac talia roseo ore proferre : *Nil moveare animo neque contristare, quia Dominus vestris motus precibus salutem vobis prestabit, destructo hoste protinus.* At ille lętus de visionis confortatione, cuncta quae sibi per somnum dicta fuerant mane intimat fratribus quos sollicitos fecerat de illatis importunitatibus. Nec mora, illum premissum Arnaldum, nescio quo tendentem cum suis inter noctis crepuscula, super eum ignoranter irruentem, Isarnus qui ob inimicitiam tota nocte in insidiis latuerat conspexit, plurimisque vulneratis, reliquis vero captis, ipsum ad devastatam sanctę Fidis possessionem pro munimine fugientem a tergo insequitur, atque ibidem digno Dei judicio gladio truncavit, ubi pro malefactis mors ibi parabatur infelix. Sic quondam miserabilis Jezabel, futura canum injecta preda, vineam Naboth tepido cruore infecit[2], quam fraudulenter extincto domino diripere nequissima presumpsit.

[III]

XXVIIII. *De frenetico sanato.*

Ecclesiam quę Campaniacus dicitur[3] multi vestrum vide-

[III]. *C.*

---

1. Ce *Deodatus* est mentionné sous le nom de *Deusdet*, au début du chapitre suivant du *Codex Conchensis* : c'est le ch. xxiii du IV° livre.
2. Cf. iv Reg. ix, 33, 36.
3. *Campaniacus*, Campagnac, chef-lieu de canton de l'arrond' de Millau, Aveyron. C'était encore, au xvi° siècle, une annexe de Canac, d'après le Pouillé de 1510. Le prieuré de Campagnac était alors uni à celui de Perse, qui appartenait à Conques (Cf. Cartul. Introd. p. lxxv, et n° 188. — L. Ser-

runt, ubi dum quidam spiritu possessus immundo, silvis et
montibus diu errans, casu ferente deveniret, torva lumina
huc illucque lubricans conspicit altare, in quod vehementi
impetu ruens, pallam super altaris crepidinem jacentem
properus diripit ac humi proicit. Ministri vero ecclesię ut
viderunt furibundum arguunt, ac mox clementiam Dei ac
sanctę Fidis, cujus in honore hęc fuerat dicata ecclesia, pro
eo invocant, ac denique ut meritis sanctę virginis hoste eva-
cuetur accendunt luminaria. Quibus accensis, mox, mirabile
visu, sanguinis unda per concava guttura egerit, cum qua
et latentem pestem divinum imperium ferre non valentem
evomuit. Quo viso, omnes qui aderant supernam conlaudant
potentiam, cujus virtute sancta Fides decorata in miraculorum pollet excellentia.

[IV]

XXX. *De his qui ex diversis partibus terram sanctę Fidis
devastare certabant, et de mirabili visione.*

Inter medios fines bipoleos, Albiensis videlicet atque
Caturcini, ecclesia Sanctę Fidis habetur in Bellomonte[1],
quę ad tuendum cuidam militi deposita erat, Amelio Vuidoni
cognomine. Hic quoque Amelius duobus erat militibus grave
offensus, qui licet diversis forent ex partibus, uno tamen in
eum concordabant odio. Sicque contigit ut uno eodemque
die ambo tamen utrique, alterutrum ignari, causa depre-
dandi disponerent super eum equitare, eo pacto ut quia
terra illius crebris excursionibus devastata erat, sanctę Fidis
terra in qua circumpositi coloni confugium propter metum

[IV]. *C.*

---

vières. *Hist. de Saint Hilarian,* 1889, p. 169). L'église de Campagnac était
autrefois et est encore dédiée à sainte Foy.
1. Notre-Dame de Belmont ou des Planques, située dans la commune de
Tanus, département du Tarn, (cf. lib. IV, c. xiv, et *inf.* c. v) à quelque distance des confins du Querry. (Cf. Cartul. *Introd.*, p. cm).

sancte virginis habebant prede patuisset. Quid plura ?
Sumunt arma, parant bella, hinc Rajemundus Albiensis,
inde Arnoaldus Caturcensis, et quos potest uterque addit
sibi milites. Sed dum ab utrisque partibus terre sancte
Fidis propius jam imminerent, res mira contigit que non
potest ambigere accidisse ex virtute Dei. Nam Arnoaldus pene
totam noctem equitando consumens, inter tetra crepuscula
procul videt quasi exercitum procul transeuntium armatorum,
ad bella properantum. Cujus visionis umbra permotus, putat
se Amelio factum obvium. Nec mora, reddente aurora terris
faciem, ne a veritate imaginate visionis cassaretur, mox ex
diverso montis latere prospicit cuneum aciem contra se diri-
gentium prorumpere, atque loricatis verticibus in prelia super
se ruere. At illo bella, bella clamitans signa erigit, ac in incer-
tum martem totus preceps fertur pugnam commissurus.
Quo in duro certamine fortia ab utraque parte funduntur
corpora, nomineque bellum dirimente, cede multi proster-
nuntur cruenta. Tandem Albiensibus triumphum obtinentibus, Caturcenses pauci admodum relicti terga vertunt,
locoque victori fugientes cedunt. Mox pudore simul et
peremptorum dolore incredibiliter perculsi, resumptis viribus et conjunctis complicibus, audacioribus animis rursus
campos ematheos " repetunt, ardentes pugnae discrimen
renovare quod perdiderant inominato successu. Qui ubi ad
lamentabilem harenam irruunt, victores vispilionum officio
fungentes reperiunt. In quos efferatis animis ruentes, omni
belli genere deseviunt, vicemque eis reddentes in fugam
agunt, suorumque ac illorum spolia victa recipiunt. At illi
ignorantes quo eos anceps fuga compelleret, castrum desiderio tuitionis expetunt, cui ille Amelius preerat in quem
insidias ante tetenderant. Quos ita in manu ejus sancta
Fides tradidit, quemadmodum olim latrunculos rex Samarie
accepit per manum Helisei [1]. Unde municipes inmenso gau-

u. sanguineos *add. alt.*

1. Reg. IV, 19, 20.

dio repleti, Deo omnipotenti ac sanctę Fidi suę clarissimę martyri magna laudum preconia decantant, quia sine sui sanguinis dispendio ᵛ tenent captos, quorum sepe ingemuerant triumpho. Inde eidem subditis animis confederati ad propria Albienses illi revertuntur, agnoscentes Dei et sancte virginis terribili virtute se perpessos grave suorum infortunium.

Nec mora dux tantę temeritatis Rajemundus, supernę irę rumphea percussus, toto capite intumuit, cujus intolerabili putredine tabefactus, spiritum crudeli funere tartareos dimisit ad lacus. Caturcenses vero de secundę gratulantes victorię proventu, ac deinceps temerarii pęnitentes conatus, sumpto impetrandę venię legato, Sancti videlicet Stephani prothomartyris preposito Willelmo[1], nudis pedibus basilicam gloriosissimę virginis Fidis expetunt, culparumquę noxas devotis mentibus confitentes remissionem deposcunt. Sicque sacris vigiliis ante adorandam virginis majestatem celebratis, post inmensas gratiarum actiones ad propria redeunt.

[V]

XXXI. De monachorum segetibus.

Sed neque illud silendum neglegenter putamus quod mirabiliter sanctam et precipuam martyrem nuper egisse multorum attestacione approbatur. Ecclesię illius cujus jam super meminimus situs[2], pascuis uberrimis fecundus, satis invenitur habilis alendis pecoribus. Hujus viciniam miles quidam Aichardus nomine premebat, cujus multiplex

[V]. C.
v. domno add. ult.

---

1. Saint Etienne est le titulaire de la cathédrale de Cahors. Ce Guillaume était donc prévôt du chapitre cathédral.
2. Notre-Dame de Belmont ou des Planques (Cf. sup. p. 227.)

pothniadarum *ˣ* grex ultra modum rusticorum satis ac novalibus infectus erat. Sed eorum improbis clamoribus tandem victus, alias minari jussit. Una tamen retinetur quę obeso corpore ac torosa cervice cunctis prestantior sibi habebatur dilectior. Cujus injuriosam obpressionem accole grave ferentes, quia etiam monachorum sementa dentibus ac pedibus depopulari non cessabat, sanctam Fidem improbis clamoribus sollicitant, ac ut hanc pestem ab eis avertat diutinis vocibus exorant. Sed o mira res! Quadam enim die mediis in herbis stanti ruptis in terram visceribus crepuit medius, atque cadavere quatiens solum, justo tempore penę ut quondam infelix Arrius vacuo remansit ventre. Quod stupendum miraculum cernentes, sanctę martyris Fidis ultricem agnoscunt potentiam, quę sibi injuriosorum diu non patitur gaudere insolentiam.

2° RÉCITS SPÉCIAUX AU *CODEX REGINAE SUECIAE*.

[I]

De rustico a demonio liberato.

Quoniam nostre orationis intentio jam jamque finem expostulat, oportet nostri seronati postponere invidiam quia quod ait sermo divinus fixum heret cor, dicitur : *Mihi vindicta, ego retribuam*[1]. Amabo quis fidelium tam insignis virginis preconia laudibus non efferret, quę dignatur Christus operari nobis presentibus ob prerogativam ejus.

[I]. *V.*
x. equarum *add. ult.*

---

1. Hebr. x, 30.

Quod ergo dominum non penitet operari, nec servum pudeat palam fieri, immo et imitari. Quocirca libet indagare et filiis inoboedientie quę nobis restant hoc in opere. Rusticus quidam, cujus nomen jam a memoria excedit, ereptus a demonio, multitudo enim mirabilium et raritas scriptorum cogit oblivioni tradere quę digna fierent fidelium animadversione, huc illucque debacchando seviebat, mortemque sibi minabatur per declivosa juga currendo. Frequenter quippe se precipitem dando, jactum fecera[t] e rupibus altis, mersusque in periculosis elidebatur foveis. Pro dolor, quantum humani generis inimicus sepenumero dominatur sibi, et dum malefidis favet, bonis illicit animum sub periculo perpetue mortis. Cumque sic per intervalla temporum insaniret, atque nonnulla sanctorum loca perductus adiret, tandem laboriosus, vinculatis acriter brachiis, ad Conchas deducitur. Non enim ob religionis cultum oportet notare personas Christi fidelium, nisi quoniam cunctorum deliberavit devotio, sacram Christi virginem Fidem hoc venerari ut sępe miraculo. Quo loci cum interdum vinculum solveretur, absque ulla cunctatione pernicitus in Dordonis alvei horrendis mergebatur gurgitibus. Matris namque suasu dum se arbitratur nil posse proficere, ad ultimum, dono vilis jumenti, id est aselli, fugato pervasore integrę redditur sospitati.

Sape quid sibi contingit? Stultum animal dare non dubitat quo stultissimo stultiore careat.

[II]

De quadam puella simile miraculum.

Nuper quidem quedam juvenis puella simili passione affecta, parentum cura ac industria ad sanctę Fidis comprobanda merita, vere enim exinde preconia audierant qui certa fide experiri temptant, ad nos est usque perducta

[II]. v.

expetente nostre virginis suffragia. Quo vero loci cum nonnullis diebus in eadem debacchacione persisteret, ubique delitesceret, frequen[ter] fugę latibula quereret, sociorum destituitur solatio, forte enim tedio ut fit plerumque in talibus affitiebantur, ideoque celesti medicinae medicamentum relinquunt. Porro autem in tantum seviebat, quod quandam mulierculam quę sibi affinitatis gratia jungebatur, abire compulit, quoniam, ut ipsi sepe vidimus, ex proinvisu[1] adveniens lapidibus eam moliebatur obruere, ita quoque prorsus omni sodalitate nudata, tormentis quamplurimis sese afficiens, saltus rupium circumcirca discurrens nutu divino interdum ad ecclesiam redire cogitur. Adveniente igitur sabbato quod secundum Pascha antevenit, cum infra sacrarium paulum daret membra quieti, angebatur enim tristi labore, totiusque corporis debilitate confestim cunctis coram astantibus sanguinem evomens velut mortua solo tenus prosternitur.

Cumque sic tamquam quiescens quiesceret, acclamatur ab omnibus, conclamatur a nobis sanctę Fidis interventu saluti esse restituta. Quibus quasi excita vocibus, e humo protinus elevatur ac expansis ad celum manibus, dirę vocis spiritum emittens horror fiebat universis, sic quoque quod qui prius ceperant lętari, tamquam confusi ceperunt tristari. Dum ergo diucius ita itaque sęviendo seviret, continuo e sacrario eicitur, nemo enim vim ejus sevicię ferre poterat, quoniam ceperat in inmensum frendere, tandemque ad se rediens, in parte ęcclesię cum plerisque resędit, de sua gaudens sospitate. Sepe autem numero inmundus spiritus dum exiit, quosdam ut hanc extra se abducere non expavit. Cum sic certe alachri animo letatur, statim sibi videtur dignum quod sacrarium repetat, sanctęque virgini gratantes laudes referat. Ergo veniens ad portam quę crates ferrea dicitur, clausam seris, ut sepe contingit, invenit. Dum autem intimi cordis oratu sanctam Fidem invocat, protinus celesti nutu janua aperitur, duplicique miraculo cunctus gaudens popu-

---

1. *En note :* ex improviso.

lus, celebre suscipit festum pro posse ac viribus. Nos, inquam, letantes laudamus Regem glorię, qui tot miraculis famulam suam non destitit clarificare, quam etiam dum scribo, nostro in vico morari non dubito.

[III]

De milite sagita vulnerato et per sanctam Fidem sanato.

Obviat semper factiosa vis seronati nostri seculi nostrę operę quę, dum intendit quod appetat, posthabet quid expediat. Cujus vero lingua prostitutis sermonibus dedita, nullas habenas, nulla pudoris permittit repagula. Unde liquido claret, cui nitor honestatis nec verbis ostenditur, ejusdem ipsius quoque qui conscientia infrenis dinoscitur, unde quidam poetarum dixisse fertur :

Qualis vultus erit, talia corda gerit.

Sed o flagitiosam feditatem, impudentem nequiciam, voluptatem non ferendam ! Nam forte pudorem cum pudicitia amisit, honestatem ob petulanciam vitavit, religionem cum reverentia perdidit. Nec libet ergo diutius immorari talibus quoniam os prediturum sanctę Fidis meritum egregium, immune prorsus debet fieri inmundorum memoria spirituum. Jam vero quod instat agamus. Castrum Filigerias[1] multorum datur opinione, sat satellitum industria munitum, undique frequenter enim munitionum presidio, magis norunt suis detrimenta parere quam gaudia. Dumque nullis videntur confidere rebus, sepenumero decidunt a suis vanissimis spebus, quoque ut militum queat propugnare insolentiam et rabidi hostis impugnare invidiam. Cujus dominus nomine Giselfridus quadam die aliud adiit castel-

[III]. V.

---

1. L'identification est difficile. La province n'étant point indiquée.

lum, assumpta sibi copia commilitonum, non modo oppugnationis, verum si suppeteret irruptionis gratia. Ut autem est eo perventus, fortitudo ingenium ilico utrarumque hostenditur partium.

Machina tunc struitur muris, ars quęque paratur.
Nunc aries, nunc alta strues, nunc proximus agger,
Nunc quę stridentes torquet catapulta molares.
Nunc quoque testudo, nunc nunc via, nunc rota currens,
Nunc castrum positis temptant irrumpere scalis.

Cumque sic in invicem certamen fieret, ac alternatim, ut sępe contingit, victoria cederet, miles quidam filigenius, vocabulo Mathfridus, sociorum auxilio fretus, huc illucque debachando ferebatur concitus,

Circum it, hortatur, disponit, armat, et hornat (*sic*).

Forte enim felix rei, sed frustra vires auxerat eventus, ideoque acriter quisque decertare cupiebat, quatinus et post per cunctorum ora ferreretur ipsisque dominis nimio affectu astringeretur. Fors *y* audierat quod in castris Marathonis non habuisse vulnus grande probrum fieret. In corpore namque fortium virorum laus est amplior, amplior cicatrix. Inter publicolas vero manu feroces eminet trunco Mutius[1] lacerto, magno denique vallum Scesaris opprimente, inter tot facies cicatrice carentes, sceva Monophthalmus[2] magis fertur fuisse decori. Laus est ardua, ardua sustinere. Et e contrario, ignavis timidis, ut improbatis, jungitur osiosa virtus. Favens namque talibus male fida sibi fortuna,

Tunc cita terrifico propellit carbasa fluctu,
Atque tumescentes quatiunt vada passa procellas.
Nox oculos inimica tegit, dum ergo sic sevire disponit.
Ut leo mortalem dum suscipit ore cruorem.
Ignorabat enim quod iniquis duceretur fatis,
Tigris dilectos ut perdidit anxia natos.

y. sic.

---

1. Mucius Scaevola.
2. Horatius Cocles.

Confestim arte peritus baliste, eundem ipsum aucupat, lentoque conamine sinuosi arcus stridenti sagitta comparat, ac sub oculo genarum medio acriter vulnerat.

Cernere jam poterit quid mundi cura reposcit.

Ita quidem quod et jaculum citra nasi cartilaginem medium os genarum graviter diduxit, ut preter rubricam nullum sui conspicantibus preberet indicium. Ideoque gravius periculum minabatur jamjam affuturum. Tandem rubrica evellitur, sagitta introrsum relinquitur, cura continuo medicorum adhibetur. Cunctorum denique solertia se profitetur prorsus nescire, sagitta ferme in cameram cerebri acta quo pacto queat evelli absque mortis periculo. Porro enimvero quorum sanior videbatur sententia talia deliberat super hec inquomoda.

Nullius quippe fiet commodi donec fida fides fiat fidei, quatinus circa vulneris ambitum cutis ac caro divellatur, temere ergo judicant qui hujusce rei curam siccine medicari laborant, ac perinde sagitta quavis industria eliciatur.

Quidam vero eorum talis existimationis plusculum quasi sciolus scientia, arepto cauterio, per idem pertemptat vulnus utrumne sagittam attingere posset aliquatenus. Cumque se nil proficere cerneret, coeptum opus frustra reliquit, hesitabat enim quid fieret quoniam altioris erat dispositionis, ut post his *a* cognovit folicius suum profecto scire frustrari pertimuit. Ut autem, emenso diei spacio, sic est elaboratum, spes omnium subito conlabitur, desperatio qua nihil est infelicius ei invisa subinfertur. Omnibus ergo in meditullio positis, uxor principis Giselfridi, superna prosequente gratia, conjugem sauciati tali alloquitur sententia. Videbat enim eam tristitudine affici, angore nimio morderi, idcirco viscere pietatis compatiebatur sibi. *Heus, conjunx fidissima, si verbis meis tua prosequerentur facta, viro tuo salus contingeret insperata, tueque mentis internum peroptatum repleret gaudium.*

Cumque ea dictis fidem sponderet, adjecit : *Sacram virginem Fidem, Conchacencis oppidi dominam, novimus talibus*

a. sic

subvenire infortuniis ac juxta modum fidei exigentum [a] procul dubio inferre remedia sanitatum. Hanc denique si cordis oratu super incommodo devote exoraveris, mentisque tue statu nullatenus hesitaveris, profecto gaudebis te percepisse quod poposceris. Funditur namque sine mora juxta rei assensum intimi cordis oratio, certantibus votis sanctam Fidem invocat mentis intentio, sed credo mihi inopino non frustrabitur gaudio. Oratio celum penetrat, statim Fides pericula vitat, eger confestim obdormit, et tanquam cęlestis medicatricis expectans auxilium quiescit. Igitur ut vident eum obdormisse, iterum medicum revocare statuunt, quod denuo pertemptet, temptasse jam quod se pudet. Jam ergo approbabitur verum quod ait illut [b] poeticum : *labor improbus omnia vincit.*

Modo non modo gaudebit, sed et unde cęteri tristes gaudebunt, dabit.

Tunc medicina potens celo descendit ab alto,

Visitat ęgrum sicque jacentem, ultima queque opperientem. Dum ergo sic quiescit, sicque tali soporo depprimitur, medicus inspiciens vulnus, en sagittam quam in cerebri usque cameram diximus actam ad vulneris aditum jam pervenisse letatur. Tunc insomnis fieret (*sic*) leni contactu eximitur, periculum abiit, mens cunctis rediit, sancta Fides glorificatur, eorumque strepitu qui jam mortis metu evaserat evigilare compellitur. Evigilans itaque sciscitari coepit quam ob rem insolitum fieret murmur frequentis populi. Qui protinus gaudio ducti, non differunt sibi expedire eventum rei, immo ostentant suggestionem exicialis mali. Verbis quorum non fidem exhibens, verebatur enim ne sibi suadendo inferrent gaudium, quem videbant tristari ob mortis confinium. Uxor accurrit, satis superque, ut res rei reposcit intima, fidem verbis ex osso factura. Sed quid opus est verbis? Sanitati confestim redditur, iter Conchacensem [c] carpitur ad nos usque veniens letatur, abletatur, ab eodem ipso

a. *sic.*
b. *sic.*
c. *sic.*

nobis refertur, universatim ab utroque sexu curritur, pani-gericus *d* cęlestis protinus Deo canitur, proque fidei signo sagitta sub laqueari appenditur. Sunt namque..... 1.

Benediccio *e* ad episcopum.

Benedicat vobis Redemptor humani generis, filius Virginis, beatissimę Fidis intercedentibus meritis. Quique eam ad exemplum vere fidei voluit martyrio decorari, ita vos faciat sibi famulari, ut inter celorum cives mereamini annumerari. Et qui ad virginis sacrę vos fecit celebritatem convenire, dignetur sua vos benediccione perfundere et ad spiritalium premiorum gaudia perducere. Quod ipse prestare, etc.

3º RECITS SPÉCIAUX AU *CODEX CARNOTENSIS* [2]

[1]

De quodam juvene suscitato a S. Fide.

Quidam vicus in pago Tolosano nominatissime nobis cognitus est, qui a vicinis regionis illius habitatoribus Columbarius nomen accepit [3]. Ibi multarum opum affluentia redundans quidam vir, nobilitate mediocri pollens, ut

---

[1]. *A.*
d. Il faudrait : panegyricus.
e. V.

---

1. V. la suite, p. 231.
2. Cf. *Anal. bolland.*, t. VIII, 1889.
3. *Columbarius vicus*, Colomiers, arrond' et canton de Toulouse, à 10 kilomètres environ à l'ouest de cette ville, dans la direction de Pibrac. Dans la bulle de délimitation du diocèse de Toulouse (1318), cette localité est appelée *Columberiis*; dans d'autres documents de la même époque, *Colomeriis*.

nec intra multos infimus nec ultra paucos nobilissimus superior videretur, qui dominus vici illius esse cognoscebatur. Hic quandam perliberalis continentie uxorem duxerat, que filium unum, nomine Raymundum, ei pepererat. Quem maxima diligentia educans, utpote qui patri erat unicus, carum sue vite solatium, qui communis hominum est respectus, futurum esse expectabat. Qui factus grandiusculus, ad provectiorem etatem perveniens adolescentie et juventutis, et etsi aliquam, parvissimam tamen, faciens discretionem, magnam sue successionis parentibus spem conferens, eo amplius, jam multis vite diebus transactis, sui occasus asperitate eos ad graviorem dolorem excitavit. In proximo namque hujusmodi etatis tempore in infirmitatis lectum decidens, morbo invalescente, nihil amplius quam mortis signa pretendebat. Qui omnibus viribus evacuatis, quippe diutini languoris macie adnihilatus, non proficiente alicujus medicinalis studii impressione, moribundus hujus vite spiritum exhalavit. Sed pro juvenis morte parentibus merore miserabili se affligentibus, qui ex vicinitate illa hoc audientes illuc concurrerant, sepulturam tantum parabant, corpusque de lecto quo jacebat levantes, ad sepeliendum illud ornabant. Mater vero interea, que ampliori, ut est omnium feminarum animus pronior ad compassionem, infortunio torquebatur,

 Vestibus exscissis, laceratis atque capillis,
  Plena dolore ruit nullaque verba dedit.
 Sed post respirans et longa silentia rumpens,
  Cum summo gemitu talia vix loquitur :
 Heu mihi! defuncto quid prodest vivere nato?
  Cum mihi natus abest, mors mihi sola placet.
 Proh dolor! haut utinam caro mea te genuisset,
  Dignus eras matri qui superesse mihi.

Cum hac itaque exclamatione dolorem cordis intimum exprimeret, postremo virtutis sancte Fidis reminiscens, cujus tum temporis illis in locis plurima fuerant divulgata miracula, per ipsius suffragium sue miserie incessanter expetebat remedium. Quid morer multis? Corpus in feretro positum levatur, et ut ad commendandum sepulture que circa mortuos agenda sunt diversi muneris obsequia ei persolverentur, ad ecclesiam delatum est. Cum vero qui illud tulerant feretrum pavimento deposuissent, genitrix iterum, ac si nulle precessissent lacryme paucaque preissent suspiria, frequenter exclamans, si sancta Fides filium suum illi redderet vivum, ipsum ejus servum futurum promittebat, omnique anno pro resuscitatione duos aureos nummos quasi sub jure tributario Conchas sese delaturam testabatur, dicens :

Sancta Fides, miseram me consolare dolentem :
   Per te, virgo potens, quod precor obtineam.
Nobis virtutum reserant exempla tuarum,
   Ut valeas meritis quod peto ferre tuis.
Unde mihi natum rogo vita redde privatum,
   Vel precor hanc propriam mors rapiat animam.
Hunc si reddideris, tibi tempore serviet omni,
   Conchas ecclesiam viset et ipse tuam,
Et sibi pro votis lex erit omnibus annis
   Ut tibi det nummos aurea dona duos.

Hac igitur oratione gemendo clamandoque completa, sub omnium oculis qui ad ejus exsequias convenerant commoto feretro juvenis surrexit. Funebribus quidem vestibus depositis, pristinum vidualis continentie habitum recepit. Quod et nos postea vidimus, Conchas venit et quos mater aureos denarios spoponderat, in conspectu omnium nostrum super beatissime Fidis altare pro salute sua obtulit.

[II]

De quodam Sarraceno qui captus, per sanctam Fidem liberatus, christianus factus Johannes vocatus est.

Beatissime Fidis miraculorum copiosum narrationem describens, quoddam ad memoriam revocare studeo quod valde impossibile videtur, ni Dominus, electorum suorum virtutes multis prodigiis innotescere volens, tali attestatione omnia in se credentibus possibilia esse pronuntiasset, dicens : *Si dixeritis huic monti : tollere et mittere in mare, et non corde hesitaveritis, fiet vobis* [1], et : *Omnia quecumque petieritis in nomine meo, dabo vobis* [2]. Erat igitur quidam paganus, genere agarenus, in Hierosolymitanorum confiniis militari valetudine satis promptus. Is ergo tempore quodam ad indictum bellum progressus, in campo qui vocatur Aretha, uno fere miliario distante a Damasco, prosperitate usus, Dei exigente judicio, quia flagellat omnem filium quem recipit, maximeque ad clarificandam sancte Fidis virginis gloriam, ut in subsequentibus clare patebit, cum multis sociis captus atque in civitatem, que Galiba dicta est, ductus in carcerem, multiplici custodia est retrusus, vinculis ferreis miserabiliter astrictus. Catena etenim miri ponderis pluribus nodis circum ejus collum retorta descendebat, crura pedesque illius tenens magnis innexionibus complicata. Inimici autem expetebant ab eo mille et quingentos aureos, quos vulgariter consuevimus vocare bizanthos. Et ut tanta pecunia ab eo extorqueri posset velocius, triduo ab omni cibo et potu prohibebatur. Tenebatur autem deforis et captivus quidam, qui solus illo in loco sancte Fidis virginis famam noverat, qui et ex Aquitanie partibus ortus, gratia militandi sicuti plures perrexerat. Qui dum captum intus paganum tanto dolore afflictum videret, exponere ei cepit quod quedam virgo, sancta Fides nomine, tanti meriti nota foret quod cecos illuminaret, debiles confortaret, vinctos solveret, morti etiam deditos ad vitam revocaret; unde et eum submonuit ut, si ejus auxilium exposceret, se per illius merita evasurum confideret. Ille vero audiens, continuo genibus, prout potuit propter compedum impedimentum, flexis, tali voce sancte virginis patrocinium invocavit :

---

1. Marc, xi, 23.
2. Joan., xiv, 13.

O pia virgo Fides, que tanto nomine polles,
Respice me miserum, si sit quod hoc audio verum,
Nam regi cerno quod sis dilecta superno.
Tantam virtutem retinens des, oro, salutem :
Da, precor, auferri per te tot pondera ferri.
Ecclesiam repetam, capiam baptismatis undam,
Meque relicturum mundum monachumque futurum,
Cilicioque tuum vestitum visere templum
Devoveo, tutum si me dabis esse solutum.

Ad hanc vocem, catenis toto corpore dissilientibus, a ligaturis ferreis liber constitit. Sed exeundi aditus nimis difficilis videbatur. Carcer etenim ille in modum arce fuerat fabricatus, catenis insuper et laminis ferreis et vectibus circumquaque constrictus, super quem bini Sarraceni nocte dieque jacebant ad illius custodiam deputati. Sed multiplicius de virtute sancte Fidis confidens, humeris et capite obnixius carceris ostium et eos simul qui desuper accubabant erexit, et ita patefacto, compedes quibus ligatus fuerat secum deferens exhibuit et ad exterioris domus januam pervenit. Quam cum firmiter obseratam invenisset, totam domum perambulando foramen quoddam angustissimum reperiit, quod magnus claudebat lapis oppositus. Quem fortiter longius repellens, egressus est incolumis, et compedes quos abstulerat inde in ecclesiam quandam, quam in honorem sancte Fidis quidam frater, nomine Rodbertus, super ripam Euphratis fluvii construxerat, dimisit. Sed idem Hierosolymam reversus, sicut Deo et sancte Fidi promiserat, christianus effectus est, Joannes modo in baptismate vocatus, qui antea ex virtute militari aut acie Ferreus cognominabatur. Monachicum habitum assumpsit, et cilicino sacco indutus, Conchacense monasterium expetere properabat. Qui Constantinopolim usque profectus, imperatori hujus provincie Michaeli[1] cuncta que apud se gesta fuerant

---

1. Notre auteur désigne ici un des trois empereurs grecs qui portèrent à cette époque le nom de Michel : Michel IV, dit le Paphlagonien (1031-1041); Michel VI, le Stratiotique (1056-1057); Michel VII, Parapinace (1071-1078). Quant à Michel V, d··· alaphate, il ne régna que cinq mois (1041-1042).

enarravit. Illis autem de tanto miraculo colloquentibus, ecce ex improviso advenit aquitanus ille qui fuerat captivus, de quo supra diximus, qui et ipse Joanni in carcere constricto sancte Fidis virtutes declaraverat, et ipse idem ejusdem sancte Fidis patrocinio sese de captivitate eductum retulit. Quorum testimonio imperator tante virtutis certus, congaudere cepit eosque tanta prosperitate hilares effectos dimisit. Joannes vero per Aquitaniam ad cenobium Conchacense sancte Fidis [veniens], de beneficio sibi collato gratiarum laudes ibi rependit, exponensque omnibus que illi per merita sanctissime virginis contigerant, cilicium quo erat indutus in presentia omnium nostrum ante ipsius martyris sepulcrum in testimonium hujus miraculi suspendit.

[III]

De quodam Arnaldo a Sarracenis capto, quem cum sociis suis sancta Fides liberavit.

Si inter innumerabilia sanctorum agmina quosdam altioris meriti esse didicimus, beatissimam Fidem inter omnes bene excellentiorem credimus. Nec ad placitum nostrum quasi ex favore majoris dilectionis hoc nostra fides affirmat, sed excellentiam ejus multitudo signorum nobis commendat. Unde unum ante oculos omnium proponimus, ut quanto gravius et magis laudabile deputatur, de magnitudine meritorum ejus nulla dubitatio habeatur. Quidam igitur de castello nomine Cardona[1], quod in confiniis Hispanie situm est, dictus erat Arnaldus. Qui audiens sanctissime virginis mirabilia virtutibus aliorum sanctorum incomparabilia, gratia orandi ad ejus sepulcrum in partes Aquitanie venire

[III]. *A.*

---

1. *Cardona*, Cardonn, 3000 habitants, place-forte avec château-fort, vers le centre de la Catalogne. Cette ville est mentionnée dans le Cartulaire. (*Introd.* p. cxvij. — N° 467).

proposuerat. Sed propter hiemis asperitatem que supervenerat incommodum sibi iter deputans, in succedentis temporis serenitatem propositum suum differebat. Is interea causa mercandi insistente cum quibusdam aliis ad quandam Hispanie civitatem, que dicta est Balegaris [1], perrexit. Definito autem negotio, cum domum cepisset reverti, cum sociis suis a paganis captus est. Quorum pecuniam diripientes, ipsos etiam ad vendendum in regionem longinquam distrahere ceperunt. Ex his igitur prefatus Arnaldus cum tribus aliis juxta distributionem partium in sortem prede quatuor militibus successit. Qui cum eos ducerent, ex eis duo longius precesserunt, ad inquirendum ubi eos carius vendere possent. Alii vero duo cum captis relicti erant : unus evaginato gladio precedens, alter cum lancea vinctorum terga insequens. Erat quidem singularis catena gravibus nodis sub eorum gutturibus ferreis circulis replicata, et ad eundem modum manus eorum manicis ferreis erant constricte. Cum ergo Arnaldus cum sociis tam miserabiliter traheretur, contigit ut qui eos ducebant, pariter et ipsi captivi, media via longo itinere fessi obdormirent. Quibus gravi sopore depressis, Arnaldo sancta Fides apparuit, dicens : *Dormis, Arnalde?* Cui respondens, quis esset interrogavit. Beata ergo virgo subjungens : *Ego,* inquit, *sum martyr Fides, cujus sepulture locum visitare cogitaveras. Surge idcirco et eos qui tecum vincti sunt libera. Te autem primum esse expeditum scias. Catenam enim que circa collum erat fregi, et manicas reseravi.* Hac visione transmigrante, ecce pagani evigilaverunt, et a somno excitatos captivos ceptum iter continuare compellebant. Quibus pergentibus, Arnaldus ad invicem visionem aperuit, persuadens comitibus suis sub beate virginis invocatione nihil debere eos desperare. Unde in predones solus insurgere volebat, sed tres alii, dato consilio, eum detinuerunt usquedum hora prandii omnium solverentur manus : timebant

---

1. *Balegaris*, Balaguer, 6000 habitants, à l'O. de la Catalogne, place-forte, non loin de Lérida.

namque duobus non posse resistere solum. Sed dum ad quendam fontem pervenissent, solute sunt illorum manus ut cibum caperent. Cum igitur sedissent, Arnaldus, qui erat collo et manibus solutus, beate martyris, corde tenus suspirans, auxilium tam ore quam corde profusis lacrimis, quedam et his alia similia clamans ingeminabat :

Nunc meminisse velis miserorum, virgo fidelis,
Nostras sume preces, fer pietatis opes.
Qui prece devota prestat tibi congrua vota,
Nil remorando tuum percipit auxilium.
Affers tutelam timidis egrisque medelam,
Nullus constat egens, te rogitando gemens.
Nos pavidos, tutos ergo fac atque solutos,
Diripiens nostre vincula tristitie.

Cum hujusmodi preces ore protulisset, multo magis autem interius suspirasset, virtute sancte martyris confisus, exsurgens, lanceam, quam qui solitus erat retroire gerebat, corripuit et ejus plaga magna proscidit genas. Sed eo corruente, alter, qui dictus erat Bonus Filius, pectus vulnerati tam gravi ictu pedis concussit quod ei loquendi aditum interrupit. Alii autem duo irruentes in eum, animam ei extorserunt. Alter vero, qui precedebat cum gladio, videns quod factum erat de socio, cum mula quadam cui insidebat velocius aufugit. Arnaldus autem cum comitibus suis, qui adhuc collo erant ligati, quendam locum expetens nemorosum, nodos catene confregit. Soluti ergo, regredientes ad quendam fluvium Iberim[1] pervenerunt, quem navigio transierant dum traherentur in captivitatem. Sed reverteutes ad portum, ne agniti essent, accedere timuerunt. In alio igitur loco illis beatissime virginis auxilium implorantibus, unus ex iis precedens, Bonus Filius, singillatim eos in humeros imponens, ad ripam ulteriorem omnes exposuit. Quo peracto, in octo dierum spatio per regionem paganorum revertentes, beatissime Fidis invocatione assidua,

---

1. *Iberis*, l'Ebre, qui coupe en deux, du N. O. au S. O., la province d'Aragon et se jette dans la Méditerranée, à l'extrémité méridionale de la Catalogne.

ac si essent indigene, absque ullo periculo ad terram Christianorum pervenerunt. In nationem igitur suam regressi, catenam suam secum deferentes et cervicibus suis pre magna humilitate eam circumponentes, ad sacratissime virginis templum, magnum omnibus spectaculum facti, venerunt, et gratias referentes, ibi eam dimiserunt.

[IV]

De quodam alio juvene suscitato.

In Normannorum regionis confinibus quidam vicus vocatus est Ramis, ubi vir manebat juxta secularis vite statum pre omnibus vicinis suis prosapia clarus, honoris non minus et divitiarum ubertate circumfluus. Ad prosperitatis etiam sue cumulum, matrimonii copula honestatus [dignissima, filiorum procreatione pollebat, quorum cura supra omnia gerens in illis enutriendis non minimum laborem inpendebat, quia in hoc quoque omnium naturalis intentio hominum quasi maximam sue beatitudinis partem consistere putat. Quibus diligenter peractis et pro tempore successus adultis, ubi prope adfuit etatis eorum valentia, improvise infelicitatis incumbebat necessitas. Paulatim namque decurrente tempore, quos tanta diligentia nutriverat, diversis temporum excursibus diversarum oppressione infirmitatum irruente amiserat. Quorum dolore quamvis graviter detentus, non tamen omni solatio erat frustratus. Namque ex omnibus unus illi tantum supererat, quem quia singularem habebat, eo ampliori procuratione diligebat, quoniam solus patris afflictionem non mediocriter liniebat. Sed sicuti hujus vite fragilis nulla in se retinent statum perpetuum, multis plerumque intervenientibus incommodis, eodem casu iste sicut et ceteri ejus fratres quibus superstes fuerat, valido febrium igne attenuatus, ad exitum vite deveniens defunctus est. Pater vero ultra quam sit possibile dictu immenso

[IV]. A.

merore percussus, similis mortuo corruens et totus intra semetipsum deficiens, ab omni sui memoria elapsus, mater similiter non minori dolore oppressa. Parentes autem et tota vicinitas hoc audientes, sub assidua festinatione illuc confluxerunt, ut dolentibus patri et matri compatientes, ipsos alicujus exhortationis dulcedine relevarent, simul ut et defuncti juvenis exequiis interessent. Postremo nulla consolatione proficiente, sed magis magisque luctu prevalente, hoc singulare consilium acceperunt, contristantibus persuadentes ut sancte Fidis virtutem, quam in signorum admiratione omnibus sanctis excellentiorem cognoverant, implorarent. Pater tamen et mater paululum respirantes, amicorum consilio acquiescentes, quatientes singultu, vix pre angustia animi loquendi aditum invenientes, cum omnibus qui astabant in hanc sue passionis querimoniam eruperunt :

Multis sanctorum prefulgens arce polorum,
　Ad te clamantes respice, virgo Fides.
Te bene fulgentem virtutibus atque potentem
　Credimus, ergo tuum poscimus auxilium.
Quod petimus presta, te nobis et manifesta,
　Ut mala nostra leves vataque nostra juves.
Quod potes oramus, quem flemus redde, precamur.
　Postulat hoc mater, mestus et ipse pater.
Erige viventem quem scimus morte jacentem,
　Reddens quam vitam ƒ mors tulit atra ruens,
Ut tua laudetur virtus et clarificetur
　Ascribit meritis quod bona fama tuis.

Talia et multa his similia illorum quibusdam ex intimo cordis affectu suspirantibus et sepissime multis clamosa voce proferentibus, ecce mortuum corpus contremuit, et puer, cui interea parabatur sepultura, cui et sudarium jam superappositum erat, parentes vocans, meritis sancte Fidis se ad vitam revocatum palam omnibus attestatus est. Qui vero affuerant, admirabile istud miraculum aspicientes, stupore pariter et gaudio concussi, quod de sanctissima virgine

---

ƒ. L'assonance du vers léonin exigerait : *Quam vitam reddens.*

Fide audierant procul dubio verum esse credebant, et dignissima celebratione virtutes illius predicabant. Postea non multo temporum intervallo transacto, pater et mater juvenis Conchacense monasterium expetere devoverunt. Illuc autem pervenientes, pro salute filii sui monile quoddam aureum super altare sancte martyris obtulerunt.

4° RÉCITS SPÉCIAUX AU *CODEX LONDINENSIS*

[I]

De duabus rusticis a captivitate Agennorum[1] *ereptis.*

Nefarium quippe ducimus ut sileat lingua carnis, quod ad honorem tante virginis operatur jugiter benignitas Conditoris. Rusticus quidam Gerundensis pagi[2] indigena, Gumfredus nomine, cum in fodiendis vineis juncto sibi quodam Raimundo societatis vinculo elaboraret, a Saracenis captus, ad civitatem Tortosam[3] uterque deductus est. Constat enim Agarenos tante esse perfidie, quod non flagitiis modo omnibus quidem, verum et studiis pravis infeliciores predicantur cunctis gentibus. Nempe de sui similibus vaticinatur Oratius :

Ut canis a corio nunquam absterrebitur uncto[4].

[I]. *L.*

---

1. Il résulte du contexte que le copiste a fait une faute de lecture, et qu'il faut lire : *Agarenorum*, mot qui désigne les Arabes d'Espagne. Cf. sup., p. 240.
2. *Gerundensis pagi*. Gerona, ville de la province de ce nom, en Espagne (Catalogne).
3. *Tortosam*, Tortosa, ville d'Espagne, dans la province de Tarragone (Catalogne).
4. Horat., *Sat.*, II., 5.

ita eorum miseria brutis animalibus comparata, ac turpis lucri gratia nulla pertimescit flagitia. Cui autem fit incredulum, si adierit, experiri licebit nostro ut sermone liquebit. Ubi cum quattuor circiter annos vinculati detinentur, diebus singulis publicis operibus multantur, noctibus vero scrobe perfossa ferro honusti in quadam cavedine velut adhibita ursi custodia nequiter servant. Ita quidem affecti injuriis et horrore vigiliarum diu macerati insomnem frequenter deducunt noctem, nimium in crastino perpessuri dolorem. Gumfredus vero jugiter sanctam Fidem invocat, jam enim forte meritorum ejus preconia didicerat, et ut sui misereatur sepissime visceraliter exclamat :

Fidis[1] virgo sacra, laude verenda,
Inter celicolas ac celebranda,
Insignis meritis martyr opimis,
Regis perpetui sponsa perennis,
Nostris, te petimus, annue votis,
Quo solvamur ab his carceris umbris,
Ne gens perpetuis digna ruinis
Vi subdat propriis nos sibi sceptris[2].

Interea dum sic atrociter immerito tractantur, ecce kalende februarię quibus dies festi Saracenorum gentilicio ritu execrabiles operiuntur. Qui velut gaudiis nimiis jocundati occupatissima vacatione eosdem transfigere appetunt, sic tamen quod solennibus implicantur rebus et libentissime impertiuntur histrionum scurrilitatibus. Porro autem nutu divino agitur et sanctę Fidei meritis exigitur, quod custodia carceris, festivis interesse gaudiis dum appetit, somno vinoque permulcetur, cavedinem qua custodiebantur apertam reliquit. Tunc Gumfredus admonitus in somnis, talibus socium alloquitur verbis : *Quoniam sanctam Fidem super hoc incommodo peculiariter exorare decrevimus, restat ut et*

---

1. Le *Codex Londinensis* décline ainsi le nom de sainte Foy : nomin. : Fidis; génit. : Fidei...
2. Chacun de ces vers se compose du premier membre d'un vers épique ou hexamètre (coupe penthémimère), et d'un vers adonique. (Cf. L. Havet, *Cours élém. de métrique gr. et lat.*, 4ᵉ édit., p. 177, § 354).

ejus tuitione iter quantotius aggrediamur. Moneo enim, ut id ab eodem didici, inertia postposita moliamur itinera fugiendi. Cumque cuncta vincula quibus vinciebantur ac compedes divinitus soluta persentiscerent, ab illa tetra voragine invicem egrediendi prebuere auxilium sancte virginis implorantes solacium. Sicque soluti abire temptant, et quicquid casu contigerit perferre deliberant. Malle enim se mori asserunt divina secuti oracula quam sic perpetuo affici, morte intemptante suprema. Leti namque cum pergerent Deique munificentiam mutuis hortaminibus in invicem conferrent, illa protinus leticia formidine subita videtur exterminata. Nisi enim sancta Fidis citatim invocata accurrat frustra se laborasse nemo dubitat. Eminus denique conspicantur equitare obviam filios perditionis, ac confestim interpellant munimen tante ductricis. Cumque ab alterutro dividuntur hac illacque fugiendi gratia impediuntur. Gumfredus, die eadem quadam sub rupe delitescens, diem pro nocte tolerat et noctis tenebras in eundo adoptat. Ut autem lux inimica propinquat, statim expetit latibula, et sic in eundo noctem sustinet pro luce diurna. Die quippe tercia Terraconum[1] adveniens, humanissime a fidelibus Christianis excipitur. Biduo enim exegerat quo nullius victus recreatione animam refocillarat diversisque epulis tanta inedia debilitatus recreatur. Quo loci primo domum propriam, quatinus suis consolaretur, adire disposuit ac domum sancte Fidei laudes pro modulo sue qualitatis reddere statuit. Quem et ipsi conspeximus, cum protinus eum huc advenisse gaudemus. De collega vero quo abiret se hesitare asserebat, sed fides et infidelibus potest adhiberi, quoniam quem virgo sacra sic perpetuo addictum deliberavit, post hec implicari denuo similibus non permisit.

---

1. *Terraconam*, Tarragone, ville d'Espagne, chef-lieu de la province du même nom (Catalogne).

[II]

De quodam Petro a catena et vinculis liberato.

Nostre virginis sublime meritum stili quidem deputatur officium, ad laudem nostri conditoris omnibus pandere, ut ipse semper mirabilis tanto predicetur in opere. Quoi dam quidam miles, mihi quidem equivocus ex castello rusticorum lingua dicto Nagiaco[1], dum inimicis insidias apparat, qui parat enim foveam forte incidet in eam[2], eorumque laqueos ignorat, hic enim retro cecidit, quoniam quonam caderet non vidit. Captus ab eisdem vinculis atrociter addicitur sicque ad Montis Irati[3] castrum, hoc sibi est nomen, continuo deducitur. Quo loci compedibus immanissimis astringitur ac catena inmensa honeratur. Cumque sic se haberet ac diutina maceratione mortem sibi imminere non dubitaret, sancta Fides jugiter invocatur quoque succurrat cordis oratu rogatur. Dum autem tali persisteret intentioni nulliusque juvaminis opem sibi probaret adhiberi, quorumdam enim mortalium comperitur devotio, quod si quid cordi decreverint commendare, magna concipiunt cum aviditate, ut autem viderint velut frustra eniti, confestim deliberant toto nisu posthabere, quasi tedio affectus cogitur omittere quod deberet explere. Igitur dum quid fieri deberet egre deliberat, de redemptione sollicitus excogitat. Dum enim

[II]. *L.*

---

1. *Nagiacum castellum*, château de Najac. Najac (chef-lieu de canton de l'arrond' de Villefranche, Aveyron), était un des sept bailliages du Rouergue. Son château, construit vers l'an 1100, fut rebâti à grande frais par Alphonse de Poitiers, comte de Toulouse, en 1253, et devint plus tard le siège d'une châtellenie royale (Cf. Bosc, *Mém.*, p. 308; — de Barrau, *Documents histor. et généal.*, II, p. 572). Il en subsiste des ruines imposantes.
2. Cf. Prov., xxvi, 27. — Eccles., x, 8.
3. *Montis Irati castrum*, château de Montirat, dans la commune du même nom (c°° de Monestiès, arrond' d'Albi, Tarn), non loin de Najac, sur les rives escarpées du Viaur. Les seigneurs de Montirat ne sont cités qu'à la fin du xi° siècle. L'ancien château a complètement disparu.

fides cęlum penetrat, nondum cordi ejus vestigia impresserat, quoniam talium more a divina intentione exorbitari ceperat. Nocte quippe insequente sopori datur, atque sanctę virginis alloquio ita commonetur : *Bene te egisse arrideo quod hujus incommoditatis infortunio te memet sollicitari non piguit. Sed quoniam tepuit mens ultra quam debuit, non magno opinionis incitamento te mactum fore autumo. Tamen effectu sequentis, non violabitur affectus precedentis. Quacirca surge citius, et tunc abi securus.* Evigilans vero hujusque rei causam non granditer ferens, denuo somno sopitur. Iterum adveniens beata virgo simili commonet alloquio quatinus abeat terroremque multitudinis postponat. Ille nichilominus tantę visionis animositatem declinat curamque sui ut res exigit non gnaviter deliberat. Sed Fidis sacra quod cępit expedire decertabit ut post ejus inde prędicetur meritum, dum pervenerit ad effectum. Tertio advenit, increpative vero ut abiret monendo, lateri ejus molesta extitit. At illo expergiscens, jam enim qui meminit tantę beatitudinis opem sibi adesse presentiens, quid agere debeat cordis molimine disponere curat. Dum autem talibus insistit, quanta se ejus animo ingerunt, et prę sollicitudine quid expediat nec id stabilire, protinus dextri pedis compedem sentit prorsus solutum nulliusque impedimenti mole gravatum. Tum demum aures erigit, hucque illuc oculos vertit. Quid enim oculorum intuitus prestabat, quos nox inimica tegebat. Quidque agi oporteret accelerare non distulit, nisi beatę virginis occurrat meritum, hic voto frustrabitur. Jacebat enim inter septem viros circum circa ad sui custodiam dispositos, ideoque nequibat explere quod optabat efficere. Sed constat quoniam cui prebet assensum ejus sentiet et suffragium. Hic autem pariter impar numerus juxta legitur, et in levitarum actione frustratus. Cęlesti namque potitus auxilio et gloriosę martyris precatu assiduo, continuo surgit quo jacebat a lecto, ac expeditum compedem manu gestans catenę clavem accipit, forte enim providerat, dum quis ponere consueverat, quin etiam cujus tuitione munitur, ejusdem voto juvatur. Continuo catenam aperit ac cum compedibus per scalam colurneis virgis contextum viritim descendit. In opacitate vero cujusdam vicini saltus nocte illa delituit, opperiens quid rei ordo sibi denu dabit. At custodes exterriti ut cognoscu..? jam eum abisse, saltus diverticula perlustrare moliuntur, ac adhibitis lucernis facularumque luminibus noctem ducunt insomnem, nitentes supernam prohibere virtutem. Ut autem se nichil profecisse non hesitant, iter quo venerant relegunt. Tandem noster qui evaserat, compedem quo adhuc impediebatur silice arrepta confregit, iterque quod ceperat explicuit. Continuo hylaris ad sancte Fidei gloriosum sepulchrum advenit, pondusque ferri pro fide nobis optulit. Inde vero votis prout decuit expletis, e vestigio patrium solum repetit letus.

[III]

De quodam sene membris omnibus destituto post officia membrorum reddito.

Nullatenus declinamus ulterius vituperonum judicia, licet non nichil mordax multum vero minentur increpatorium, quoniam etsi ipsi laudanda non scribimus bene quoque scripta laudamus. Unde immenso precordiorum statu gratulamur, quod nec impugnantum ira nec propugnantum caremus invidia. Sed postponendo talia, videamus sequentia. Rodbertus[1], Rotenensium comes, vir virorum strenuissimus omnique laude pre omnibus prosequendus, cum

[III]. L.

---

1. Robert, comte de Rouergue, était d'abord comte d'Auvergne. Il épousa, au plus tard en 1031, Berthe, fille d'Hugues, comte de Rouergue, qui mourut en 1033 sans descendance mâle. A la mort de ce dernier, Berthe devint comtesse de Rouergue, et Robert, son mari, prit le titre de comte de Rouergue et de Gévaudan. Cette comtesse Berthe, qui était l'arrière-petite-fille de celle dont il est question plus haut (lib. I, c. xxviii), mourut sans postérité en 1066. Robert se remaria, en 1069 avec Judith, fille du comte de Melgueil. (Cf. Bosc, *Mém.*, p. 141; — de Barrau, *Documents histor. et généal.*, I, p. 210; — de Gaujal, *Études histor.*, I, p. 219). Robert vivait encore, mais fort âgé, en 1093.

quodam tempore apud eandem moraretur Rotenicum, gravi obsessus languore, propemodum accessit salutis extremum. Qui cum nullius curam sibi subvenire cerneret, non enim iccirco creditur ei contigisse ut humanitus moderi licuisset, singularis martyris singulare medicamen decrevit expetere, credens sibi cęlitus ab eadem impertiri posse. Erectis sic quoque animis, spebus licuit et de cętero meliora sperare. Ut autem erat vir consiliosissimus, assertione omnium quosdam suorum ad Conchas delegare curavit, expostulans plerosque monachorum ad se venire, quorum testimonio ac prerogativa quod cordicitus herebat posset explere. Is enim licet videretur uxorius necdum ejus utebatur consiliis, quoniam nec nubilibus adhuc adpropinquabat annis, nec emensis infantię temporibus, sibi visceraliter virgulę copulabatur animus. Quapropter majorum consilia statuit deliberare et adhibitis sanctę Fidei testibus secretum cordis libet revelare. Quibus accitis ait : *Quia cura mortalium huic egritudini curam non invenit, tantę virginis auxilium salutare mentis intentio deposcit. Ergo si ejus precibus mihi Christus complacatus salutis opem ferret, ecclesiam meam in diocesi Arvernica* [1] *sitam, que Tanavilla* [2] *ab incolis fertur dicta, ejus dicioni subderem, et deinceps sibi subditos et que ejus juris sunt, tuiclone in omnibus adhibita, honeste tractarem.* Quod quia non puduit dicere non pigebit dixisse. Mirum in modum verba spondentis ilico sequuntur vota salutis. Fecit et Omnipotens obsecrationem suam et sibi saluti plerisque imitationi, unde non adeo curandum id accidisse prius quod liquet non accessisse posterius. Adepta denique sospitate, vota persolvit votique compos irrefragabiliter extitit. Transacto igitur non multo temporis spatio, erat quatinus sanctę virginis gloriosa imago ad eandem

---

1. Le diocèse d'Auvergne ou de Clermont comprenait les départements actuels du Puy-de-Dôme et du Cantal.
2. *Tanavilla*, Tanavelle, commune du canton et de l'arrond' de Saint-Flour, Cantal. L'église de cette localité étoit connue dès le ıx° siècle. (*Dictionn. stalist. du Cantal*, V, p. 430). Elle fut donnée à l'abbaye de Conques en 1058 par Robert II d'Auvergne, comte de Rouergue, et sa mère Philippe, qui confirmèrent leur donation en 1059 (*Cartul. Introd.*, p. xc, — n°° 46, 523).

deportetur ecclesiam. Moris enim nostris fuit senioribus, ut si quando peroportuna oblatione quibusque beneficia ecclesiarum vel prediorum prestantibus ditaretur locus, tuitionis gratiam quod illic ferebatur reliquiarum capsa, quatinus et eadem virgo sibi eandem vindicaret, et perpetuo corporis presentia subderet. Quibus vero ea res instabat agendum, sanioris consilii sententia expetunt actitandum. Dum autem illuc pro posse honorifice ferretur, undique currit populus, in inmensum letatur. Languidus quisque ac male habens passim defertur quorum nonnulli pristine incolumitati continuo redduntur. Nunc quam ob rem id cepimus indagare nitamur.

Tertio namque adveniente die, vulgo fama pervolante, fit concursus creber populi utriusque sexus, quos inter Brivatensium catervatim accurrit multitudo juvenum. Prope suspicor quod, venia sit dicto, censebitur nostra virgo superbire, dum Paulo ac in re non impar, primo et Petro salva apostolatus reverentia, in claudi jam senis[1] itione poterit equiperari. Quid ultra? Angelorum laude digna predicatur, apostolorum vice in miraculis fungitur, martyrum gloria decoratur, confessorum quoque inmensa leticia perfruitur, virginum etiam collegio admixta, Agni visione juxta letatur. Et si in omnis terre partes ejus verba non procedere dixerim, tamen ejus insignia gesta nulli latere per omnia dubitaverim. Ceterum quid iis supra debiti sponsionem inmorari decrevimus? Consequentis rei potius ordini instamus. Factum est autem, dum supradictorum juvenum exultatio per quendam transiret vicum scilicet Maziacum[2], ostendit quendam decrepite etatis et eo amplius senem, qui a juventute destitutus officio membrorum equevo languore angebatur, siquidem quod tali natibus affixi et eundi inhiberent gratiam et sedendi prohiberent requiem. Tali quoque impeditus calamitate, cum naturali cotidie congrediebatur languore victusque egens catervis pauperum communicatur patiens.

---

1. Cf. Act. III, 1-11.
2. *Maziacum*, Massiac, chef-lieu de canton, arrond' de Saint-Flour, Cantal (Cf. Cartul. *Introd.*, p. xcii, — n° 526).

Qui audiens eos ad sanctam properare virginem, fidem enim habuit quoniam quod diutius audierat experiri temptavit. Ut erat terratenus, deprecari studuit quatinus ad eam se perducerent, ejusque privilegio virtutum quo casibus infelicitatis per quam dominatur exponerent. Nutu Dei actum creditur, qui quidem misericordia visceraliter promoti, jumento ad usum oneris preparato eum superponunt sicque Talasiacum[1] vicum eundo perveniunt. Quo loci a redeuntibus continuo audiunt quod sanctę imaginis quibus tradita erat provincia procuratores redire jam disponunt. Hesitantes vero quid fiat, intempestive deliberant. Temere enim judicant qui dextram fidei dare dubitant, quod et claudus in eodem destituatur vico, quo facilius ad sanctam curratur, non Fidem sed martyrem seu potius virginem, calle citato. Sic solus sed non absque amminiculo relinquitur sine diverticulo. Gloriosa virgo Fidis nobis et devota Fidis, hic tibi procurandus extat tuisque meritis servatus provide quod fide petit adipiscatur. Quod ille simul destitutum omni se auxilio sensit, nimium quod credimus cępit tristari, utque res exigebat, meroris angustia undique sollicitari. Nam quis hominum ad presens posset explicare quos fletus in orando sanctam Fidem cępit fundere? Sed ni fallor, aderit divina virtus quę nostram clarificavit virginem cęlitus. Ecce novis si forte placet conflige vetustas. Quis similis nostre decus immense virtutis apostolo, quęso, pace tui ordinis sit dicere. Hęc nostra virguncula majora vestris protendit opera. Non enim umbra corporis, Deus magne, quid majus nec verbo vel manu operatur nec semicincia ut Paulus[2] creditur, sed a longe solo nomine dum invocatur, sui muneris presentia protinus sentitur. Satis namque nobis suppeditarent exempla, sed nec ulterius licet tantorum virorum, quibus potestas cęlo terręquo commissa creditur, notare personas nec sanctorum quod absit dicamur derogatores.

Sed videamus quid noster egerit. Dum autem sanctam

---

1. *Talasiacum*; aux ıx° et x° siècles, *Taladiriacum*; au xııı°, *Talaislacum*: Talizat, anciennement Talaizat, arrond' et canton N. de Saint-Flour, Cantal.
2. Cf. Act., xıx, 12.

Fidem jugiter invocat, ilico Dei nutu senex qui erat novis pedibus erigitur, nec ut mos est talibus nutans quoniam quod Fidem petiit, a Fide firmiter impetravit. Sic novus atque senex propriis pedibus cursim ac perniciter ad nos usque pervenit, distabamus enim fere per duo milliaria, relaturus quid sibi contigit. Ubi perveniens, ut decuit a cunctis amicabiliter exceptus, nobiscum Deo laudes sancteque virgini grates persolvit lętus, et ut fidei argumento posset astrui, restabant adhuc et signa veteris mali, quin et idonei testes efficiebantur, quibus ipse usque ad vicum fuerat pro sarcina. Facile erat cernere eum tremulis consistere gressibus, nec mirum. Desuetudo enim cursus et non proximitas itineris quasi defatigarat, ac sanctę imaginis feretrum vetustis tractare manibus, quoniam in uno eodem operabatur quatinus id fieret novum, quod procul dubio cunctis liquebat perantiquum. Quis non tanto stupore perculsus miraretur? Pars enim certabat fletibus, pars vero mixtis gaudio vocibus quia dignum ducebant flere et e contra pium gaudere. Huic vero spectaculo et qui nobiscum affuerunt hujus rei idonei testes existunt, Deumque glorificare student, qui est *mirabilis in sanctis suis* gloriosusque in operibus, qui et sanctam Fidem sic magnificat, unde tripartiti tetragona orbis machina in immensum exultat.

[IV]

Item miraculum de duobus quod ad laudem nostrę virginis operari dignatus est Christus.

Nam quia insignis virginis insignia gesta scriptis prosequi nitimur, restat quatinus ea quę supersunt stili officio indagare moliamur, et ut posteris fiat exemplum ac benivolis incitamentum, pęna lividis, nobis quoque proveniat ad

[IV]. 1.

---

1. Psalm. LXVII, 36.

premium. Priusquam propositionis quidem vel exordia presumere, vixdum enim animus intra meditationis viscera ejusdem rei effectum peritissime meditabatur, inopinum quiddam admodum contigisse miror, nec admiror quoque. Quis autem mortalium lividorum ac subornatorum poterit devitare calumpniam? Sed adeo mirabile et dignum extat animadversione eorum exitus non perhorrescere, ut Cicero refert in Filippicis, quorum actus imitari videntur. Nec refert, quoniam, ut ait Augustinus, ubi deest agnitio eterne et incommutabilis veritatis, falsa est virtus etiam in optimis moribus. Salomon vero futuri prescius oraculi ait : *Futurum est enim non lętabitur supe.* his, sed hoc est vanitas et afflictio spiritus*[1]. Namque ni contiscescant, faxim si quid experto, creditur quod sese penitebit. Nunc ad proposita vertatur stili opera. Igitur quoniam unius militis discrimen ereptionemque celitus actam audivimus, libet de duobus similem narrationis seriem texere, licet dissimili ordine. Ut sepe casu contigit, in eodem pago Rotenico quo incolitur immo et veneratur virgo signis insignis privilegio sui corporis, duo sat superbi sanguinis milites, claritate sublimes reditibusque insignes, nequiter tractari captos atque ad castrum Montem Miratum[2], dictum erat enim permunitum, ne qua occasione dilaberentur perduci. Quorum unus Bego, alter vero Arnaldus sortitur vocabulo. Porro horum utrumque memini sepius me videre. Ut autem eo usque perducti sunt, ut manent semper infesta talibus pericula, quatinus acriora ferrent supplicia, uno in compede singulis hinc et inde astricti cruribus, diutina maceratione servabantur sub custodibus. Itaque cum se diutius taliter haberent nullamque evadendi machinationem fraude vive repperirent, sensus enim strictitudine confusus hebetarat et pre merore quippiam auxilii suspicare nequiverant, tandem redditur sibi. Quia exciderat ab interna recordatione unum tutumque profugium, salva fidei reve-

---

1. Eccles. iv, 16.
2. *Montem Miratum,* Montmurat, départ' du Lot. Les seigneurs de Montmurat firent, dès le xi° siècle, des donations au monastère de Conques. (*Cartul.,* n°° 271, 459, 469, 529).

Abbé Bouillet. — *Liber miraculorum sancte Fidis.* 17

rentia dixerim, virgo Fidis, cujus laudibus humanus succumbit animus, quę undique ad se properantibus non recusat ferre subsidium internis acta precibus. Namque simul ejus uterque meminit, deprecari eam indesinenter neuter distulit. Tunc permixtas ingeminant preces fletibus, cujus quoque nomen nec ad momentum quidem ab eorum labitur pectoribus, ut fieri solet sepissime in expeditionibus vel aliquod discrimen veluti supremum patientibus. Dum itaque frequenti oratu eam invocant, ejusque juvamen sedulo exposcunt ut sui reminiscatur, en gloriosa virgo uni eorum nocte quadam in visu apparens ait : *Quia me pre cęteris hoc super incommodo vestris statuistis sedulis sollicitari precibus, gratuita pietate non dedignor vobis licet inopinantibus subvenire tamen desiderantibus.* Tandem sibi videtur dicere : *Expediti ergo estote, die quippe crastina vestra non frustrabuntur vota, sed hora eadem ipsa qua mea ad vos devenerit legatio, nullius vero personę fiat acceptio. Quod injunxerit de liberationis gratia dixeritve, id ipsum sine mora explere satagite. Exeuntes inde namque non modo formido vestros percitet animos, verum etiam publicus vobis teratur ager, nec casu non oportuno quippiam moleste errore contingat ab humano.* Expergiscens itaque, divini securus oraculi, credulis verbis tantę fidei, compatienti socio quod viderat, seu pręstat, quod audierat indagare non distulit. Quibus auditis, nequit referri quanta lętitia jocundati, glorificaverunt magnalia Dei qui spes fidelium, fides credentium, exaudit preces humilium, neque despicit voces se confitentium. Advesperante autem sole alterius diei, totum enim jam expectando consumpserant et quasi jamjam desperando tepebant, duo adventantes inimici sales (*sic*) forte declinarunt hospitalitatis gratia pernoctandi. Quorum prior Conchacensium accola, alter vero Karlatensium[1] extat indigena. Scurrilitates quorum sicubi perennantur ut de eorum discutiendis nominibus non sit adeo posteritas elaboratura. Quocirca supersedendum ducimus, improborum enim probra

---

1. *Karlatensium*, Carlat. Voir plus haut, p. 198, note.

ceu bonorum preconia eque manent immortalia, posteros nostros nostris quoque scriptis eorum frui noticia. Qui cum eo advenissent, eductis e vagina gladiis, ut talium mos est apud quos jugiter status seriarum peregrinatur actionum, ludendi causa circum circa discurrentes ac ex eisdem hac illac feriendo debachantes, insanis proclamant vocibus : *Eia hinc abite degeneres, fugite segnes, discedite tristes, vestra enim possessio nobis credita est a domino.* Quorum vocibus qui detinebantur perculsi, neque enim eorum frustrabantur notitia, attonito corde rei eventum prestolantes, sibi demum favere non hesitantes, ut celitus didicerant implere satagunt nullius horroris vel casum pertimescentes. Adhibitis ad invicem nonnullis variisque hortaminibus quid fiat, neque enim sese divino jussu frustrari posse asserebat uterque, mutuus utriusque temperavit tractatus celesti debere obsequi patrocinio. Dumque jam dies ad occasum usque properans integram adhuc vibraret lucem, integris compedum repagulis cruribus ut prius innexis, a turri qua custodiebantur inhumanitus ambo confestim egrediuntur divinitus, sed nec tuitionem salutis imponere sibi obliviscuntur quantotius. Egredientes autem nonnullos habuere obvios res suas ac negotia tractantes, sed divina quippe virtus eorum animos hebetarat, quo potius proprios deputarent quam externos. Cumque pretergredi id castrum cepissent obiter, dominum ejusdem oppidi Hectorem[1] nomine offendunt, nec enim terreri poterant quos celestis ductrix celitus opitulabatur, cum quibusdam suis que sibi erant cure exercentem, operamque sui propositi subjectis impendentem. Preterientes quos, nemine sibi verbum faciente, quoniam non modo agnosci quiverant, quin etiam ut averti potest neque videri. Denique ut a virgine didicerant, illis publica teritur semita, qui enim nullius hostis insidiis patent sed in offenso pede et scropea queque et cavedines postponere queunt, quamobrem exposcant diverticula. Cum forte

---

1. C'est sans doute cet Hector, seigneur de Montmural, qui fit une donation à l'abbaye de Conques au xi° ou au xii° siècle. (*Cartul.*, n° 468).

magis fierent infecta, ad Olti[1] vero fluenta ut est ventum, nullam repperere navigium, sed quoniam nox imminebat ut erant propriis transmeantes gressibus, ad propria cum expeditis redeunt impedimentis. Ubi advenientes, clavis tantę incommoditatis confestim effractis, gaudio ducti vix passi diem prestolari protinus ad sanctam Fidem nudis, ut decuit, properant pedibus, tantumque ferri pondus cum immensis offerunt laudibus.

[V]

De quodam Remensi Willelmo a paralisis morbo sanato.

Dum summo affectu sacrę virginis Fidei promoti, ejus virtutum insignia evolvere conamur, summaque ope nitimur quo ad hęc exequenda idonei inveniamur, Deus bone, res cogit inopina ceterorum mittere testimonia, licet veridica quidem et quę nostris jugiter conspicamur oculis certis indagare evidentius testimoniis. Remensis quidam indigena Wido dictus, mundanis nimium confidens rebus ac militię deserviens, legibus quendam filium suum nomine Willelmum litteris statuit erudiendum, forte quoniam prolis utriusque sexus enormitate affluebat, iccirco hunc Domino deservire deliberarat. Ut enim semper varius secularium ac mutabilis fertur esse motus animorum, veridicus in hoc testatur Oratius :

Naturam expellas furca, tamen usque recurret[2],

Litteris deductum militię tradidit impertiendum. Et quoniam similis similem sibi quęritat, ideo hunc inplagari casibus mundanę visionis non dubitat. Sed virtus divina, quę semper humanis condolens casibus ac nullum linquit extorrem sue ultionis, quin etiam et benignitatis hunc primum

[V]. *1.*

---

1. *Olti*, le Lot. Voir plus haut, p. 177, note.
2. Horat. *Epit.* I, x.

sibi peculiarem virga corrigit paternitatis sicut in subsequentibus declaratur apicibus. Ut autem adolescentum esse comprobatur ludis ac theatralibus inservire rebus, presentia colere, preterita carpere, futura fastidire, hic velud equus effrenis studiis sodalium cepit implicari, ac perversę mentis studio rebus mundialibus extolli. Quadam autem vice, dum talibus urgeretur stimulis ac humanis inhiaret commodis, contigit cum principe cujus tuitione deserviebat militię, eundem longule in hostium inruptionem abire. Cumque ibidem nonnullis diebus pervicaci mente morarentur, duo enim mala perpeti videbantur, inediam quippe totius victus moleste ferebant, et tempus gelu astrictum algore sui torporis queque hebetarat, accidit die quadam post longam jejunii macerationem siligineum panem sumpsisse in cibum. Quo aventer ut optabat expletus sepe flevit, quod inde se pertulisse post comperit. Avidius denique mortifera sumuntur, et quę suis funestant tactibus blandius contractantur, letali cibo quidem refertus nocturno sopore deprimitur et gelidę noctis inertia penitus debilitatur. Medio quidem noctis tempore nimius ardor febris ac sitis cordis peritissimum depopulabantur secretum, medullitus enim interitum minabantur affuturum, quarum vim aviditatemque nullatenus ferens, cogitur spurcissimi lacus sordes velut Flegetontea ebibere pocula, ac pessumdari morte contigua. Confestim corpore jam prorsus pene debilitato sudor elicitur, venter intumescit, facies mutatur, ceteraque membra mirum in modum paulatim coartantur, ita vero quod poterat quidem et ab ipsis phidicis hesitari, utrum hydrops an paraliticus deberet dici. Itaque per intervalla temporis frequenti medicorum cura, quadam parte corporis a renibus et sursum quasi salute restituta, cętera remansit emortua omnique officio destituta. Cujus genitores dolore compulsi talique incommodo confusi, habebantur enim inter concives magni, et sumptibus ac famulicio muneribusque referti, compelluntur solius Dei medicamine uti. Quadam vero die, contentus veredo et duorum obsequio famulorum, ignorante ut ipse fatebatur patre, ignota passim sanctorum loca lustrare progreditur, quatinus aut fidelium Christi meritis curam adipisceretur tantę egritudinis, cui spem recuperande salutis nullam spondebat fiduciam humanitatis, aut certe talibus intentus ultionem incurreret mortis. Nobilium enim fertur intentio malle propriis sedibus exulari, quam cum dedecore inter affines haberi. Hic igitur hujusmodi gratia exul perpetuo factus, non modo Franciam et Germaniam, verum etiam Celticam [1] atque Belgicam, immo et Liguriam perlustravit regionem. Dein adiens Italiam ac verso vestigio, Hybernię partes totiusque Hispanię disponit visere. Nondum attigerat fines Conchacensium, licet per Rotenicum pagum fecerat jam transitum, sanctę profecto Fidei gloriosae virgini ac singuli privilegio decoratę martyrii, pace sanctorum omnium, manebat hujus rei honor inclitus, sicut post opere precium erit indagare clarius. Hic itaque cum a sancto Jacobo [2] regrediens Tolosam subiret, locumque precipuę virginis timore cavedinum ac prerupti itineris quasi vitando declinaret, Lemovicas adire deliberat ut insignis confessor Domini Marcialis ejus precibus adquiescat. Quo loci famulorum destituitur solacio, clanculo enim fugerant et hunc Omnipotentis providentię providendum reliquerant. Proh servorum improbitas, quos ni coherceret dominorum austeritas et a lege libertatis inhiberet sagacitas, procul dubio nulla in eis dominaretur fidelitas. Dum ergo in eodem moraretur oppido, nocte quadam esse sibi videbatur ubi requiescit beata virgo. Mane autem facto, dum sibi consilium a civibus expetit, assensu omnium didicit quod si Conchas expeteret sanctamque Fidem oratu exposceret, sibi juvamen conferret, ceu cunctis invocata subvenire solet. Inde vero, sumpto solacii adminiculo, iter adgreditur. Et dum apud quoddam castrum pernoctandi gratia hospitatur, jumento quo insedebat privatus, socius enim qui quasi divino instinctu itineris

---

1. La Celtique ancienne comprenait la région de la Gaule située entre la Garonne et la Seine, et s'étendait à l'est jusqu'au delà de la Suisse. La Ligurie comprenait la région qui s'étendait entre le golfe de Gênes, les Alpes, le cours du Pô et la Trébie.
2. Cf. *Le Codex de Saint-Jacques de Compostelle*, livre IV, publié par le R. P. F. Fita et J. Vinson. Paris, 1882.

indagator extiterat, nocte eadem clam omnibus sibi surripuit, itaque sanctę Fidei famulum inanem reliquit. Ex pretio quippe quod sibi adhuc videbatur vile emitur jumentum, ac vitata sodalitate hominum, solus per abrupti montis latera, sacra martyris expetiit limina. Eia, virgo cęlestis, regis sponsa perennis, jam nunc recolantur insignia tuarum virtutum privilegia, quatinus omnis terra tua magnificet preconia. Cum autem eo adveniret ac biduo in oratione persisteret, tercio die velut tedio compulsus cępit abire. Qui cum longule iter aggreditur, reversus ad se, visum est sibi reverti debere, jam enim ,um spes adierat, fides firmarat, karitas roborarat. Igitur r ˙rsus, cum ante sacri corporis glebam poneretur, sanctamque Fidem invocaret ut sui clemens reminisceretur, velut in extasi confestim rapitur, suique prorsus obliviscitur, quid Deus intendat prestolatur. Protinus cutis rumpitur, nervorum compago solidatur, sanguis undique effluit, eger statim convalescit, sicque in pedes constitit, ut equidem ab eodem didici, quattuor annorum jam curricula transierant quo hęc se perpeti asserebat. Laudes Deo retulit, ejusque sacram virginem merito collaudavit, cujus beneficio eger qui advenerat sanus recedebat. Sicque ad propria cum gaudio revertitur, et qui prius aliorum pedibus vehitur, nunc propriis reverti non veretur.

[VI]

De quodam mortuo per sanctum Fidem vitę restituto.

Dum solito more majorum nostrorum semitam etsi non ęquis sparsibus (*sic*) gradior, meritis tamen insignis Fidei nitor non modo simultatis simulationibus quorum piam (*sic*) afficior, verum apertis derogationibus ne fiat prohibeor. Nullis quippe maledicorum lacerabar injuriis, donec hujusmodi cępi implicari studiis. Fit enim plerumque fortuitis fortune casibus quod, sceleratorum imperante nequitia, virtus non solum probatur carere premiis, sed, pro pudor, obtractatorum subigitur pedibus ac velut despecta refert supplicia sceleris. Non ergo fas fuisse crederem cęlestis patrię civem tam temerariis incursibus nostram agitari fidem. Itaque super hac questione libet paucis exclamare :

 Egregia virtute potens meritisque refulgens,
 Laus, decus, auxilium, spes semper maxima nostrum,
 Lux, medicina, salus, nullis spectata diebus,
 Fidis virgo, meis precibus memorare benignis,
 Livida latrantum da tempnere corda virorum
 Cernere da verum, vigeat quod semper in ęvum,
 Comprime fallaces, inimici comprime mores,
 Ne superare queat tua qui pręconia clamat.
 Angor sepe malis, vigeat tua cura perennis,
 Sidereum valeam quo tecum scandere regnum.
 Auribus attentis hęc concipe, virgo fidelis,
 Nunc et in ęternum valeat sine fine per ęvum.

Et quoniam tantę virginis preconiis plerumque questus miscere curamus, a proposito tramite forsitan deviare videmur. Unde non inmerito dignum videtur, ut stilus ad hoc deputatus officium, posthabeat prorsus nostrorum deliramenta hystrionum. Moribus denique nostri preceptoris debeo quod preconia competentia laudibus eorum non refero. Sed hęc alias. Videamus ergo quid fidei egerit karitas. Nuper strenuissimorum cura virorum nostrę infra terminum Rotenis ędificari cępit castrum quod Cingna animalium Acri Montis[1] dicebatur oppidum. Hujus namque castri dominis dissensio propemodo interminabilis erat cum quibusdam alterius castelli principibus. Pape! quantum mundi principes vexat volubilitas fluitantis fortunę et per devexa voluptatis adducit semper miseros devio calle. In regno autem summi et incomparabilis boni nullus fortunę casus poterit inveniri. Sed redeatur ad cępta. Qui quadam

---

1. Algremont, paroisse de la commune de Villefranche-de-Rouergue, chef-lieu d'arrond' de l'Aveyron, est situé sur une colline qui domine cette ville.

vice dum predictum castrum cum manu valida virorum irrumpere moliuntur, contigit quippiam quod et eos contingere dolebit, nobisque post gaudere licebit. Acrimontenses quoque econtra nituntur sese defendere, ideoque quod erant oppidati opinione oppidi, oppido oppidum conentur tueri, ejusque cognomen laudibus licet nullis assumere sibi. Ut autem inimicos terga dare vident, in inmensum letantur. Aliorumque itio fit quasi eorum fortitudo, hostium enim congressio dum ex utrisque assurexerit partibus, quisque semet tueri nititur pro viribus. Ergo cum forte accidit, unam utrarumque cedere voluit res, sumptis ex intimo viribus, alteram insequi est necesso. Haud secus Acrimontani, etsi nolint, continuo in oppidati arcubus, necnon ac balistis dorsa euntium pertemptant insequi.

Hic fortuna gravem contorsit vertice vultum.

Igitur dum invicem ista geruntur, evenit ilico quod quidam Bernardus, cognoment Geraldus, dum consciis terga non veretur immunita dare hostibus, ictu destinantis baliste medio cerebri graviter sagitta infigitur, sicque ad propria superstitibus ceteris morti contiguus revehitur. Hoc quippe signum restat semper fugitivis, quoniam dorsa prebent insequentibus cicatricum vestigia ostendere, plerumque non in anteriore parte corporis. Magne Deus, matri dum nuntiatur quam inextricabilis laberinthi casum incurrisse ilico creditur, condolens filii calamitatibus, sed quid debeat deliberare ignorare perhibetur.

    Tunc lacerata genas, ac sparsos fusa capillos,
    Tristatur refugas scindens a pectore vestes,
    Inpatiens animi quo se ferat anxia nescit.

Interea sollers amicorum cura statuit quid fieri debeat super hac molestia. Tristabatur enim penitissimum animus omnium, utque fit aliquoties, tali eventu frustra trahitur in diversum, quatinus vel medicorum prudentia, vel metum mortis poneret, vel vite spem assumeret. Accita denique medicorum sedulitas

    Percurrit mathesim, tacitas interrogat umbras,
    Explorat celum, fibrarum pulsitat ictum.

Dum conspicatur particulas transfossi cerebri effundere per vulnus quod ictus jaculi effecerat, ilico desperat sibique posse nichil proficere postposito indicat. Tali namque incommodo trium fere mensium tempore laborat, nulliusque adjutus juvamine, certus mortis periculo sanctam Fidem compellat cordis organo, amicorum enim amicitia jam pene defecerat, ideoque solius Dei providentię restabat, sui precatur misereri, utque sibi subveniat non cessat reminisci. Cumque siccine aliquot dies transmitteret, ad extremum paulatim membris fatiscentibus deducitur, et ingravescente molestia mors intentans aperitur.

Sic quoque exanimis feretro superponitur, exequię funebribus exibentur modis, et tanquam ultimum valefacturus, accurrit quisque ejulans solum verba daturus. Nunc nostrę Fidei restat opere, cur amicorum pręcibus ejusdemque ipsius quoque distulit sibi hujus vitę commoditatem redintegrare, quid hujusce contrarietatis poterit explere, mortis scilicet ac vitę. Mater vero ejusdem, velut exanimis effecta, talis vocis verba cępit attollere sanctęque Fidei munificum munus implorare :

Agya virgo Fidis, proclamat quam mea nunc spes,
Auxiliare mihi tu regis sponsa superni.
Filius ecce meus, semper mea maxima cura,
Occidit infelix casu compressus acerbo.
Postulo quem virtute tua redde mihi sacra,
Tristis mors abeat, felix ac vita resurgat,
More tuo quo sepe soles depellere curas.
Tristantum
> *Pelle timorem,*
> *Nec dolor assit,*
> *Gaudia redde,*
> *Virgo beata,*
> *Quo tibi jure*
> *Concelebremus,*
> *Mente fideli,*
> *Carmina laudum.*
> *Quam cito presta,*

Martyr opima,
Lege magistra,
Visere vota
Maxime nostra.
Quę meditamur
Mente devota,
Credere dignum
Hęc probat orbis,
Jura superno
Te dare vitam,
Subdere mortem.
Annue votis,
Virgo fidelis,
Et pia nostris
Parce ruinis [1].

Cumque sic mater ubertim fleret, cęlumque precibus tali oratu indesinenter pulsaret, nostra virgo miserabiles lacrimarum questus nequivit ferre, sed mittens manum ad fortia [2], consueta denudabit opera, etsi funditus vitta recurreret aurea, nondum tamen supra fontem terebat ydria, ideoque perfacile erit sanctę exclamare virgini : *Revertere, Sunamitis, revertere ut intueamur te* [3]. Ob solamen itaque amicorum curamque superbam exequiarum, die qua obiit et altera, humana custoditur custodia.

Tertia lux refugia Hyperiona fuderat astris,
Gaudia magna sui quę mox prebebit amicis.

Aderit statim sanctę Fidei meritum quę dabit cunctos cernere futurę fidei signum.

Quam mea sepe fides legem temeravit Averni,
Non ut Trax fidibus Plutonis regna revisit,
Legibus irruptis, ut adit predamque reposcit.
Tenarię patuere fores Herebique recessus,
Tunc tenebrę fugiunt, inferni claustra patescunt,

---

1. Vers adoniques. (Cf. L. Havet, *op. cit.*)
2. Cf. Prov., xxxi, 19.
3. Cantic., vi, 12.

Mors quoque contremuit cum sic sua jura reliquit,
Sic victrix superas animas devexit ad auras.

Converso quippe modo qui exequiis intererant quique insepultam sepulturam effecerant pro fletu tristitudinis, dant lacrimas gaudii inenarrabilis. Emenso quoque paucorum dierum spatio, integre redditur sospitati, gaudetque non ab re sanctę martyris tuitione tueri. Omnium ergo assensus deliberat, quod concito gradu Conchas adeat, ac facturus fidem verbis, lintheum quod corpori jam emortuo superfuerat, simulque cirothecas quas nos rustici guantos dicimus offerat. Forte enim invidorum invidia restabat, quę hoc, ut sepe solet, precipuum miraculum arcere moliebatur, quatinus omne posthabeat nescio, quin etiam quod melius est ignoro, ut ab omnibus certum fiat in perpetuum et glorificetur Deus regens omne seculum. Profiteor equidem eum advenisse meque cum cęteris hoc spectaculum mirantibus vidisse. Quis hujus rei laudes effari digne poterit, cum talia per sanctam Fidem operari viderit? Sed ne quibuslibet fiat incredulum, restat adhuc fidei signum, scilicet ante sacram imaginem dependens sudarium.

Expliciunt miracula ejusdem virginis.

5° FRAGMENT RECUEILLI PAR LE *GALLIA CHRISTIANA* [1]

..... Urbs Aginnum super omnes urbes Aquitaniae multis olim sanctorum patrociniis illustris emicuit, quibus pene

---

1. Le *Gallia christiana* (t. II, col. 896), donne ce fragment comme extrait du livre adressé à Fulbert par Bernard d'Angers. Les Bollandistes le reproduisent d'après le *Gall. christ.* (Oct., t. III, p. 292, *nov. edit.*) On le retrouve encore presque tout entier dans le Propre d'Agen de 1787 (6 oct., lect. vi). Il est cité aussi, en partie, dans les *Sept saints tutélaires d'Agen*, par le R. P. Cortade (1661). Il semble que nous ayons là le prologue du récit d'un miracle opéré à Périgueux, à l'occasion des reliques de saint Phébade, évêque d'Agen (330-388), célèbre par ses écrits et par ses luttes contre les Ariens. (Cf. Barrère, *Hist. relig. et monum. du diocèse d'Agen*, 1855).

omnibus temporum processu, ignoto quo nescio suo peccato, viduata remansit, partim vi, partim furto sublatis. Invenies, Aquitaniae viator, quod ipse experimento comperi, diversis in locis, qui tibi dicant : Hoc est corpus illius martyris ab Aginno translatum, hic illius virginis vel confessoris, vel tanta portio illius sancti, quorum unus Phœbadius habetur Petragoras allatus......

6° DE MONASTERIO SANCTE FIDIS VIRG. ET MART. IN OPPIDO SLETZTAT, IN DIOECESI ARGENTINENSI

Anno Domini m° lxxxvij°, monasterium sancte Fidis virginis in Sletztat, Argentinensis dyocesis, a duce Friderico Alemanie miraculose fundatur sicut inferius continetur.

Licet virtutes et miracula sue martyris Fidis adeo longe lateque Deus propagaverit, ut humana facultas minimam vix inde partem perstringere sufficiat, tamen ut tam audientes quam legentes tantam martirem dignius venerentur, illud miraculum quo predicta martir predium quod est in Alemannia possidet adquisierit, in lucem proferre et ab oblivionis interitu quoad possumus, defendere tam dignum arbitramur, quam neglegenter preterire et quasi rem modicam occultare nefandum existimatur.

Tempore igitur domini Begonis[1] abbatis, qui Stephano viro venerabili successit, Fridericus[2], dux Alamannorum,

Co *S. M.* — Cf. Pertz. *Monum. Germaniae*, xv, p. 997.

---

1. Bégon III de Mouret (1087-1108). Son tombeau et son épitaphe se voient encore à Conques dans un enfeu du mur méridional de l'église, au point où aboutissait le cloître qu'il avait construit et dont il subsiste encore une partie, retrouvée en 1890.
2. Frédéric de Buren, duc de Souabe et d'Alsace, † 1105.

qui romani imperatoris Friderici primi, qui fuit Friderici, ducis Sweviæ, filius, filie conjugio dechoratus, ceteris sue provincie principibus tali honore se prelatum letabatur, et duo fratres ejus, Argentinensis scilicet episcopus Otto[1] et Conradus comes, propter magnitudinem miraculorum quibus sanctam martirem coruscare diximus[2], ejus limina videre pro peccatorum suorum venia cupientes, pergere Conchas profecti sunt.

Quibus prefatus abbas una cum suo conventu obvius procedens cum sollempni processione, campanis compulsatis, eos reverenter et honorifice suscepit, et in capitulum introducens, fraternitatem et participacionem bonorum omnium, que in ipsius ecclesie capite et in membris perpetualiter fiunt, ipsis et heredibus eorum largitus est.

Quibus locus ille tam digna martire celeberrimus, necnon ejusdem loci fratrum religiosa conversatio ita fertur placuisse, ut postquam peracto suo peregrinationis itinere sospites in patria remearunt, episcopus cujus auctoritatem cum prudencia ceteri fratres plurimum reverebantur, Conchacensium abbati quatenus pro obtinenda ad honorem sancte Fidis ecclesia, ad instar Jherosolimitano in predio suo hedificata[3], monachum transmitteret de consilio et voluntate ducis, ac reliquorum fratrum suorum nuncium dirigeret.

Tunc abbas, communi consilio accepto, unum de fratribus, nomine Bertramnum, misit, virum sciencia et literatura pre-

---

1. Otton de Büren, évêque de Strasbourg, 1086-1100.
2. Ce mot semble indiquer que ce récit aurait été écrit par le moine auteur des deux derniers livres des Miracles. Le style de cette pièce est semblable à celui des récits précédents.
3. La comtesse Hildegarde († 1094), épouse de Frédéric de Büren, et mère des quatre frères cités dans ce récit, avait fait construire à Schlestadt, vers 1087, une église dédiée au Saint-Sépulcre, dont elle avait fait reproduire exactement le plan, dans une chapelle souterraine *ad instar Jherosolymar*, comme s'exprime notre narration. Cette crypte, comblée et oubliée depuis plusieurs siècles, a été récemment remise au jour (1893). L'église donnée à sainte Foy par la comtesse et par ses fils, en 1087, joignit le titre de Sainte-Foy à celui du Saint-Sépulcre dès l'an 1095 (Cartulaire, n° 575). Bientôt après, elle ne fut plus désignée que sous le nom de Sainte-Foy, surtout quand elle eut été agrandie au XII° siècle. Cette église, restaurée récemment par l'initiative de M. le curé Mury, est un monument intéressant, de style roman.

ditum et omni morum honestate preclarum, qui prefatam ecclesiam suscepit regendam, susceptamque ut potuit diligenter custodivit.

Que licet antea a remotissimis et circumjacentibus provinciis sic frequentaretur, ut in pluribus etiam monachis victum et vestitum ministrare crederetur, ita tamen postea a cunctis paulatim est fere deserta, ut ille quem suscepisse ecclesiam prediximus ad tantam descenderet inopiam, ut victum ostiatim querere plerumque compelleretur.

Sed cum ipse et alius, nomine Stephanus, vir eque morigeratus, qui ad ejus consolationem postea accesserat, fame et siti ac importuna frigoris accessione per biennium vexati, locum illum penitus deserere et in patriam tandem redire meditarentur, affuit eis sancte Fidis consolacio, et eos de tam intolerabili paupertate mirabiliter ereptos insperato suffudit et replevit gaudio.

Nam cum quidam miles, nomine Walterus de Tubelsheim [1], vir audacissimus et in omni bellica administratione peritissimus, in eadem loco secundum morem illius gentis cilicio indutus nudisque pedibus penitenciam suam ageret, consueverat singulis noctibus extra ecclesiam excubans tam diu devotissime in oratione perseverare, quoadusque monachi, divinis laudibus intenti, matutinas terminassent.

Hic, inquam, miles, dum quadam nocte de muro matutinas prostratus audiens ab oratione surrexisset, forte conspicit curiam in qua claustrum et cetera officina modo sunt constructa, hominibus albis vestibus indutis refertam, quorum pleriquo peras in humeris et baculos in manibus peregrino more gestare videbantur. Publica vero strata, que paulo inferius erat, equitibus, qui rubeos equos et vestes rubeas habebant, plena apparebat. Quos cum ille peregrinos arbitrans, pararet eis introitum monasterii ostendere, quidam ex illis quos candidis vestibus indutos esse diximus, eum proprio nomine appellans, precepit ut nusquam procederet,

---

1. Aujourd'hui Diebolsheim, village du canton de Markolsheim, limitrophe de celui de Schlestadt.

sed in eodem loco permanens, sermones quos dicturus ei esset diligenter intelligeret.

Quem cum miles vehementer obstupescens interrogaret quis esset ille qui tam temere inciperet ei imperare, sic respondisse accepimus : *Ego sum comes Conradus, cujus dum adhuc in carne viverem* [1], *plurimis usus benificiis ceteris tuis comparibus felicior existebas, cujus dominio frui te potissimum gaudebas.*

Quibus verbis attonitus, miles experterritus quasi moribundus et omni sensu carens, protinus ad terram corruit, quem tamen talibus alloquiis ille recreasse dicitur : *Ne te, Waltere, hec res insolita perterreat, nec quia fantasma videris ullo modo paveas, sed pocius illum quem me esse dixerim hoc signo firmissime teneas quod cum quadam die, hyemis tempore venatu redeuntes, ad Hillam* [2], *qui fluvius hunc locum preterfluit, venissemus, veritus ne frigoris asperitate, si flumen transnatarent, nimis canes lederentur, sicco vestigio eos per pontem traxi, te per vadum omni depulso periculo equos traducente. Nec absque divina voluntate mihi permissum esse scias tuo frui colloquio, cujus verbis fratres meos credituros esse non ambigo.*

Quapropter per fidei sacramentum, quo te mihi conjunxisti, per beneficia plurima que tibi contuli, te ammoneo ut fratri meo episcopo dicas : Quatenus michi de mundo separato orationibus et helemosinis hanc etiam ecclesiam sancte Fidi dedicatam sublimando subveniat, hujusque predii partem que michi si viverem contingeret in ejus dicionem transferat, quam suo interventu ne igne concremer defendat. Et ne te quasi mendacium hec finxisse redarguat, hec certissima signa, quibus indubitanter adquiescet, audiat. Scilicet quod cum ego et dux et ipse Conchis fuimus, quisque nostrum per stevile (sic), quod dicitur fuisse Caroli, brachium transjecit, cujus amplitudinem ego solus grossitudine mei

---

[1]. Le comte Conrad mourut de la peste, en 1094 (*L'Art de vérifier les dates*, 3, 67).

[2]. La rivière de l'Ill, qui passe près de Colmar, à Schlestadt, à Strasbourg, et se jette dans le Rhin.

brachii, illis admirantibus, conclusi. Addas eciam aliud nulli adhuc mortalium nisi ei soli cognitum, quod cum quadam nocte, dum nimis adhuc juvenis esset, ego et ipse soli, ut condictum fuerat, ad domum quandam venissemus, illi qui intus erant, nequaquam credentes episcopum adesse, noluerunt nobis prius aperire quam certi de sua presencia annulum ejus per fenestram eis porrectum viderunt. Hiis signis credulus, sciat se prinsquam moriatur Jherosolimam proficisci, post biennium rediturum, qui si in proposito permanserit, tanto succensus amore celestibus inhiabit, ut que nunc maxime retinere amplexatur, transitoria et prorsus contemnenda judicabit. Sin autem, amisso sui laboris premio, cicius quam existimet de mundo rapietur.

Walterum fratrem meum moneo ut quo migraturus sit provideat, quantumcumque enim in preciosarum vestium splendore glorietur, quantumque in pulcris equis et decoris armis studeat, quantumque opum coacervatione anxietur, ipse tamen prior quam aliquis fratrum meorum me sequetur.

Friderico duci etiam dicas quod eo signo quo eum cum ad imperatoris curiam proficiscentem usque ad portam opidi essem prosecutus, ibi multa secreta que ipse solus scit in aure michi fuisset loqutus, sciat se futurum omnium fratrum meorum superstitem et heredem, omnibusque qui in familia nostra fuerunt diciorem ejusque propaginem a tempore quo super Romanum imperium regnare cepit usque ad ejus imperii finem regnaturum[1], *si hanc ecclesiam, quam sancte Fidi communiter donavimus*[2], *ipse ipsiusque futura progenies modis omnibus studuerit sublimare ac sub sua protectione et custodia libera et pacifica perfrui fecerint libertate. Hunc igitur maxime deprecor, ut me in periculo positum respiciat, et ut sua propago ab omni infortunio defensa sos-*

---

1. Frédéric compte, en effet, dans sa lignée, six empereurs, les Hohenstaufen, parmi lesquels Frédéric Barberousse, son petit-fils, et cinq rois des Romains. Sa race s'éteignit par la mort de Conradin, en 1268.
2. Dans la première charte connue de la fondation de Sainte-Foy de Schlestadt (1094), Conrad figure avec sa mère, ses quatre frères et sa sœur. C'était donc une donation faite *communiter*. (V. cette charte dans Grandidier, *Hist. d'Alsace*, pièces justif. n° 510. — Cf. *Cartul. de Conques*, n° 575.)

Abbé Bouillet. — *Liber miraculorum sancte Fidis.* 18

pex et incolumis semper gaudeat, et ego ab incendiis gehenne ereptus felicitate fruar perpetua, hoc commune predium in sancte Fidis usum transferat.

Tunc ille cui hec dicebantur, animo in audaciam collecto, non distulit inquirere qui illi forent qui curiam quasi peregrini circuire videbantur. Cui ille :

Hi quos tu prospicis candido habitu circumdatos, anime sunt illorum qui caste viventes, in mundo penitentiam de criminibus egerunt, sancte Fidis auxilium ejusque domum quandoque suis visitando muneribus sibi comparaverunt. Qui licet cruciatus Avernales evaserint, nondum tamen requiem quam desiderant receperunt, sed quoadusque perfecta potiantur beatitudine, ducatu sancte Fidis protecti deducuntur, (quam mira refulgentem in specie puellari dyademate laureatam, ad ostium monasterii appodiatam ostendebat, per quod nunc monachi claustrum ingrediuntur).

Hi vero quos quasi flammanti corpore rubere intueris, anime sunt illorum qui divini et humani juris contemptores, in prelio interfecti, vel aliter sine penitencia vitam finientes acriter puniuntur, cum quibus ego cruciarer propter hoc maxime quia sanctimonialium familiaritatem ultra quam necesse fuit infelix frequentavi, nisi sancte Fidis presencia, ex hoc solo quod ei hanc ecclesiam cum aliis tradidi, me tueri dignaretur. Hi, inquam, licet a penis tibi cessare videantur, tamen cruruntur, qui hodie usque Nivellam traducti, ibi in quodam monte tartareas flammas pacientur.

His dictis, cum miles paululum ab eo deflexisset intuitum, cum omnibus qui cum eo curiam repleverant subito evanuit. Tunc miles solus ut prius fuerat relictus, locum in quo ipse et ille dum loquebatur constiterant bino signavit lapide, qui consummatis sue penitencie diebus, nemini hunc visionem revelans, inde discessit.

Post aliquantulum vero temporis fratres qui supererant in villam veniunt, predium inter se dividunt, monachis nichil aliud petentibus quam molendinum, ortum, pratum et nemusculum nil impeciunt. Et jam quisque fratrum milites et rusticos qui in suam partem venerant sibi jurare compellunt, cum miles ille venit, cui ille qui defunctus fuerat apparuit ut prediximus. Illico omnes fratres in secretam partem convocat, rem quam viderat et signa que audierat eis ordine narrat.

Illi vero signa recognoscentes, et mortem fratris que representabatur amarissime deflentes, soli inter se diu consilium capiunt, tandem partes distributas iterum conjungunt et pro anima fratris aliorumque antecessorum, pro suorum remissione peccaminum, predium et homines sancte Fidi convenienter tribuunt [1].

Sicque factum est ut monachi qui nimis pauperem vitam prius ducentes, modicam partem inde impetrare nequiverunt, sue patrone adminiculo subito divites facti, totum possederunt, Omnipotentem glorificantes qui *ducit ad inferos et reducit, mortificat et vivificat, pauperem facit et ditat, humiliat et sublevat* [2] secreto consilio suo et investigabili, qui in Trinitate perfecta vivit et regnat Deus per eterna secula. Amen.

---

1. La charte dont il est ici question se trouve dans le Cartulaire de Conques, n° 575; elle est datée du 23 juillet 1095. Elle contient d'amples donations, et elle fait mention du comte Conrad et de sa mère, décédés tous deux.
2. I Reg. II, 7.

TABLE ALPHABÉTIQUE

A

Abaritae, Alabites.
Abniciensis urbs, Puy (Le).
Acrimontani, *Acrimontenses*, Aigremont (habitants d').
Acrimontis oppidum, Aigremont.
Adalendis, femme d'Odilon, 27 n.
Adalgerius, doyen, puis abbé de Conques, 48, 81, 98, 121 n., 196.
Adalhelmus, Adalelmus, 185, 186.
Adélaïde, comtesse de Gévaudan, 56 n.
Adimarus. V. *Hadimarus*.
Adraldus, abbé de Saint-Géraud d'Aurillac, 106 n.
Afrique, 63.
Agareni, Arabes.
Agde, 42 n.
Agen, 59, 118 n., 268, 269.
Agenensium pagus, *Agenensium territorium*, Agenais (l'), 198, 223.
Agenni. V. *Agareni*.
Agennum, *Aginnum urbs*, Agen.
Agnès, épouse de Girbert, comte de Carlat, 165 n.
Agrès, lieu, 40 n.
Aichardus, Aichard, 229.
Aigremont, 264, 265.
Aimon, seigneur de Brossadol, 78 n.
Airadus, doyen de Conques, puis abbé, 48, 49, 106 n.

Alabitae, Alabites, 96.
Alagnon, rivière, 150 n.
Alans, Alans (église d'), 40.
Alaus, 40 n.
Alberade, sœur de Raymond de Vallières, 119 n.
Albiensis urbs, Albi, 79 n., 130, 152 n., 167 n., 228, 229.
Albiensium partes, *Albigensis pagus*, Albigeois (l'), 40, 41, 61, 167, 193, 227.
Albineum castrum, *Albinum castrum*, Aubin.
Albret, 143 n.
Alemania, *Alemannia*, Allemagne, 269.
Allier, rivière, 150 n.
Alpes, 262 n.
Alphonse de Poitiers, comte de Toulouse, 230 n.
Alsace, 269 n.
Amantius (sanctus), Amans (saint), évêque de Rodez, 72.
Amblard, *Amblardus*, seigneur de Castelpers, 79.
— seigneur de Planèze, 151.
Amelhau, *Amelianen*, Millau.
Amelius (*Vuido*), Amélius (Gui), 227, 228.
Anastase, abbé de Conques, 100 n.

Andecavenses, Andecavini, habitants de l'Anjou.
Andecavensis urbs, Andecavina urbs, Angers, 2, 87, 124.
Aniciensium pagus, Anicium, le Puy.
Animaux aveugles guéris, 147, 149.
Animaux ressuscités, 21, 23, 200, 208, 215.
Anjou (habitants de l'), 30, 31, 114.
Antolianus (sanctus), Antolian (saint), 220.
Aquitania, Aquitaniae partes, Aquitaine, 111 n., 129, 200, 210, 242, 268, 269.
Arabes, 96 n., 247.
Aragon, 129 n., 244 n.
Archenbaldus, Archambauld, 193.
Aretha, 210.
Argentinensis dyocesis, Strasbourg (diocèse de).
Ariens, 263 n.
Arlaldus II, abbé de Conques, 19, 105 n.
Arlaldus III, abbé de Conques, 43 n., 105 n., 106.
Armes et armure des chevaliers, 66, 193.
Arnald, fils d'Austrin de Conques, 59 n.
Arnaldus, Arnaud, 214, 225, 226.
Arnaud de Cahors, 228.
Arnaud de Cardona, 242, 243, 244.
Arnaud de Montmurat, 157.
Arnaud, évêque de Rodes, 71, 196.
Arnaldus Caturcensis, Arnaud de Cahors.
Arsendis, Arsinde, épouse de Guillaume Taillefer, comte de Toulouse, 56.
Artaldus, Artaldus, beau-fils de Pons, 56.
Arverna urbs, Clermont.
Arvernensis pagus, Arvernia patria, Arvernicae partes, Arvernicorum territorium, Arvernicum territorium, Arvernicus pagus, Arvernorum partes, territorium, Auvergne.
Arverni, habitants de l'Auvergne.
Arvernica diocesis, Auvergne (diocèse d').
Astrinus. V. *Austrinus.*
Ateliers de Conques, 54, 65.
Aubin, 25, 179.
Auch, 176 n.
Aurillac, 47 n., 106 n., 146 n.
Aurosa castrum, Aurouze (château d'), 146, 150 n.
Ausona, Auxonia, Ausone, 182.
Austorgius de Maurserias, 165 n.
Austremoine (saint), évêque de Clermont, 72 n.
Austrinus, Astrinus, Austrin, fils d'Austrin de Conques, 59 n.
Austrin, seigneur de Conques, 59, 118, 157 n., 190, 212 n.
Auvergne, 15, 46, 59, 63, 72 n., 89, 100, 103, 105, 112, 132, 145, 148, 150, 177, 185, 199 n., 210.
Auvergne (diocèse d'), 253.
Avernia, Auvergne.
Aveugles guéris, 6, 10, 36, 71, 73, 90, 98, 103, 123, 137, 147, 178, 199, 200.
Avigerna, Avierne, épouse d'Austrin de Conques, 59, 212.
Azolinus, Azolin, moine, 33.

B

Balagarium castrum, Balaguer, 182 n., 184, 243.
Balegaris, Balaguer.
Barbaresques (États), 95 n.
Barbarini, Barbarins, 96.
Barcelone, 182 n.
Barnardus, Bernard.
Barnardus, abbas Belli Loci, Bernard, abbé de Beaulieu.
Barnardus clericus, Bernard (le clerc).
Barnardus ex castello Vallilicis, Bernard de Valeilles.
Barnardus Pilitus, Bernard le Velu.
Barnardus Porcellus, Bernard Pourcel.
Basatensis pagus, Bazadais.
Basile (saint), 68 n.
Bazadais, 212.

TABLE ALPHABÉTIQUE

Béatrix, épouse d'Ebalus, 109, 110, 111.
Beaufort de Saint-André, 136 n.
Beaulieu, 52.
Bégon II, évêque de Clermont et abbé de Conques, 14 n., 40 n., 103, 106, 108, 140 n.
Bégon III de Mouret, abbé de Conques, 269.
Bégon de Montmurat, 237.
Bégon, seigneur de Conques, 157 n.
Belfort, 136, 202.
Belgica, Belgique, 262.
Bellicosissimus, *Bellocassiaus*, Saint-Martin-de-Belcassé.
Bellofortis, Belfort.
Bellomonte loco (in), Belmont.
Bellus Locus, Beaulieu.
Belmont (N.-D. de), 152, 227, 229 n.
Benedictus, Benoît, 27, 178.
Berbères, 96 n.
Bérenger, médecin de Reims, 33.
Bergaudus, moine de Conques, 25.
Beringarius, Bérenger.
Bermond d'Agde, 42 n.
Bernard, 175.
Bernard (le clerc), 23.
Bernard, abbé de Beaulieu, puis évêque de Cahors, 52.
Bernard de Bromme, 165 n.
Bernard, fils d'Austrin de Conques, 59 n.
Bernard, seigneur de Montpezat, 187, 188.
Bernard, seigneur de Salignac, 102, 103.
Bernard, chevalier de Conques, 135.
Bernard, surnommé Géraud, 263.
Bernard d'Anduze. V. Bernard le Velu.
Bernard d'Angers, auteur du Livre des Miracles, détails personnels, 1, 2, 3, 14, 15, 16, 24, 30, 31, 36, 37, 45, 84, 111, 122, 123, 124, 126, 128.

Bernard de Granson, 139.
Bernard de Valeilles, 132.
Bernard Féval de Vallelas, 132 n.
Bernard le Velu, 42, 43, 163.
Bernard Pourcel, 91.
Bernardus Astrinus. V. Austrinus.
Bernardus scolasticus, Bernard l'écolâtre ou d'Angers.
Bernerius, Bernier, écolâtre et compagnon de Bernard d'Angers, 47, 48.
Berthe, comtesse de Rouergue, 252 n.
Berthe, *Bertildis*, épouse de Raymond II, comte de Rouergue, 41 n., 73.
Bertram, *Bertramnus*, moine de Schlestadt, 270.
Bertrand, avoué de N.-D. de Laon, 100 n.
Bertrand de Rochefort, 146 n.
Bessière (La), 7 n.
Béziers, 42 n.
Blasphèmes punis, 35, 89, 161, 213.
Blessés guéris, 112, 205, 219, 233.
Bochitlum, le Bousquet.
Bogiae, *bodiae*, entraves, 77, 109, 186.
Boiteux guéris, 71, 73.
Bonfils, *Bonusfilius*, 244.
Bonfils, chevalier du pays toulousain, 21, 22 n.
Borgo-San-Donino, 206 n.
Boschilum, le Bousquet.
Boson, marquis de Toscane, 73 n.
Boson Ier, comte d'Arles, 73 n.
Bousquet (Le), 93.
Bozouls, 175 n.
Brandonet, 95 n.
Brantôme, 145 n.
Bretenoux, 39 n.
Brivatenses, habitants de Brioude, 254.
Bregma, Bromme, 165.
Brucciadul, *Bruccialdub*, Brossadol, Broussadel, 78.

C

Caesar (Julius), César (Jules).
Cahors, 52, 187, 188 n., 191, 228, 229 n.
Caliacus collis, 225.
Calmilliacum, Calmiliacum castrum, le Monastier.
Colmin (saint), ou Calmilius, 17 n.
Colmont, 105 n.
Calonge, V. *Colonico.*
Campaniacus, Campagnac, 226.
Canac, 226 n.
Cantojolense monasterium, Chanteuge (monastère de).
Cappadoce, 68 n.
Carcassona, Carcassonne, 42.
Cardona, 242.
Carladès, 199 n.
Carlat, *Carlatum*, 198, 199 n., 258.
Carnotum oppidum, Chartres.
Carolus, Charlemagne.
Casannas, Cassanias, Cassagnes-Comtaux, 27.
Cassiacus vicus, Cayssac.
Castaillac, *Castallagum*, 7 n.
Castellum novum, Castelnau de Bretenoux.
Castellum novum, Châteauneuf.
Castelnau-de-Bretenoux, 39.
Castelnau-de-Montratier, 188 n.
Castelpers, 79.
Castel-Sarrasin, 214 n.
Castille, 96.
Castrum Persum, Castelpers.
Catalogne, 182 n., 242 n., 243, 244 n., 247 n., 249 n.
Caturcea urbs, Caturcensis urbs, Caturcina urbs, Cahors.
Caturcenses, Caturcinenses, Quercy (habitants du).
Caturcensis pagus, Caturcinensium partes, Quercy.
Caucaso rupis, Caucase, 153.
Cayssac, 197.
Cellier des moines de Conques, 27.
Celtica, la Celtique, 262.
Céor (Le), rivière, 79 n.
Cerverium castrum, Cervières, Servières, 153.

César (Jules), 68, 167, 234.
Césarée, 68 n.
Chaffre (saint) ou Théofrède, 17 n.
Chaînes offertes à l'église de Conques, 137, 153, 190.
Chaise-Dieu (La), 78 n.
Chanteuge, 218.
Charlemagne, 100, 272.
Chartres, 1, 85, 125 n.
Châteauneuf, 132.
Châtillon (abbaye de), 129 n.
Chaudesaigues, 132 n., 150 n.
Cierges dans l'église de Conques ou offerts à sainte Foy, 11, 12, 14, 23, 63, 64, 107, 120, 148, 165, 175, 191, 193, 209, 215.
Cingna castrum, 264.
Clairvaux (monastère de), 27 n.
Clermont, 40 n., 72 n., 100 n., 105 n., 218 n., 220, 253 n.
Cloches de l'église de Conques, 92.
Colmar, 272.
Colomerie, Colomiès, 237.
Colonici, Colonicum (habitants de), 183.
Colonico, Colonicum, Colonicum castrum, Vich d'Osona, 182, 185.
Columbarius vicus, Columberiis, Colomiès.
Compolibat (château de), 25 n.
Compostelle (Saint-Jacques de), V. Saint-Jacques.
Concacensis vicus, Conchacense coenobium, Conchacense monasterium, Conchacense oppidum, Conchacenses, Conchacensis abbatia, Conchacensis locus, Conchacensis populus, Conchae, abbaye de Conques, ville de Conques, habitants de Conques. V. Conques.
Conchae, Conches, 129 n.
Conques, 2, 6, 7, 8, 11, 13, 19, 21, 22 n., 23, 27, 30, 31, 32, 38, 40, 41 n., 42 n., 43, 44, 50 n., 52, 53, 55, 56, 57, 58, 59, 61, 66, 69 n., 76, 78, 83, 84, 90, 91, 100 n., 102, 103, 105, 106, 108, 110, 111, 113, 114, 118, 119, 133, 135, 136, 140, 148 n.,

TABLE ALPHABÉTIQUE

149, 151 n., 154 n., 156, 175 n., 176 n., 178, 181, 183, 184, 187 n., 189, 197, 201, 202, 203, 208, 212 n., 219 n., 226 n., 231, 235, 236, 239, 241, 242, 247, 253, 257 n., 258, 259, 262, 268, 269, 270, 272.
Conques (église de), 77, 92, 107, 121, 219, 220, 232.

Conrad, *Conradus*, comte, 270, 272, 273 n., 275 n.
Conradin, 273 n.
Constantinopolis, Constantinople, 241.
Cordoue, *Corduba*, 96.
Cormery, 122 n.
Coubisou, 40 n.
Cransac (château de), 25 n.

D

Damas, *Damascus*, 240.
David, 68.
Decazeville, 23 n., 136 n.
Deda, Doda.
Déodat, évêque de Cahors, 52 n.
Déodat, seigneur d'Aubin, 179.
Deodatus, Déodat, Deusdet.
Desiderius (sanctus), Saint-Dier, Saint-Diéry, Saint-Didier de Paunat.
Deusdedit IV, évêque de Rodes, 71 n.
Deusdet, 135, 187.

Deusdet, moine, 212, 226.
Deusdet, prêtre, 165 n.
Diebolsheim, 271.
Djebal-Quinto (Bataille de), 96 n.
Doda, 39, 40 n.
Dordo, Dourdou.
Dordogne, *Dordonia*, fleuve, 89.
Dourdou, rivière, 154 n., 156 n., 175, 189, 197 n., 212 n., 231.
Dubreuil (Louis), seigneur d'Aurouze, 146 n.

E

Ebaldus, Ebalus ou Ebolus, seigneur de Turenne, 109.
Ebre, fleuve, 244.
Églises dédiées à sainte Foy, 1, 87, 147, 189, 212, 241, 270.
Élie, chevalier de Montagrier, 144.
Ennas (l'), rivière, 25 n.
Ennemis vaincus par la protection de sainte Foy, 158.
Entraygues, 7 n., 12 n., 140.
Éphèse, *Ephesus*, 98.
Ermengarde, épouse de Bernard de Bromme, 165 n.
Escandolières, 27 n.
Esculape, 175 n.
Espagne, 139 n., 162 n., 242, 243, 247 n., 249 n., 262.

Espagne (Mer d'), 42.
Espalion, 7 n., 12 n., 40 n., 59 n., 140 n., 165 n., 175 n.
Espariago, Espeyrac, 12, 59 n.
Espinasse, 148 n.
Estaing (comtes d'), 25 n., 40 n.
Étienne, 101, 107, 151.
Étienne, abbé de Conques, 40 n., 103, 269.
Étienne, moine de Schlestadt, 271.
Étienne de Miermont, 148 n.
Étienne de Montpezat, 187 n.
Eudes (saint), 17 n.
Euphrate, *Euphrates*, 241.
Évreux, 129 n.
Excafridus, Excafrigus, 94, 98.

F

Fargues (la), 152 n.
Favorolles, 139 n.

Fides, nom de sainte Foy, règles de sa déclinaison, 85.

Figeac, 89 n.
Filigerias castrum, 233.
Firmy, 59 n.
Flagnac, 202 n.
Fleury (abbaye de), 52 n.
Forensis pagus, Forez, 19 n.
Forgas, 152 n.
Fortunat, *Fortunatus*, évêque de Todi, 147.
Foulques Nerra, comte d'Anjou, 56 n.
Foy (sainte), allusions à sa personne, à sa vie, à son martyre, à ses actes, 9, 10, 18, 71, 113, 118, 126, 136, 170, 183; excite le zèle du gardien de son sanctuaire, 66; exige impérieusement l'accomplissement des promesses qui lui sont faites, 51, 58, 59, 118; provoque des offrandes en faveur de son sanctuaire, 53, 54, 55; punit ceux qui refusent de l'honorer ou qui blasphèment contre elle, 35, 38, 49, 50, 161; punit les préjudices causés à l'abbaye de Conques, 26; punit rigoureusement tout préjudice causé à son culte, 48, 63, 64, 104, 119, 196, 205; récompense ceux qui lui font des offrandes, 57; tire vengeance des dommages causés à ses serviteurs, à ses possessions, à ses pèlerins, 37, 40, 42, 71, 150, 152, 155, 163, 181, 196, 225, 228, 229; venge les moines de Conques, 24, 41, 115, 145, 156; veut que l'on honore sa statue, 46, 48; veut que l'on soit pur pour entrer dans son sanctuaire, 70.
Foy (statue d'or de sainte), 12, 21, 40, 46, 48, 49, 50, 51, 52, 53, 65, 67, 72, 76, 100, 103, 149, 152, 157, 160, 161, 196, 199, 203, 229.
Franco, *Francia*, 262.
Frédéric, 273.
Frédéric, duc de Souabe, 270.
Frédéric de Büren, duc de Souabe et d'Alsace, 269, 273.
Frédéric I, fils de Frédéric, duc de Souabe, 270.
Fredolus, chevalier, 158, 159.
Fridericus, Frédéric.
Front (saint), *Fronto*, 200.
Frotard, seigneur de Conques, 157 n.
Fulbert, *Fulbertus*, évêque de Chartres, 1, 85, 111 n., 126 n., 268 n.

G

Gabalitanus pagus, Gévaudan.
Gaillac, 40 n.
Galiba, 240.
Gallia, Gaule (la).
Galterius, Gaultier.
Galvan, seigneur de Conques, 157 n.
Garbert, *Garbertus*, chevalier du Rouergue, 206, 207.
Gardona, Cardona.
Garonne, fleuve, 263 n.
Garsias, Garsias, 176.
Garsinde, *Garsendis*, épouse de Bernard le Velu, 42.
Gascons, 176.
Gaule (la), 98.
Gaultier, évêque de Rennes, 87.
Gênes, 262 n.
Geoffroi Grisegonelle, comte d'Anjou, 56 n.
Gérald, doyen de Conques, 106 n.
Gérald de Gourdon, évêque de Périgueux, 191.
Geraldus, Gérald, Gérauld.
Gérard, *Gerardus*, *Gerhardus*, chevalier limousin, 37, 38.
Gérauld, 7, 9, 13, 22, 23, 24, 37, 61.
Gérauld, seigneur de Rouergue, 205.
Gerbert, 5, 6, 16, 17, 18, 33, 35, 64, 78 n., 89, 90, 91, 92.
Gerbert, archidiacre d'Entraygues, 149 n., 181 n.
Gerbertus, Gerbert, Girbert.
Gerhardus, Gérard.
Germania, Germanie, 262.
Gerona, *Gerundensis pagus*, 247.
Gévaudan, 19 n., 20 n.
Giffou (le), rivière, 79 n.
Gimo, Gimon, moine et prieur de Conques, 6, 66, 67, 68, 69 n., 70, 120, 121 n.

Girbert, abbé de Conques, 27 n., 105 n., 140, 153.
Girbert, vicomte de Carlat, 165 n.
Giselfridus, Giselfroi, seigneur de *Filigerie*, 233, 235.
Godefroi, 192.
Godehilde, femme de Roger I de Tosny, puis comtesse d'Évreux, 129 n.
Golinhac, *Goliniacensis vicus*, *Goliniach*, *Goliniacum*, 149 n., 181.
Gordonum, Gourdon.
Gosbert, 109.
Gosbert I de Gourdon, 188, 189, 192.
Gotelina, Goteline, Godehilde, 129.
Gothia, Gothie, 42, 73 n., 104.
Gouffier des Tours, seigneur de Turenne, 109 n.
Gourdon, 106, 107.
Gozbertus, Gosbert.
Gozfredus, Godefroi.
Gozmar, *Gozmarus*, 166.
Grandvabre, 175 n.
Granson, 139.
Gransoux, 139.
Grasendis, Garsinde.
Gravissonis oppidum, Granson, Gransoux.
Grégoire de Tours, 220.

Gregorius (sanctus), saint Grégoire, 147.
Grilles de l'église de Conques, 77.
Grisegonelle (Geoffroi), comte d'Anjou, 56 n.
Guanti, gants, 268.
Guarnerius de Loupian, 163 n.
Guerres entre seigneurs, 37, 38, 116, 117, 151, 158, 193, 194, 204, 226, 227, 233, 264.
Guerribertus, Gerbert.
Gui, de Reims, 260.
Gui, évêque du Puy, 56 n.
Gui, prévôt de la cathédrale d'Angers, 87.
Guibert, *Guibertus*, 6 n.
Guillaume, 59, 184, 198, 199.
Guillaume, comte de Toulouse, 56.
Guillaume, fils de Gui, de Reims, 260.
Guillaume, fils de Raymond I et de Garsinde, 43.
Guillaume, prévôt du chapitre de Cahors, 229.
Guillaume, seigneur de Conques, 157 n.
Guillaume IV, comte de Poitiers, 111.
Guillaume V, comte de Poitiers et duc d'Aquitaine, 111 n.
Gumfredus, 247, 248, 249.

H

Hadimarus, prêtre, 167.
Hadimarus de Avallena, seigneur limousin, 74, 76.
Hainricus, Henri.
Hairradus, Airadus.
Haustrinus, Austrin.
Hector d'Aubin, 26.
Hector, seigneur de Belfort, 202.
Hector, seigneur de Montmurat, 259.
Henri, fils de Guillaume, comte de Toulouse, 57.
Hesperium solum, Occident (l').
Hieronymus, Jérôme (saint).
Hierosolymitani, Jérusalem (habitants de).
Hierosolymitanum iter, Route de Jérusalem.

Hierusalem, Jérusalem.
Hildebert, 28.
Hildegaire, seigneur de Penne, 40.
Hildegarde, épouse de Frédéric de Büren, 270 n.
Hildegarius, Hildegaire.
Hilla, Ill.
Holitis, le Lot.
Honorius III, pape, 156 n.
Hubert, *Hugbertus*, de Vendôme, évêque d'Angers, 87.
Hugo, Hugues.
Hugo Excafridus. V. Hugues.
Hugues, 12, 178, 220.
Hugues, abbé de Conques, 89, 103, 105, 107, 108.
Hugues, fils de Siger, 133.

Hugues, roi d'Italie, 73 n.
Hugues, seigneur d'Aquitaine, 52.
Hugues, seigneur de Cassagnes, 27.
Hugues, seigneur de Conques, 257 n.
Hugues Capet, 105 n.
Hugues de Cassagnes, 27 n.

Hugues *Excafridus*, 94, 98.
Humbert. *Humbertus*, 198.
Hunald, *Hunaldus*, 171.
Hybernie partes, Irlande.
Hispanicus Oceanus, Espagne (Mer d').

I

Iberis, Èbre.
Ill, rivière, 272.
Inter aquas, Entraygues.
Interclausani peregrini, 131.

Interclusana provincia, 130.
Irlande, 262.
Issoire, 218 n.
Italia, Italie, 73 n., 94, 95, 262.

J

Jean Scot, 86.
Jean Damascène (saint), 68 n.
Jean, sarrasin converti, surnommé *Ferreus*, 239, 241, 242.
Jérôme (saint), 185.
Jérusalem, *Jherosolima*, 49, 97, 98, 108, 140 n., 168, 210, 241, 270, 273.
— (Route de), 42, 94.

Joca sanctae Fidis, Jeux, ou plutôt badinages de sainte Foy, 60, 61, 66, 73, 101, 118, 215, 218.
Johannes, Jean.
Johannes Scottigena, Jean Scot.
Judith, comtesse de Rouergue, 252 n.
Juéry, prêtre, 27 n.
Julien l'Apostat, 68 n.

K

Karlatenses. Carlat (habitants de).

Karolus magnus, Charlemagne.

L

Lacalm, 148 n.
La Coste, 40 n.
Lambert, de Millau, 181.
Lampe du S.-Sacrement dans l'église de Conques, 69, 70.
Langobardia, Lombardie.
Laon (N.-D. de), 100 n.
Las Planques, 152 n.
Lemovicae, Limoges.
Lemovicensis pagus, Limousin (le).
Leovuolfus, chanoine de Saint-Quentin, 86.
Lérida, 243 n.
Leucatea ostia, 194.

Liguria, Ligurie, 262.
Limoges, 262.
Limousin (le), 37, 74, 109.
Lodève, 158.
Lombardie, 206.
Lot, rivière, 149 n., 177, 260.
Lothaire, 218 n.
Louche, rivière, 197 n.
Louis le Débonnaire, 100 n.
Louplan, 42 n., 163.
Lucasina ecclesia, 176.
Luna, port d'Italie, 94.
Lupianum castrum, Louplan.

M

Majestas sanctae Fidis, Statue d'or de sainte Foy. V. Foy (Sainte).
Maladies dangereuses guéries, 128, 138, 178, 187, 210, 214, 215.
Malabuec, 129 n.
Marciac, *Marciacus*, 176.
Marius (sanctus), Marius ou Mary (saint), 72, 73.
Markolsheim, 271 n.
Martial (saint), 262.
Martin (saint), évêque de Tours, 33, 54, 85, 165 n.
Mary (saint), 72 n., 73.
Massiac, 254.
Maternité heureuse procurée par l'intercession de sainte Foy, 57, 141, 145.
Mathfredus Ludevensis, Matfred de Lodève, 158.
Mathfrid, Matfred, 234.
Maures, 1
Maxiacum, ...iac.
Mediterraneae insulae, Méditerranée (îles de la), 42.
Méditerranée, *Mediterraneum pelagus*, 94, 244 n.
Melgueil, 252 n.
Mercure (saint), 68.
Mèze, 42 n.
Michel (saint), 91, 92.
Michel, empereur grec, 241.
Michel IV, le Paphlagonien, 241 n.
Michel V, le Calaphate, 241 n.
Michel VI, le Stratiotique, 241 n.
Michel VII, Parapinace, 241 n.
Miermont, 148.

Millau, 20 n., 42 n., 118 n., 160, 161.
Miracles de sainte Foy, contradictions qu'ils suscitent, 29-35, 60, 66, 147, 233, 252, 256, 263; leur renommée, 2, 49, 53, 57, 60, 71, 87, 128, 129, 138, 150, 171, 184, 207, 210, 230, 231, 235-236, 240, 254, 256; opérés au passage des reliques de sainte Foy, 100.
Mirandol, 152 n.
Mohammed-el-Mohdi, roi de Cordoue, 96 n.
Moine (le) anonyme, continuateur du Livre des Miracles, 126, 138, 170, 210, 230, 233, 252, 263.
Moines de Conques (noms de quelques), 29, 30, 66, 84, 105, 107, 112, 184, 197, 219, 228, 241, 269, 270.
Molaris, les Molières, 27.
Molendinum pisinum, Molompise, 100, 146, 150 n.
Monastier (le), 17.
Monsalvy, 23 n.
Mons Iratus, Montirat.
Mons Miratus, Montmurat.
Mons Pensatus, Montpezat.
Montagrerium castrum, Montagrier, 144.
Montargull, 182 n.
Montirat, 250.
Montmurat, 257.
Montpezat, 187, 188 n.
Morts ressuscités, 141, 160, 170, 233, 238, 245, 269.
Murat, 150 n.
Murmontis castrum, Miermont.

N

Nogiacum castellum, Najac (château de), 250.
Narbonne, 48 n., 118 n.
Nouviale, 40 n., 175 n.
Nemausensium partes, Nîmes.
Nervi, entraves, 17.
Neuvéglise en Planèze, 132 n., 151 n.

Nîmes, 159.
Nivella, 274.
Noailhac, 59 n.
Nonenque, 197 n.
Normandie, *Normannia*, 128, 129 n.
— *Normannorum regio*, 245.
Noviomensis (urbs), Noyon, 86.

O

Odalric (le clerc), *Odalricus*, 48.
Odilon, prêtre, 27 n.
Odilon (saint), 78 n.
Odolric, abbé de Conques, 219 n.
Odouin, seigneur, 25 n.
OEbalus, Ebalus, Ebolus ou Ebaldus.
Oliba, 183.

Olt, *Oltis*, le Lot.
Oradour, 151 n.
Orfèvrerie (ateliers d') à Conques, 64, 65.
Otto, Otton de Büren, évêque de Strasbourg, 270.
Ouche, ruisseau, 156 n.

P

Palatium, Pallas, 42, 160, 163.
Pampelonne, 167 n.
Panaretos, 201.
Panat (château de), 27 n.
Paralytiques guéris, 102, 165, 184, 185, 194, 197, 198, 252, 260.
Paysans, leurs maisons, leurs mœurs, 28, 151, 163.
Pèlerinage de Conques, détails sur la manière de le faire, 7, 53, 193.
Pèlerins exaucés et récompensés, 120, 144, 177.
Pèlerins vengés, 37, 109, 130, 167, 175, 176.
Penne, 40, 225 n.
Périgord, 144, 192.
Périgueux, 191, 200 n., 268 n.
Perse, 226 n.
Petrafixa, Pierrefiche, Pierrefitte.
Petragoricae partes, *Petragoricus pagus*, Périgord.
Petragoricensis ecclesia, Périgueux (église de).
Pétronille, fille d'Austrin de Conques, 59 n.
Petrus, Pierre.
Philippe, mère de Robert II d'Auvergne, 253 n.
Phébade (saint), *Phoebadius*, évêque d'Agen, 268 n., 269.
Pibrac, 237.
Pictavi, habitants de Poitiers, 111.
Pierre, 110.
Pierre (saint), 200 n.
Pierre, clerc d'Auvergne et abbé, 112, 113, 114, 115, 116, 117, 118.
Pierre de Montirat, 250.
Pierre, fils de Bermond d'Agde, 42 n.

Pierre, frère d'Hugues, abbé de Conques, 108.
Pierre, seigneur de Castelpers, 79 n.
Pierre de Belfort, 136 n.
Pierrefiche, Pierrefitte, 151.
Pierrefort, 150 n.
Planèze, *Planicia*, *Planicie*, 150, 151 n.
Planques (N.-D. des), 152, 227 n., 229 n.
Pô, fleuve, 262 n.
Podium sancte Marie, Le Puy.
Poitiers, 111.
Pons, comte de Gévaudan et de Forez, 19, 20 n.
Pons, frère de Guillaume, comte de Toulouse, 56.
Pons d'Aurouze, abbé d'Aurillac, puis évêque de Saint-Flour, 146 n.
Pons d'Etienne, évêque de Rodez, 23 n.
Possédés délivrés, 143, 227, 231, 232.
Présents offerts à sainte Foy, 42, 54, 56, 57, 58, 193.
Prières exaucées par sainte Foy, 124, 129.
Prisonniers délivrés, 76, 78, 79, 109, 133, 135, 154, 159, 167, 179, 184, 185, 187, 192, 240, 242, 247, 250, 256.
Prisons, chaînes et tortures, 17, 18, 71, 80, 109, 133, 134, 135, 154, 184, 186, 188, 250, 257.
Processions où l'on portait la châsse d'or de sainte Foy, 49, 51, 100-104, 149, 152, 157, 160-161, 253-254.
Prodiges opérés en faveur des infirmes, 71, 73, 122, 123.
Prudence, poète, 26.
Puy (Le), 17, 30, 98, 99 n.

Q

Quentin (saint), 86.
Quercy (Le), 39, 152, 155, 205, 227.

Quintinus (sanctus), Quentin (saint).

R

Ragemundus, Raimond.
Rageno, Rainon.
Ragenoldus, Raynaud.
Ragimundus, Raimond, 93 n.
Raimond, 247.
Raimond, chevalier, 159.
Raimond, fils de Bernard, seigneur de Montpezat, 187, 188 n., 189, 190.
Raimond, fils de Guillaume, comte de Toulouse, 57.
Raimond II, comte de Rouergue et marquis de Gothie, 25 n., 41, 42, 43, 73 n., 104, 154 n.
Raimond III, comte de Rouergue, 41, 42 n., 73 n., 106 n., 108, 118, 154 n.
Raimond d'Albi, 228, 229.
Raimond de Colomiers, 238.
Raimond de Vallères, 112.
Raimond du Bousquet, 89, 93, 94, 95, 96, 97.
Raimundus, Raimond.
Rainoldus, Raynold.
Rainon d'Aubin, 25, 26.
Rajemundus, Raimond.
Ramis, 245.
Raurich, 182 n.
Raymundus, Raymond.
Raynaud, écolâtre de Tours, 85, 86.
Raynold, 179.
Redonenses, Rennes (habitants de).
Regembaldus, 167.
Regenfridus, Reinfroi, 152, 153.
Remensis, Rémois, Reims (de), 33, 260.
Rennes, 87.
Rhin, fleuve, 272 n.
Richard, vicomte de Carlat, de Lodève et de Millau, 1ᵉʳ comte de Rodez, 181 n.
Richard Iᵉʳ, duc de Normandie, 109 n., 120 n.
Richard II le Bon, duc de Normandie, 109 n., 111, 129.
Richard III, duc de Normandie, 129 n.
Richard Iᵉʳ, vicomte de Millau, 42 n., 118 n.
Richarde, comtesse de Rouergue, 89.
Richarde, veuve de Conques, 102.
Richarde de Millau, 42 n., 118, 119.
Richareda, *Richaredis*, Richarde.
Rigaldus, Rigaud, chevalier, 194, 195.
Rigaud de Cassagnes, 27 n.
Rigaud de Miermont, 148 n.
Robert, abbé de Chanteuge, 218.
Robert, chevalier d'Auvergne, 185.
Robert, comte de Rouergue et de Gévaudan, 253.
Robert, frère de Bernard d'Angers et abbé de Cormery, 122 n.
Robert, moine, 241.
Robert, seigneur d'Aurouze, 140.
Robert, vicomte d'Auvergne, 105 n.
Robert Amirat, seigneur d'Aurouze, 146 n.
Robert II d'Auvergne, comte de Rouergue, 253.
Robertus, Robert.
Roca Dafulgi, *Roca Dagulfi*, Rochedagoux, 185.
Rochefort, 146 n.
Rochegonde, 132 n.
Rodbertus, Robert.
Rodegarius, Roger.
Rodez, 41, 61, 71, 72 n., 119, 264.
Rodez (comtes de), 25 n., 154 n., 196.
Roger, comte de Carcassonne, 42.
Roger Iᵉʳ de Tosny, seigneur de Normandie, 129.
Rogerius, Roger.
Rogerius de Totoneio, Roger de Tosny.

Rollon, 129 n.
Roma, Rome, 23, 85, 114, 137, 139.
Romains (les), Romani, 144.
Romeus, pèlerins, 7.
Rotbertus, Robert.
Rotenensis ecclesia, Rodez (église de).
Rotenica urbs, Rodez.
Rotenica patria, Rotenicus pagus, Retonicus pagus, Rouergue.

Rotomagenses, habitants de Rouen, 111.
Rouergue, 6, 15, 17, 32, 35, 41 n., 45, 72 n., 73 n., 79, 108, 118 n., 119, 154 n., 165, 179, 199 n., 205, 206, 207, 250 n., 252, 253, 257, 262.
Rutenenses, Rouergue (habitants du).
Rutenicum territorium, Rutenicus pagus, Rouergue.
Ruynes, 139.

S

Sabanum, Saut-du-Sabot, Saut-de-Sabo.
Saint-Antonin, 40 n., 41.
Saint-Christophe, 59 n.
Saint-Cyprien, 59 n., 175 n.
Saint-Didier-de-Paunat, Saint-Dier, Saint-Diéry, 112 n.
Saint-Domnin, 206.
Saint-Étienne-de-Cahors, 229 n.
Saint-Félix, Sanctus Felix, 72.
Saint-Félix-de-Lunel, 40 n.
Saint-Flour, 78 n., 100 n., 132 n., 139 n., 146 n., 150 n., 218 n.
Saint-Genoux, 185 n.
Saint-Georges, 78 n., 173.
Saint-Géraud, 47.
Saint-Géraud d'Aurillac, 106 n.
Saint-Jacques-de-Compostelle, 41 n., 42, 73 n., 262.
Saint-Juéry, 180 n.
Saint-Just, 79 n.
Saint-Martin-de-Belcassé, 214.
Saint-Martin-de-Goine, 176 n.
Saint-Martin-de-Vertou, Sanctus Martinus Vertavensis, 87.
Saint-Mary-le-Plain, 150 n.
Saint-Michel, église, 225.
Saint-Michel-de-Lutou, 154 n.
Saint-Orens, 174 n., 176.
Saint-Pardoux, 185 n.
Saint-Parthem, 40 n.,
Saint-Pierre d'Espeyrac, 13 n.
Saint-Pierre de Lages, 93 n.
Saint-Pierre-de-Vensac, 173 n.
Saint-Sauveur (autel du), 50.
Saint-Sépulcre, 270 n.

Saint-Sernin-de-Toulouse, 93 n.
Saint-Thomas-de-Rennes, 87 n.
Sainte-Foy-de-Schlestadt, 270 n., 273 n.
Sainte-Foy-les-Cailles, 225 n.
Salignac, Saliniacum castrum, 192.
Saluste, Saluster, Salustius, moine de Conques, 219.
Salvi (saint), Salvius, 130.
Sanche, comte de Castille, 96.
Sanche-le-Grand, roi d'Aragon, 129 n.
Sancti Micahelis ecclesia, Saint-Michel (église).
Sancti Salvatoris ara, Saint-Sauveur (autel du).
Sanctio de Castellis, Sanche de Castille.
Sanctus Antoninus, Saint-Antonin.
Sanctus Domninus, Saint-Domnin.
Sanctus Jacobus, Saint-Jacques de Compostelle.
Sanctus Martinus Vertavensis, Saint-Martin-de-Vertou.
Sanctus Oriens, Saint-Orens.
Sardan, Sardanum, 212.
Sarrasins, 17 n., 42, 96, 129 n., 159, 182, 183, 184, 239, 241, 245, 247, 248.
Sarrus, 132 n.
Saturnin (saint), Saturninus, évêque de Toulouse, 72.
Saumarii, conducteurs de bêtes de somme, 116.
Saut de Sabo, 130.
Saxet d'Aldegaire, 40 n.

TABLE ALPHABÉTIQUE

Schlestadt, 269, 270 n., 271, 272 n., 273 n.
Segarra, Sègre, rivière, 182.
Seine, fleuve, 262 n.
Sénégonde, *Senegundis*, épouse d'Hildebert, 29.
Senergues, 40 n., 59 n.
Septimania, Septimanie, 160.
Servières, 154.
Sigebald, *Sigebaldus*, écolâtre et secrétaire de Bernard d'Angers, 123.
Siger, *Sigerius*, seigneur de Conques, 127, 133, 156.
Silvester (beatus), Sylvestre (saint).
Simon de Beaulieu, archevêque de Bourges, 185 n.
Sletztal, Schlestadt.
Solignac, 52 n.
Soliman-ben-el-Hakem, 96 n.
Sounbe, 269 n.
Sourds et muets guéris, 101, 103, 166.
Spariacus, Espeyrac.
Spinz, épingle, 118.
Stabilis, évêque de Clermont, 100 n.
Stephanus, Étienne.
Stevile, bracelet ?, 272.
Strasbourg, 269, 270, 272 n.
Suisse, 262 n.
Sulpiac, *Sulpiacus*, 38.
Sulpice Sévère, *Sulpicius Severus*, 84.
Sygerius, Siger.
Sylvestre (saint), 33.
Synode ou concile diocésain de Rodez, 71-72, 195-196.

T

Taganament, 182 n.
Talaizat, Talisat, *Talasiacum*, *Talaisiacum*, *Tuladiciacum*, 255.
Tanavelle, *Tanavilla*, 253.
Tanus, 227 n.
Tarn, rivière, 130 n.
Tarragone, 247 n., 249.
Taulan, 40 n.
Teotberga, *Theotberga*, Theotberge.
Terracona, Tarragone.
Teule (la), 40 n.
Thau (Étang de), 42 n.
Théofrède (saint) ou Chaffre, 17 n.
Théotberge, comtesse de Gévaudan et de Forez, 19, 20 n.
Tholosana patria, le pays Toulousain.
Tholosana urbs, Toulouse.
Thomas (saint), apôtre, 87.
Todi, 147.
Tolosa, *Tolosana urbs*, Toulouse.
Tolosanae partes, *Tolosanum territorium*, *Tolosanus pagus*, Toulousain (le pays).
Torenna, Turenne.
Tortosa, Tortose, 247.
Toscane, 73 n.
Toulousain (le pays), 15, 21, 45, 93, 171, 214, 237.
Toulouse, 72 n., 153, 191, 214 n., 237, 262.
Touraine, 122 n.
Tours, 85.
Tréble (la), rivière, 262 n.
Trésor de Conques, 42, 52, 53, 77, 100, 106, 157.
Truyère (la), rivière, 149 n.
Tubelsheim, Diebolsheim.
Tuchins (les), 78 n.
Tudertina ecclesia, Todi (église de).
Turenne, 109.
Turlès (château de), 167.
Turlanda regio, Turlande.
Turlandais, 96 n.
Turlande, 95.
Turusia castrum, Turlès (château de).

U

Ultraclausanae partes, 141.
Urbain II, pape, 50 n.

V

Vabres, 72 n.
Valeilles, 189.
Valeriac, Valières ou Vallières, 119.
Vallilicis castellum, Valeilles.
Veillée (la) devant les reliques de sainte Foy, 120, 140, 147, 155, 166, 195, 229.
Vendôme, 87 n.
Vermandensis, Vermandois, 86.
Vertou, 87.
Vialarels, 22 n., 23 n.
Viaur, rivière, 107 n., 230 n.
Vilaro, *Villaris*, Vialarels.

Villecomtal, 23 n., 154 n., 175 n.
Villefranche, 25 n., 93 n., 136 n., 264 n.
Vincent Ferrier (saint), 72 n.
Vœux exaucés par sainte Foy, 60, 74.
Vuantelmus, Wantelme.
Vuascones, Gascons.
Vuido, Gui.
Vuigo, Wigon.
Vuillelmus, Guillaume.
Vuillelmus Tholosanus, Guillaume, comte de Toulouse.
Vuitbertus, Witbert.

W

Walter de Tubelsheim, *Walterus*, 271, 272, 273.
Wantelme, chanoine de Saint-Quentin, 86.

Wigon, 5, 17, 35.
Willelmus, Guillaume.
Witbert, 5, 6, 7, 9, 12, 14, 15, 16, 17, 19, 35, 53, 69 n., 90, 92, 114, 121 n.

Y

Yeux guéris, 65, 98, 132.

ERRATA

P. 1, note, *au lieu de* : 1155, *lire* : 1855.

P. 33, l. 31, *au lieu de* : threnas, *lire* : threnos.

P. 44, dernière ligne, *au lieu de* : Assimilis, *lire* : assimilis.

P. 60, l. 14, *au lieu de* : inmunera, *lire* : innumera.

P. 85, l. 10, *au lieu de* : arriano, *lire* : Arriano (*pour* Adriano).

P. 86, l. 4, *au lieu de* : Sedet, *lire* : Sed et.

P. 93, note, *au lieu de* : Buschitrum, *lire* : Boschitum.

P. 132, l. 16, *au lieu de* : proprius, *lire* : propius.

P. 148, l. 12, *au lieu de* : stipidem, *lire* : stipitem.

P. 157, l. 20, *au lieu de* : indigeno, *lire* : indigno.

P. 215, au bas, *ajouter* : [XXIII]. *S. C. B. A.*

P. 219, au bas, *ajouter* : [XXIV]. *S. V. N.*

L'histoire de la fondation de Sainte-Foy de Schlestadt a été publiée en 1842 par Dorlan, dans *Notices historiques sur l'Alsace*, I, pp. 48-53.

LIBRAIRIE ALPHONSE PICARD ET FILS, ÉDITEURS
82, Rue Bonaparte, 82.

COLLECTION DE TEXTES
POUR SERVIR A
L'ÉTUDE ET A L'ENSEIGNEMENT DE L'HISTOIRE

La *Collection de textes pour servir à l'étude et à l'enseignement de l'histoire*, fondée en janvier 1886 par l'initiative d'un certain nombre de membres de l'Institut, de l'Université, de l'École des Chartes et de l'École des Hautes-Études, et placée sous le patronage de la Société historique, est publiée par les soins d'un comité composé de MM. Giry, Jallifier, Langlois, Lavisse, Lemonnier, Luchaire, Molinier, Prou, Thévenin et Thomas.

Elle se compose d'éditions de sources historiques importantes, annales, chroniques, biographies, documents divers, ainsi que de recueils de textes propres à éclairer l'histoire d'une époque déterminée ou d'une grande institution.

Sans exclure aucune période ni aucun pays, l'histoire de France doit cependant y occuper la place principale. Chaque document ou recueil forme un volume publié séparément dont le prix, pour les souscripteurs à la collection, est établi à raison de 0 fr. 25 c. la feuille d'impression, sans que le prix des publications d'une année puisse dépasser la somme de 10 francs. La collection s'adressant entre autres personnes aux étudiants, il a paru que le montant de la souscription ne devait pas être plus élevé. Chaque volume est du reste vendu séparément.

Nous avons publié les ouvrages suivants :

GRÉGOIRE DE TOURS, *Histoire des Francs*, livres I-VI; texte du manuscrit de Corbie, publié par H. OMONT; livres VII-X; texte du manuscrit de Bruxelles, publ. par G. COLLON (fasc. 2 et 16).
    Les deux fascicules réunis.................... 12 fr. 50
    Pour les souscripteurs à la collection.............. 9 fr. »
    Le 2ᵉ fascicule séparément...................... 6 fr. 50
    Pour les souscripteurs à la collection.............. 4 fr. »
GERBERT, *Lettres* (983-997), publ. par Julien HAVET (fasc. 6).... 8 fr. »
    Pour les souscripteurs à la collection.............. 5 fr. 50
RAOUL GLABER, *Les cinq livres de ses Histoires* (900-1044), publiés par Maurice PROU (fasc. 1). Ne se vend plus séparément.
    Pour les souscripteurs à la collection.............. 2 fr. 50
Chronique de Nantes (570 environ-1049), publiée par M. René MERLET, archiviste du département d'Eure-et-Loir (fasc. 19)................ 5 fr. 50
    Pour les souscripteurs à la collection.............. 3 fr. 75
ADHÉMAR DE CHABANNES, *Chronique*, publiée par M. Jules CHAVANON, archiviste du département de la Sarthe (fasc. 20).............. 6 fr. 50
    Pour les souscripteurs à la collection.............. 4 fr. 50
EUDES DE SAINT-MAUR, *Vie de Bouchard-le-Vénérable, comte de Vendôme, de Corbeil, de Melun et de Paris* (Xᵉ et XIᵉ siècles), publiée par Ch. BOURAL DE LA RONCIÈRE (fasc. 13).................. 2 fr. 25
    Pour les souscripteurs à la collection.............. 1 fr. 50
HARIULF, *Chronique de l'abbaye de Saint-Riquier* (vᵉ siècle-1104), publiée par Ferdinand LOT (fasc. 17)........................ 10 fr. »
    Pour les souscripteurs à la collection.............. 7 fr. »

SUGER, *Vie de Louis le Gros suivie de l'Histoire du roi Louis VII*, publiées par A. MOLINIER (fasc. 4).................................... 5 fr. 50
    Pour les souscripteurs à la collection.................... 4 fr. »
GALBERT DE BRUGES, *Histoire du meurtre de Charles le Bon, comte de Flandre (1127-1128) suivie de poésies contemporaines*, publiées par H. PIRENNE (fasc. 10).. 6 fr. »
    Pour les souscripteurs à la collection.................... 4 fr. 25
PIERRE DUBOIS, *De recuperatione Terre sancte, traité de politique générale du commencement du XIV° siècle*, publiée par Ch.-V. LANGLOIS (fasc. 9)... 4 fr. »
    Pour les souscripteurs à la collection.................... 2 fr. 75
Annales Gandenses (1296-1310), publiées par Franz FUNCK-BRENTANO, (fasc. 18).. 4 fr. 25
    Pour les souscripteurs à la collection.................... 3 fr. »
Textes relatifs aux institutions privées aux époques mérovingienne et carolingienne, publiées par M. THÉVENIN (fasc. 3)............... 6 fr. 50
    Pour les souscripteurs à la collection.................... 4 fr. 50
Chartes des libertés anglaises (1100-1305), publiées par Ch. BÉMONT (fasc. 12). 6 fr. 50
    Pour les souscripteurs à la collection.................... 3 fr. 25
Textes relatifs à l'histoire du Parlement depuis les origines jusqu'en 1314, publiés par Ch.-V. LANGLOIS (fasc. 5)..................... 6 fr. 50
    Pour les souscripteurs à la collection.................... 4 fr. 50
Les grands traités de la guerre de Cent Ans, publiés par E. COSNEAU (fasc. 7)... 4 fr. 50
    Pour les souscripteurs à la collection.................... 3 fr. 25
Ordonnance Cabochienne (mai 1413), publiée par A. COVILLE (fasc. 8). 5 fr. »
    Pour les souscripteurs à la collection.................... 3 fr. 50
Documents relatifs à l'administration financière en France de Charles VII à François I" (1443-1523), publiés par G. JACQUETON (fasc. 11).. 8 fr. 50
    Pour les souscripteurs à la collection.................... 5 fr. 75
Les grands traités du règne de Louis XIV (1648-1659), publiés par H. VAST (fasc. 15).. 4 fr. 50
    Pour les souscripteurs à la collection.................... 3 fr. 25
Documents relatifs aux rapports du clergé avec la royauté de 1682 à 1705, publiés par M. MENTION (fasc. 14)...................... 5 fr. 50
    Pour les souscripteurs à la collection.................... 3 fr. 25

EXERCICE 1897

Liber miraculorum sancte Fidis, publié d'après le manuscrit de la Bibliothèque de Schlestadt, avec une introduction et des notes par M. l'abbé A. BOUILLET.. 7 fr. 50
    Pour les souscripteurs à la collection.................... 5 fr. 25

Les publications suivantes sont en préparation :

ROBERT DE SORBON, *De conscientia*, publié par M. Chambon, sous-bibliothécaire à la Bibliothèque de l'Université. (*Sous presse.*)
Textes relatifs à l'histoire de l'industrie et du commerce de la France au moyen âge, publiés par M. Gustave FAGNIEZ. (*Sous presse.*)
BEAUMANOIR, *Coutumes de Beauvoisis*, publiés par M. A. SALMON.
PH. DE COMMYNES, *Mémoires*, publiées par M. B. DE MANDROT.
Recueil de documents sur l'histoire et la géographie de l'Afrique chrétienne, publ. par M. l'abbé DUCHESNE, membre de l'Institut.
Textes relatifs à l'histoire ecclésiastique depuis les origines jusqu'au XI° siècle, publiés par M. C. BAYET, directeur de l'enseignement primaire.
Vie de Louis le Pieux par l'Astronome, publ. par M. A. MOLINIER, professeur à l'École des Chartes.
Annales de Flodoard, publiées par M. COUDERC, bibliothécaire au Département des Manuscrits à la Bibliothèque nationale.
Le livre des miracles de saint Mesmin, abbé de Micy, publié par M. M. POÈTE, bibliothécaire de la ville de Besançon.
HELGAUD, *Vie du roi Robert-le-Pieux*, publiée d'après le manuscrit original par M. F. SOEHNÉE, membre de l'École française de Rome.

GUIBERT DE NOGENT, *Histoire de sa vie*, publiée par M. LEFRANC, secrétaire du collège de France, et Levillain, élève de l'École des Chartes et de l'Ecole pratique des Hautes-Etudes, archiviste-paléographe, professeur agrégé de l'Université.

Gesta Innocentii III, publiés par M. Paul FABRE, professeur à la Faculté des lettres de Lille.

Vie et Miracles de saint Louis, par le Confesseur de la Reine Marguerite, publiés par M. Fr. DELABORDE, archiviste aux Archives nationales.

Extraits des chroniqueurs néerlandais relatifs à l'histoire de France, traduction française, publiée par M. Frantz FUNCK-BRENTANO, bibliothécaire à la bibliothèque de l'Arsenal, docteur ès lettres.

MICHEL DE BERNIS, *Chronique des comtes de Foix*, publiée par M. H. COURTEAULT, archiviste aux Archives nationales.

Recueil des principales règles des hôpitaux du moyen âge, publié par M. L. LEGRAND, archiviste aux archives nationales.

Textes relatifs aux rapports de la royauté avec les villes en France depuis le XIVᵉ jusqu'au XVIIIᵉ siècle, publiés par M. A. GIRY, membre de l'Institut.

Textes relatifs à l'histoire des institutions de la France depuis 1515 jusqu'en 1789, publiés par M. J. ROY, professeur à l'Ecole des Chartes.

Textes relatifs à l'histoire des colonies françaises (XVIIᵉ et XVIIIᵉ siècles), publiés par M. Ch. GRANDJEAN, secrétaire-rédacteur au Sénat.

Les grands traités du règne de Louis XIV (1660-1715), publiés par M. H. VAST, docteur ès lettres.

Documents relatifs aux rapports du clergé avec la royauté de 1705 à 1789, publiés par M. Léon MENTION, docteur ès lettres.

Cette liste peut donner une idée du caractère de la collection : Grégoire de Tours, Gerbert, Raoul Glaber, Suger, Galbert de Bruges, ont inauguré les textes originaux dont nous nous proposons de donner des éditions nouvelles; les recueils de textes, comprenant des diplômes, des chartes, des formules, des actes législatifs ou judiciaires, groupés de manière à éclairer l'histoire d'une époque ou d'une institution, mettront à la portée de tous une catégorie de documents depuis longtemps en faveur auprès des historiens, mais restée jusqu'ici assez difficilement accessible en dehors des bibliothèques aux étudiants et aux travailleurs.

Dans le choix des documents et des recueils que nous nous proposons de publier, nous nous préoccupons avant tout de créer des instruments de travail utiles et commodes, analogues à ceux qui existent depuis longtemps pour l'étude de l'antiquité. Nous ne recherchons ni les textes inédits ni les curiosités vaines, notre choix s'est porté et se portera de préférence sur les documents qui nous paraissent les plus utiles, les plus propres à fournir la matière d'explications dans les chaires d'enseignement supérieur, ou la base d'études nouvelles pour les étudiants.

La faveur avec laquelle nos éditions ont été accueillies nous a prouvé que notre tentative répondait à un véritable besoin. En province surtout, où les travailleurs sont moins favorisés qu'à Paris, nous avons recueilli des adhésions et des encouragements précieux. Beaucoup de nos souscripteurs sont entrés en relation avec nous pour nous presser de publier tels ou tels documents ou pour nous conseiller certaines améliorations. Nous avons ainsi décidé, à la demande de plusieurs d'entre eux, que nos éditions de chroniques seront accompagnées de courts sommaires en français, qui faciliteront la lecture du texte et y rendront les recherches plus aisées.

Nous ne saurions, en revanche, comme on nous l'a demandé de divers côtés, augmenter le nombre de nos publications, ni en développer beaucoup les notes grammaticales et historiques. Nous sommes liés, en effet, par les conventions acceptées par nos souscripteurs, et, d'autre part, nous proposant de créer des instruments d'études, nous ne devons pas, en multipliant les notes, prévenir tout effort pour l'intelligence des textes. Nous voulons avant tout donner des éditions correctes et maintenir à l'ensemble de l'œuvre l'unité de la méthode et un caractère rigoureusement scientifique. En parlant d'unité dans la méthode, nous ne voulons pas dire — et les volumes publiés jusqu'ici le montrent assez — que nous entendons imposer à nos collaborateurs un cadre et des procédés uniformes. Il nous a paru que chacune de nos publications, selon les textes qu'elle contient, devait au contraire avoir son individualité propre et que l'unité résulterait de l'application à tous nos recueils des méthodes scientifiques les meilleures et les mieux appropriées. Un index alphabétique de noms propres, nécessaire aux éditions des chroniques, nous paraît avantageusement remplacé par des tables de matières, méthodiques ou alphabétiques, dans des recueils de textes, comme ceux qu'ont publiés MM. Thévenin, Langlois et Cosneau. Les notes explicatives qui peuvent être très rares dans des textes relativement faciles comme ceux de Raoul Glaber et de Suger, ou souvent commentés et traduits comme celui de Grégoire de Tours, nous ont paru, au contraire, indispensables pour les lettres si souvent énigmatiques de Gerbert. Les biographies de Grégoire de Tours, de Raoul Glaber, de Suger, sont assez connues pour qu'il ait paru suffisant d'en rappeler seulement les faits principaux ; celle de Gerbert, au contraire, demandait à être écrite avec détail, car elle a pour objet de justifier les dates attribuées à chacune de ses lettres.

Notre intention est de ne publier que des éditions critiques, dont les textes doivent reposer sur le classement des manuscrits ; nous avons cru cependant pouvoir déroger exceptionnellement à cette règle pour l'*Histoire des Francs* de Grégoire de Tours : la valeur, l'autorité et l'intérêt philologique des deux manuscrits employés nous ont paru une justification suffisante.

Nous n'avons plus besoin d'insister aujourd'hui sur l'utilité de cette Collection. Nos volumes ont servi à des explications et à des exercices dans les Facultés et dans les Écoles ; plusieurs d'entre eux ont été choisis pour les épreuves du concours de l'agrégation d'histoire. Réunis, ils formeront une bibliothèque qui convient non seulement aux professeurs, aux étudiants des Facultés, aux élèves de l'École normale, de l'École des Chartes et de l'École des Hautes-Études, mais aussi à tous ceux qui sont curieux d'étudier l'histoire à ses sources mêmes.

A. GIRY, Membre de l'Institut, professeur à l'École des Chartes et à l'École des Hautes-Études ;
H. JALLIFFIER, professeur au lycée Condorcet ;
Ch.-V. LANGLOIS, chargé de cours à la Faculté des lettres de Paris ;
E. LAVISSE, de l'Académie française, directeur d'études pour l'histoire à la Faculté des lettres de Paris ;
H. LEMONNIER, professeur d'histoire à l'École des Beaux-Arts ;
A. LUCHAIRE, professeur à la Faculté des lettres de Paris ;
A. MOLINIER, professeur à l'École des Chartes ;
M. PROU, bibliothécaire à la Bibliothèque Nationale ;
M. THÉVENIN, directeur d'études adjoint à l'École des Hautes-Études ;
A. THOMAS, chargé de cours à la Faculté des lettres de Paris.

Adresser les souscriptions à MM. Alphonse Picard et fils, éditeurs, rue Bonaparte, n° 82, à Paris.

Mâcon, Protat frères, imprimeurs.

COLLECTION DE TEXTES

POUR SERVIR A L'ÉTUDE ET A L'ENSEIGNEMENT DE L'HISTOIRE
Publiée sous les auspices de la Société historique.

VOLUMES PUBLIÉS :

GRÉGOIRE DE TOURS. Histoire des Francs, Livres I-VI; texte du manuscrit de Corbie, publié par H. Omont. Livres VII-X; Texte du manuscrit de Bruxelles, publié par G. Collon (fasc. 2 et 16).
- Les deux fascicules réunis .... 12 fr. 50
- Pour les souscripteurs à la collection .... 9 fr. »
- Le 2ᵉ fascicule séparément .... 5 fr. 50
- Pour les souscripteurs à la collection .... 4 fr. »

GERBERT. Lettres (983-997), publiées par J. Havet (fasc. 6) .... 8 fr. »
- Pour les souscripteurs à la collection .... 5 fr. 50

RAOUL GLABER. Les cinq livres de ses histoires (900-1044), publiés par Maurice Prou (fasc. 1). *Ne se vend plus séparément.*
- Pour les souscripteurs à la collection .... 3 fr. 50

La Chronique de Nantes (570 environ-1049), publiée par René Merlet, archiviste d'Eure-et-Loir .... 5 fr. 50
- Pour les souscripteurs à la collection .... 3 fr. 75

ADHÉMAR DE CHABANNES, Chronique, publiée par Jules Chavanon, archiviste du département de la Sarthe .... 6 fr. 50
- Pour les souscripteurs à la collection .... 4 fr. 50

EUDES DE SAINT-MAUR. Vie de Bouchard le vénérable, comte de Vendôme, de Corbeil, de Melun et de Paris (Xᵉ et XIᵉ siècles), publiée par Ch. Bourel de la Roncière (fasc. 13) .... 2 fr. 25
- Pour les souscripteurs à la collection .... 1 fr. 50

HARIULF. Chronique de l'abbaye de Saint-Riquier, publiée par F. Lot, ancien élève de l'École des Chartes et de l'École pratique des Hautes-Études (fasc. 17). 10 fr. »
- Pour les souscripteurs à la collection .... 7 fr. »

SUGER. Vie de Louis le Gros, suivie de l'Histoire du roi Louis VII, publiée par A. Molinier (fasc. 9) .... 5 fr. 50
- Pour les souscripteurs à la collection .... 4 fr. 50

GALBERT DE BRUGES. Histoire du meurtre de Charles le Bon, comte de Flandre (1127-1128), suivie de poésies contemporaines, publiée par H. Pirenne (fasc. 10) .... 6 fr. »
- Pour les souscripteurs à la collection .... 4 fr. 25

PIERRE DUBOIS. De recuperatione Terre sancte, traité de politique générale du commencement du xivᵉ siècle, publié par Ch.-V. Langlois (fasc. 9) .... 4 fr. »
- Pour les souscripteurs à la collection .... 2 fr. 75

Annales Gandenses, publiées par F. Funck-Brentano, bibliothécaire à la Bibliothèque de l'Arsenal (fasc. 18) .... 4 fr. 25
- Pour les souscripteurs à la collection .... 3 fr. »

Liber miraculorum sancte Fidis, publié d'après le manuscrit de la Bibliothèque de Schlestadt, avec une introduction et des notes, par l'abbé Bouillet. 1 vol. in-8 (fasc. 21) .... 7 fr. 50
- Pour les souscripteurs à la collection .... 5 fr. 25

Textes relatifs aux institutions privées et publiques aux époques mérovingienne et carolingienne, publiés par M. Thévenin. 1ʳᵉ partie: Institutions privées (fasc. 3) .... 6 fr. 50
- Pour les souscripteurs à la collection .... 4 fr. 50

Chartes des libertés anglaises (1100-1305), publiées par Ch. Bémont (fasc. 12).
.... 4 fr. 50
- Pour les souscripteurs à la collection .... 3 fr. 25

Textes relatifs à l'histoire du Parlement depuis les origines jusqu'en 1314, publiés par Ch.-V. Langlois (fasc. 5) .... 6 fr. 50
- Pour les souscripteurs à la collection .... 4 fr. 50

Les grands traités de la guerre de Cent ans, publiés par E. Cosneau (fasc. 7).
.... 4 fr. 50
- Pour les souscripteurs à la collection .... 3 fr. 25

Ordonnance Cabochienne (mai 1413), publiée par A. Coville (fasc. 8). 5 fr. »
- Pour les souscripteurs à la collection .... 3 fr. 50

Documents relatifs à l'administration financière en France de Charles VII à François Iᵉʳ (1443-1523), publiés par G. Jacqueton (fasc. 11).
.... 8 fr. 50
- Pour les souscripteurs à la collection .... 5 fr. 75

Les grands traités du règne de Louis XIV (1648-1659), publiés par H. Vast (fasc. 15) .... 4 fr. 50
- Pour les souscripteurs à la collection .... 3 fr. 25

Documents relatifs aux rapports du clergé avec la royauté de 1682 à 1705, publiés par L. Mention (fasc. 14) .... 4 fr. 55
- Pour les souscripteurs à la collection .... 3 fr. 25

www.ingramcontent.com/pod-product-compliance
Lightning Source LLC
Chambersburg PA
CBHW060655170426
43199CB00012B/1802